edition **PRO**MAGAZIN

# DIE MITTE
## EINE REGION ZEIGT GESICHT

**Menschen und Geschichten**
aus Heilbronn-Franken

2016 von Anneliese
+ Manfred

p√S

**1. Auflage 2016**

Alle Rechte vorbehalten
© pVS – pro Verlag und Service GmbH & Co. KG, 2016
Stauffenbergstraße 18
74523 Schwäbisch Hall
www.pro-vs.de

**Herausgeber:**
Dr. Traugott Hascher

**Gestaltung Cover und Layout:**
Heilbronner Stimme, Crossmedia
Jana Dauenhauer

**Druck und Bindung:**
KESSLER Druck + Medien GmbH & Co. KG, Bobingen

**Fotografien:**
Roland Bauer,
außer: S. 9 (ESA), S. 37 (Anja Gladisch), S. 55 (Dietmar Winter), S. 93 (Kurt Gesper), S. 107 (Grafikwerke Otto Hedwig), S. 129 (Thomas Frank), S. 161 (Julian Bückers), S. 177 (Esra Kaya), S. 191 (Würth-Gruppe), S. 203 (Eva Schneider), S. 209 (Andrea Deininger-Bauer), S. 229 (Katja Kuhl), S. 255 (Martin Nies)

ISBN 978-3-9817688-2-4

Traugott Hascher (Hrsg.)

# DIE MITTE

## EINE REGION ZEIGT GESICHT

Mit Porträtfotografien von Roland Bauer

### Menschen und Geschichten
aus Heilbronn-Franken

# Inhaltsverzeichnis

# Vorwort

## Eine Region zeigt Gesicht – Was wir unter „Mitte" verstehen

Wie ist es zu diesem Buch gekommen? Es muss wohl Mitte der 1990er gewesen sein: In der Stadtbibliothek in Schwäbisch Hall stieß ich auf zwei ausgeschiedene Buchbändchen mit dem Titel „Stichworte zur Geistigen Situation der Zeit", herausgegeben vom deutschen Philosophen Jürgen Habermas. Ich nahm sie mit nach Hause, kostenlos dazu, ahnte freilich nicht, dass sie mich einmal zur Herausgabe eines eigenen Buches stimulieren könnten. Das ist ja auch nur die halbe Wahrheit. Rund zwanzig Jahre später, im Sommer 2015: Ich lese in der Süddeutschen Zeitung ein Interview mit den Begründern des Hamburger Instituts für Sozialforschung. Von einer „Sehnsucht nach Zeitdiagnosen" ist da die Rede.

Augenblicklich erinnere ich mich jener beiden Bändchen. Eine merkliche Staubschicht liegt schon auf ihnen. Die ist flugs weggeblasen. Ich blättere. Fange an zu lesen. Allmählich dämmert es mir: Eine Art Zeitdiagnose im Stile dieser Bändchen will ich auf den Weg bringen. Doch nicht alleine soll dies geschehen. Zusammen mit interessanten und interessierten Menschen meines sozialen Umfeldes. Geschrieben für die Bürgerinnen und Bürger unserer Region und darüber hinaus. Nur mit welchem Thema?

Am anderen Morgen entdecke ich eine Broschüre mit dem schönen Titel: „In der Mitte der Gesellschaft". Ich frage mich, was es mit dieser „Mitte" auf sich hat. Was bedeutet „Mitte" beziehungsweise was ist darunter zu verstehen? Stärker als in den beiden Bändchen erscheint mir eine persönliche Sichtweise angebracht und erforderlich zu sein. Ja, es soll und darf sehr persönlich werden. Ein Lesebuch von Bürgern für Bürger geschrieben. Ein Impuls in die Gesellschaft hinein – zugunsten einer toleranten und solidarischen Wertegemeinschaft.

Mit diesem Ansinnen schrieb ich den Schwäbisch Haller Verlag „pVS" an, der unter anderem das PROMAGAZIN für die Region Heilbronn-Franken herausgibt. Geschäftsführer Marcus Baumann und Projektmanagerin Karina Geiger teilten meine Idee und Begeisterung für dieses Projekt. Ihnen und Ihrer Entscheidung, das Buch zu veröffentlichen, gebührt mein besonderer Dank. Ebenso Fotograf Roland Bauer, der unser Leitmotiv „Eine Region zeigt Gesicht" mit seinen ausdrucksstarken Porträtbildern, bewusst in schwarz-weiß gehalten, wunderbar umgesetzt hat.

Doch was bedeutet das eigentlich – die „Mitte" der Gesellschaft? Ihre vermeintliche Selbstverständlichkeit zu hinterfragen, ist nützlich und vernünftig – nicht nur in politischer, in jeglicher Hinsicht. Je länger wir darüber nachdachten, umso mehr wurden ungeahnte Assoziationen in alle Himmelsrichtungen ausgelöst. Mitte ist gleichsam ein Wegweiser, so etwas wie ein Indikator. Für jeden anders, in eine andere Richtung, mit unterschiedlicher Ausprägung. Trivial ist das Wort „Mitte" also keineswegs. Mit ihm können wir analysieren, wie es um unsere Gesellschaft und um unser Selbst bestellt ist.

Die Autorinnen und Autoren dieses Buches – alle in Heilbronn-Franken beheimatet – haben dies in großer persönlicher Offenheit getan. Und festgestellt: Mit dem „Wegweiser" Mitte lassen sich Geschichten schreiben. Sehr gute sogar. So haben in diesem Buch die unterschiedlichsten Menschen durch ihre Beiträge ein herrliches Spektrum erzeugt. Und mit der Summe ihrer Gedanken gezeigt, was die Gesellschaft im Ganzen – und unsere Heimat Heilbronn-Franken im Besonderen – ausmacht.

Wir haben diese Autorenbeiträge alphabetisch nach deren Vornamen geordnet. Es geht uns schließlich um Persönlichkeit. Damit soll aber auch das Prinzip der Gleichheit aller Menschen zum Ausdruck kommen. Im Namen des Verlags „pVS" sowie aller Autorinnen und Autoren wünsche ich Ihnen in diesem Sinne und von Herzen eine anregende Lektüre.

*Dr. Traugott H. Hascher*

> **Das größte Abenteuer der Menschheit.** "

**Alexander Gerst** wurde 1976 in Künzelsau geboren. 2014 flog er für ein halbes Jahr zur Internationalen Raumstation ISS. Die nächste Weltraummission ist für 2018 geplant – dann als Kommandant.

# Eine neue Perspektive rückt in den Mittelpunkt

Die Aussicht auf der Internationalen Raumstation ist spektakulär. Obwohl ich gut vorbereitet war und als Geophysiker wusste, was mich dort oben erwarten würde – so dachte ich –, hat mich der Blick von außen auf unseren zerbrechlichen Planeten stark beeindruckt und geprägt. Eine neue Perspektive rückte plötzlich in den Mittelpunkt – in die Mitte meiner Betrachtungen.

Reisen in den Weltraum verändern den Blick auf unsere Erde. Meine Reise begann bereits lange vor dem Raketenstart. Wenn man als Mannschaft für eine Mission zur Internationalen Raumstation trainiert, dann ist man automatisch Ersatzmannschaft für die Crew, die ein halbes Jahr vor einem fliegt. Aus diesem Grund bin ich im November 2013 mit meinen beiden Mannschaftskameraden Max Suraev und Reid Wiseman als sogenannte Backup Crew nach Baikonur geflogen. Zwei Wochen vor dem Start der Hauptmannschaft, der Prime Crew, durchläuft man dort dasselbe Quarantäneprogramm und die gleichen Trainingseinheiten, um im Notfall für den Start als Ersatzmannschaft vorbereitet zu sein. Im Normalfall ist man mit der Prime Crew schon seit Jahren durch gemeinsame Trainingsaufenthalte sehr gut befreundet, was intensiviert wird durch die einzigartige Perspektive, die man teilt, kurz bevor man diesen Planeten hinter sich lässt und für ein halbes Jahr in den Weltraum fliegt. Die Wege der Prime und Backup Crew trennen sich erst zwei Stunden vor dem Start, nachdem die Prime Crew ihren Raumanzug angezogen hat und man gemeinsam zur Startrampe der russischen Soyuz-Rakete gefahren ist.

An diesem Ort, direkt vor der Rakete, habe ich mich von Mischa Tyurin, Rick Mastracchio und Koichi Wakata mit einem Handschlag verabschiedet und meine Freunde in ihr Raumschiff klettern sehen. In dem Moment ist mir klar geworden, was der Unterschied sein würde, wenn ich diese Rakete mit ihren 26 Millionen PS starten und binnen acht Minuten ins Weltall fliegen sehen würde. Die Menschen an Bord sind meine Freunde. Die Menschen, mit denen ich heute morgen noch gefrühstückt habe, und denen ich eben noch geholfen habe, ihren Raumanzug anzuziehen, würden heute Abend auf der Internationalen Raumstation zu Abend essen. Und genau diese Tatsache war es, die den Raketenstart zu einem Erlebnis werden ließ, das ich niemals wieder vergessen werde. Die Erinnerung an den Feuerstrahl, die ohrenbetäubende Lautstärke und die gewaltigen Erschütterungen des Starts sind bereits ein wenig in meinem Gedächtnis verblasst. Was bleibt, ist die

Erinnerung an das umwerfende Gefühl, dass in dieser Rakete drei Menschen sitzen, auf dem Weg in den Weltraum, während sieben Milliarden auf diesem Planeten zurückbleiben.

## Gemeinsam Perspektiven suchen

So wie wir von der Internationalen Raumstation lernen, für längere Zeit im Weltall zu leben, so werden wir vom Mond lernen, wie wir auf anderen Planeten überleben und forschen können. Er ist unser Sprungbrett zu einem weiteren interessanten Nachbarn, dem Mars. Ohne dieses Sprungbrett, das nur ein paar Reisetage entfernt ist, wäre der Flug zum viele Monate entfernten Mars weitaus schwieriger und riskanter. Wer weiß, vielleicht entdecken wir von einem Teleskop auf der Rückseite des Mondes ja auch den nächsten Asteroiden mit Kollisionskurs auf die Erde. Eine langfristige internationale Forschungsmission zum Mond, nicht nur eine kurze Landung an einer Handvoll verschiedener Orte, wäre nicht nur der nächste große Schritt für die Menschheit, sondern auch die größte Entdeckungsmission, auf die wir Menschen uns seit langer Zeit begeben würden.

Bei solch einer Mission geht es nicht mehr um die Nationalität der Astronautinnen und Astronauten. Es geht darum, dass wir alle zusammen den Entschluss fassen und den Mut haben, einige von uns dorthin zu schicken. Dennoch ist es natürlich für alle Hochtechnologienationen wichtig, und deshalb besonders auch für Deutschland und Europa, mit dabei zu sein, um international nicht den Anschluss zu verpassen. Ein solch wichtiges gemeinsames Ziel kann sehr stabilisierend auf die internationale Gemeinschaft wirken, wie es die Internationale Raumstation ISS bereits jetzt tut.

Ich habe an mir selbst festgestellt, dass wir nach ein paar Tagen außerhalb unseres Planeten nicht mehr Deutsche, Europäer, Russen, Chinesen oder Amerikaner sind. Wir sind schlicht und einfach Erdbewohner. Selbstverständlich würde es mich als ESA-Astronaut und Geophysiker besonders faszinieren, am Rande eines Mondkraters zu stehen und diesen zu erforschen. Denn mit jedem Geheimnis, das uns der Mond verrät, erfahren wir auch mehr über unsere Erde, die von der Vorderseite des Mondes eine kleine blaue Murmel am Firmament ist und von der Rückseite des Mondes aus gar nicht mehr zu sehen ist. Ich bin mir sicher, dass die Perspektive, unsere Heimat aus den Augen zu verlieren, für uns Menschen sehr heilsam sein wird.

## Neue Perspektiven aufzeigen

Auf der Erdoberfläche stehend, scheinen die Ressourcen um uns herum unendlich. Wenn wir in einem Flugzeug reisen, dann haben wir bereits zwei Drittel der Atmosphärenmasse unter uns. Auf die Dichte von Wasser komprimiert, wäre sie nur zehn Meter dick. Auf einer Rakete reitend, können wir sie innerhalb von drei Minuten verlassen. Und doch ist sie alles, was uns vor tödlicher kosmischer Strahlung schützt. Wenn wir ein Problem haben, dann ist es oft nützlich, einen Schritt zurück zu treten und sich die Situation von außen anzuschauen. Und genau diese Perspektive wollte ich mit der „Blue Dot"-Mission aufzeigen. Ich möchte vermitteln, wie es sich anfühlt, als Mensch unseren Planeten von außen zu sehen, und wie wertvoll diese Perspektive für uns ist. Dann stehen nicht mehr wir selbst in der Mitte, sondern die Perspektive von aussen auf uns selbst. Einmal schwebte ich in der Cupola, unserer Beobachtungsplattform auf der ISS. Ich bemerkte plötzlich etwas, das ich vorher noch nie gesehen hatte: Lichtstreifen, die sich hin und zurück über die dunkle Erde bewegten, die außerdem manchmal von orangenen Feuerbällen erleuchtet wurde. Ich nahm meine Kamera und machte einige Fotos, bevor ich schließlich verstand, was ich eigentlich gesehen hatte und worüber wir gerade geflogen waren. Ich hatte den Krieg gesehen – aus dem Weltall. Obwohl das Foto selbst keine Explosionen zeigt, konnte ich sie doch mehrmals beobachten. Als ich die Fotos machte, stellte ich mir die Frage: Sollte uns jemals eine fremde Spezies von irgendwoher aus dem Universum besuchen – es wäre das, was sie als erstes von unserem Planeten sehen würden! Wie würden wir ihnen erklären, wie wir Menschen miteinander und mit unserem Planeten umgehen, der einzigen Heimat, die wir haben? Die nächsten zehn Jahre werden wie immer schneller vergehen, als es uns in der Gegenwart vorkommt. Ein paar von uns haben angefangen, mit dem Wissen, das wir an Bord unseres Einbaums – der ISS – erlangt haben, ein Schiff zu bauen, welches uns über den Horizont hinaus tragen könnte, zum Mond und weiter zum Mars. Wir könnten lernen, ob wir im Universum Geschwister haben und wie wir unserer Erde das Schicksal eines Wüstenplaneten ersparen können. Doch was es noch braucht, ist unsere bewusste Entscheidung, zusammen als Bewohner des Planeten Erde ein Schiff ins Unbekannte zu schicken, um hinter dem Horizont neue Welten zu erforschen. Die Zeit drängt, denn mit dem Ende des ISS-Projektes werden sich die Konstrukteure neue Aufgaben suchen, und mit ihnen wird ihr kostbares Wissen zerstreut werden. Zu neuen kosmischen Horizonten aufzubrechen, wäre das größte Abenteuer der Menschheit. Verpassen wir es nicht!

*Juli 2016, Alexander Gerst*

## „ Alles war möglich in Aleppo. "

**Almasa Mohamad Ali** ist Kurdin aus Syrien und war dort als Lehrerin tätig. Sie ist mit ihren zwei Kindern 2011 wegen des Krieges nach Deutschland geflüchtet und lebt in Schwäbisch Hall.

# Hin und her zwischen Aleppo und Afrien.
## Schwäbisch Hall als neue Lebensmitte

Ich bin eine kurdische Frau. Ich komme aus Aleppo. Sechs Geschwister habe ich. Zwei Kinder habe ich geboren: 2001 Rama – meine Tochter, 2002 Rami – meinen Sohn. Ein Jahr lang haben mein Mann und ich bei der Familie seiner Eltern gewohnt. Es wurde mir zu viel. In eine eigene Wohnung bin ich mit meinen beiden Kindern damals gezogen – ohne meinen Mann. Alleinerziehend. Das ist bei unseren Gesetzen sehr schwierig. Wie verwitwet bin ich gewesen. Frauen dürfen in Syrien nicht allein, nicht frei sein. Aleppo ist keine offene Stadt. Die Frauen tragen schwarze Kleidung. Trotzdem habe ich als Kunstlehrerin gearbeitet. Meine Kinder sind in den Kindergarten und in die Grundschule gegangen. „Du bist keine gute Frau, wenn Du arbeitest und nicht zuhause bei Deinen Kindern bist", haben sie mir gesagt. Ich habe gemerkt, meine Schwiegereltern wollen mich von meinen Kindern trennen.

Ich bin dann mit Rama und Rami nach Afrien umgezogen. Das liegt eine Autostunde von Aleppo entfernt, nahe der türkischen Grenze. Nach sieben Monaten habe ich dort dann eine Stelle gefunden. Mit meinem Mann hatte ich von da an keinen Kontakt mehr. Die Kinder gingen zur Grundschule. Das Leben in Afrien war etwas besser. Eine halbe Autostunde entfernt lebten meine Geschwister. Angst war aber wegen der Gesetze in mir. Es sind männliche Gesetze. Es hängt von dem Mann ab, ob eine Frau sich scheiden lassen kann. Wenn er nett ist, können die Kinder bei der Frau bleiben. Ich kann sagen: Ich bin eine mutige Frau! Aber es war nicht einfach. Rami hat darunter gelitten, dass sein Vater nicht bei den Elternabenden war. Da gehen nur Männer hin.

Im März 2011 hat dann der Krieg begonnen. Auf den Straßen war Streik. Alle schrien nach Freiheit. Wir haben Bomben gehört. Ich wusste, dass Rami beim Friseur war. In Panik bin ich zu ihm gelaufen. Gott sei Dank ging es ihm gut. In der Schule haben wir über den Krieg gesprochen. Alle waren gegen Assad. Wir haben gegen Assad gestreikt. Assad war wie ein Monster. Er schneidet uns die Kehle durch, er schlachtet uns ab. Man durfte nichts gegen ihn sagen. Die Wände hatten Ohren. Dann haben wir Karikaturen von ihm gemalt. Als Esel. Als Affe. Wenn wir auf die Straßen gegangen sind, war es sehr gefährlich. Scharfschützen lauerten. Vielen Menschen haben sie in den Rücken geschossen. Die Schule war zu jener Zeit komplett geschlossen. In Afrien herrschte völliges Chaos. Viele Menschen sind beschossen worden. Wir sind nach Aleppo zurückgegangen. Sechs Monate lang sind wir dort geblieben. Ich habe eine Schule gesucht, um dort Geld zu verdienen. Ich habe es aber nicht geschafft. Plötzlich explodierte eine Bombe in der Straße. Es waren Leute vom IS. Es gibt Leute vom IS, die auch gegen das Volk geschossen haben. Niemand wusste, wo sich diese Leute aufhalten. Wir konnten niemandem mehr vertrauen. Alles war möglich in Aleppo. So sind wir wieder nach Afrien zurückgegangen. Nur einen Monat sind wir dort geblieben. Wir hatten das tiefe Gefühl: In Syrien können wir nicht bleiben. Rama hat immer geweint. Es gab keine Schule mehr. Mit Kerzenlicht saßen wir zuhause. Hatten Angst. Es war immer dunkel. Wir dachten, jederzeit kann uns etwas passieren.

Wir beschlossen, in die Türkei zu gehen. Mein Bruder ist als Schutz mit uns gegangen. Im Januar 2013 sind wir in die Türkei. Ich dachte, dass es dort besser sein könnte. Aber wir wurden nicht gut, nicht respektvoll behandelt. Die Leute waren voller Hass gegen uns. Von Ägypten aus wollten wir nach Deutschland fliegen. Aber die Behörden verhinderten es. Sieben Monate waren wir in Istanbul. Wir waren nicht willkommen. Wir haben andere Flüchtlinge kennengelernt, die auch weiterziehen wollten. Sieben Mal haben wir in der Nacht versucht, zu flüchten. Ich blieb mit meinen Kindern immer in der Mitte der Gruppe. Ich hatte Angst, dass sie von den Hunden gebissen würden. Überall war Polizei.

Einmal sind wir, meine Kinder und ich, mit einem Plastikboot mit 27 Leuten übers Meer gefahren. Wir knieten alle. Es war so eng. Nach einer halben Stunde ging der Motor kaputt. Mein Herz blieb fast stehen. „Bitte Gott, bitte, hilf uns!", betete ich. Meine Kinder! Kein Mond – kein Licht! Wir mussten zurückrudern. Total nass waren wir, es war Winter. Dann sind wir in ein Heim gekommen. Ich hatte immer Angst, alles Geld vollends zu verlieren. Ein Bruder aus Syrien hat uns dann Geld geschickt. Wir konnten mit dem Flugzeug nach Griechenland kommen, nach Athen. Mein anderer Bruder war schon in Deutschland, da wollte ich auch hin. Dann sind wir nach Stuttgart geflogen. Am 21. Juni 2013 kamen wir dort an. Am 22. Juni sind wir morgens nach Karlsruhe gefahren. Ein Asylantrag wurde gestellt. Ein Jahr lang hat es gedauert. 28 Tage sind wir in Karlsruhe geblieben.

Am 24. Juli sind wir nach Ottendorf gefahren. In Schwäbisch Hall haben wir Halt gemacht. Dabei habe ich Hannelore Thiele kennengelernt. Bilder für einen Ausweis wurden gemacht. In Ottendorf wohnten wir in einem Asylheim. Ein kleines Zimmer hatten wir. Von Hannelore Thiele habe ich während dieser Zeit Privatunterricht bekommen, um die Sprache zu lernen. Da das Busfahren zu teuer war, habe ich auch das Fahrradfahren erlernt. In Syrien wäre das unmöglich gewesen. Nur

Kinder fahren Fahrrad. Meine Kinder waren von September 2013 an in der Schule in Gaildorf. In Tüngental haben wir schließlich eine eigene Wohnung gefunden. Bis zum 1. April 2015 haben wir dort gewohnt. Mein Ziel war München, dort lebt mein Bruder. Wir haben uns aber hier immer wohler gefühlt. Über die GWG haben wir unsere Wohnung in der Kreuzäckersiedlung bekommen.

Ich liebe Schwäbisch Hall. Es ist wie Aleppo: alte Häuser. Ein Fluss mitten durch die Stadt. Mein Heimweh wurde weniger. Viele Menschen sind sehr gut zu uns. Hanna Hald und ihre Gruppe von Pro Asyl sind sehr nett. Heute habe ich keine Angst mehr. Bei einem Flüchtlingsabend habe ich Herrn Schmidt vom Goethe-Institut kennen gelernt. Er hat erfahren, dass ich Kunstlehrerin bin. Jetzt helfe ich mit bei einem Freizeitprogramm für zwanzig Studierende, die erst vor kurzem beim Goethe-Institut angefangen haben. Ehrenamtlich arbeite ich da. In der Volkshochschule habe ich die Sprache gelernt. Sieben Monate lang. Jeden Tag. Mit zwanzig anderen Leuten aus aller Welt. Ich habe die Prüfung bestanden. Die Volkshochschule plant auch eine Ausstellung zu syrischer Kunst, da will ich mitarbeiten. Mit meiner Freundin Karin möchte ich jetzt einen Chor gründen. Meine Hobbys sind Malen, Lesen und Singen.

Eine Arbeit habe ich noch nicht. Drei Monate lang habe ich in einem Restaurant gearbeitet. Das war aber nicht gut. Mein Ziel ist, als Kunsttherapeutin zu arbeiten. Vielleicht bekomme ich eine Chance als Lehrerin? Ich habe Hoffnung. Ich bin in den vergangenen Jahren sehr stark geworden. Ich traue mich mehr als früher.

Ich habe keine Angst mehr. Ich bin eine Frau. Ich bin eine richtige Frau. Unsere Traditionen bleiben mir im Kopf. Ich habe unterwegs und hier in Deutschland meinen Gott sehr gut kennen gelernt. In Syrien mussten wir lügen. Wenn wir nicht gelogen hätten, wären wir gestorben. In Deutschland kann ich ehrlich sein. Hier bin ich eine ganz andere Frau. Ich schlafe sehr gut und ohne Angst. Ich höre immer Radio, aber in Syrien wird es nicht besser ...

*November 2015, Almasa Mohamad Ali*

**Das Herz ist immer das Zentrum.**

**Andrea Deininger-Bauer** ist Zeichnerin und Illustratorin. Die zweifache Mutter lebt mit ihrem Mann in Winterberg in einem 500 Jahre alten Bauernhaus, das sie selbst renoviert haben.

# Mitte – Mittelpunkt – Zentrum

Ich spüre ertastend sofort den Mittelpunkt meiner Stirn, den Scheitelpunkt mitten auf meinem Kopf, erfühle mein mittiges Herz, meinen Herzmittelpunkt, ein warmes und sicheres Gefühl erfüllt mich. Auf meinen Zehenspitzen balancierend, die Arme ausgebreitet, finde ich mein Gleichgewicht in der Mitte und werde ruhig und konzentriert. Tanzend kreise, drehe und bewege ich mich um meine Mitte, falle aber nicht heraus. Wenn ich doch falle, bin ich herausgefallen aus meinem Körpergefühl der Mitte und tue alles, um so schnell wie möglich meine Mitte wieder herzustellen. Der Schreck im Fallen zeigt mir, dass ich auch die seelische Mitte kurz verlassen habe.

Meine seelische Mitte kann ich im Innen spüren, in dem Gefühl meiner Freude, in dem Gefühl meiner Dankbarkeit, in der Stille. Schmerz, Trauer und Angst fühlen sich nicht mittig an. In dem ich Gedanken an morgen und gestern fallen lasse, erlebe ich den Moment des Jetzt, auch ein Mittelpunkt zwischen Vergangenheit und Zukunft. Das Jetzt ist das Land der Ideen, aus der dann Kreativität entsteht. Ich fühle mich in meiner seelischen Mitte, wenn ich mich mit Schönheit umgebe, wenn ich im Außen erlebe, was im Innen eine Öffnung bewirkt, im Sehen, im Hören, im Riechen. Eine Blume, eine Melodie, ein Duft.

## Die Mitte durch Mitmenschen spüren

Ich erlebe Mitte nur inmitten etwas anderem. Anderen Menschen, den Pflanzen, Tieren, dem Ort, an dem ich lebe, dem Land, den Kontinenten, der Erde, dem Universum. Überall erlebe ich mich „inmitten". Ständig kommuniziere ich mit anderen um mich herum. Menschen, Tieren, Pflanzen. Mitte ist undenkbar ohne das andere, das Links, das Rechts, das Oben, das Unten, das Drumherum. Ist das Zeichen für Mitte vielleicht eine Spirale? Unendlich — alles beinhaltend? Oder eine Rosette, eine Blüte mit dem Blütenblätterkranz um ihre Mitte, dem Auge der Blüte?

## Die Mitte in der Kunst

Allgemein ist Mitte etwas Berechenbares, auf einer Linie, in einem Kreis, einer Fläche. Mit der Vorstellung von Endlichkeit mit Anfang und Ende, ist Mitte auf einem

Weg erst die Hälfte. Ich muss die Mitte noch überwinden, um mein vorgenommenes Ziel zu erreichen. In der Bildkomposition wird Mitte umgangen, weggelassen oder wird umspielt, extra betont, verstärkt oder ist unsichtbar präsent, aber immer irgentwie wichtig. Mitte ist stabil, kann aber auch langweilig sein, weil die Dynamik fehlt. Die goldene Mitte, ein wohlbekannter Begriff. Ist sie denn so golden?

## Die soziale Mitte

Mitte in der Gesellschaft kann aber auch vereinheitlichen, merkwürdige Auswüchse annehmen, wo will die mehrheitliche Mitte denn hin? Oder will sie überhaupt Veränderung? Mitte – zum Herausfallen da, um Individualität zu erleben? Kann sich Mitte verlagern? Ist Mehrheit Mitte?

## Das eigene Herz als Mitte

Viele Fragen um diesen Begriff, so einfach und schlicht, jedem so vertraut. Wie herrlich ist es, den Ball mitten ins Tor zu schießen, mitten hinein ins Vergnügen zu springen oder „Augen zu und mittendurch ..." oder aber auch „der Krug bricht mitten entzwei ...", auch der Mittag des Tages oder der Begriff „mittlerweile". Mitte – ein Abschnitt in der Zeit.

Doch für mich bleibt Mitte etwas Zentrales, mein inneres Gleichgewicht, zu fühlen in meinem Herzen. Das Herz ist immer das Zentrum. Das Herz ist der Mittelpunkt des Gewahrseins. Es erzeugt eine andere Qualität, als wenn der Verstand der Mittelpunkt des Lebens ist. Wenn ich im Herzen zentriert bin, herrscht in der innersten Mitte Frieden, im Verstand Unterscheidung. Unterscheidungsfähigkeit aus der Mitte des Friedens zu haben, um in gleicher Weise unterscheiden und vereinen zu können. Man spricht von einer Herzkultur, das heißt von unserer Wesensmitte, nämlich aus dem Herzen heraus zu handeln.

> **Das Herz ist der Mittelpunkt des Gewahrseins.**

Die Mitte in meinem Leben, spürbar in meinem Herzen, zeigt sich in der Liebe zu meinem Mann, meinen Kindern, meiner Familie, meinen Freunden, dem Platz, an dem ich lebe, inmitten der Natur und den dort lebenden Tieren und Pflanzen, der erfüllenden Arbeit, sowohl künstlerisch als auch im Umgang mit der Erde und den

Pflanzen. Wenn ich auf all mein Erlebtes zurückblicke, so erinnere ich mich mehr an die Momente der Harmonie, der Freude und Erfüllung als an die der Trauer und Disharmonie, des Streits, der Wut und Enttäuschung. Aber gerade diese Momente sind für mich Pfeiler, um die eigene Mitte wieder zu finden, um sie immer wieder bewusst wahrzunehmen, im Verzeihen, in der Gelassenheit, in der Achtsamkeit.

*Mai 2016, Andrea Deininger-Bauer*

**99** **Identität ist wesentlich gedeutete Geschichte.** **66**

**Andreas Oelze** absolvierte seinen Auslandszivildienst in Jerusalem und studierte evangelische Theologie in Bethel, Berlin, Uppsala und Heidelberg. Seit 2013 ist der zweifache Vater Pfarrer in Schwäbisch Hall.

# Offene Mitte – Identität in Beziehung

Mitte ist gut. Mitte ist populär. Mitte ist da, wo es richtig ist. Wer möchte da nicht sein? Das gilt für die Mitte der Gesellschaft ebenso wie für die eigene Mitte, die wir so gerne finden würden. Mitte ist gut – oder? Ich bin mir da nicht sicher und denke vielmehr, dass der Begriff „Mitte" ein zutiefst ambivalentes Konzept verdeutlicht – mit gravierenden Schattenseiten. Kritisch sehe ich dabei besonders ein statisch-abgeschlossenes Verständnis von Mitte im Sinne des Identitätskerns von Individuen oder Gesellschaften. Demgegenüber möchte ich ein Verständnis stark machen, das Identität als dynamisch-offenen und konstruktiven Prozess begreift. Dies wird jeweils im Gespräch mit Gedanken der christlichen Tradition geschehen.

## a) Die Mitte der verkrümmten Herzen

Augustin (354 - 430) sprach wohl als erster von dem in sich selbst verkrümmten Herzen – eine Redeweise, die dann vielfach zur Beschreibung für das Verkehrte im menschlichen Leben, der Sünde, aufgenommen wurde. Das In-sich-verkrümmte-Herz ist dabei durchaus eine Art Mitte, aber nicht im positiven Sinn. Für Augustin kann es nur eine echte Mitte, einen echten Ruhepunkt geben – außerhalb des Menschen, in Gott. Der Mensch, der diesen Ruhepunkt nicht gefunden hat, der aber auch nicht weiß, wo er ihn finden soll, kreist in seiner Unruhe um sich selbst. So ein Mensch mag dabei zentriert wirken, aber diese Zentriertheit hat zwei wesentliche Probleme: Das Ich schottet sich von Außenbeziehungen und vom wirklichen Wahrnehmen der Anderen ab. Und: Dieses um sich selbst Kreisen ist kein Zeichen von Stärke, sondern von Schwäche. Allzu oft ist es Angst, die uns dazu treibt, uns nur noch mit uns selbst zu beschäftigen und uns nicht dem Anderen, auch in seiner Andersartigkeit, auszusetzen.

Hier zeigt sich die Tiefe von Augustins Analyse der in sich selbst verkrümmten Herzen: In der Regel sind wir dann am meisten mit uns selbst beschäftigt, wenn wir unsicher sind. Dann schotten wir uns nach außen ab, unsere Gedanken bewegen sich nur noch um die eigenen Bedürfnisse, die eigenen Wünsche, das eigene Wohl. In solchen Momenten fehlt uns dann tatsächlich die Möglichkeit, uns anderen gegenüber zu öffnen. Empathie, also die Fähigkeit, sich in andere hineinzufühlen und so mitzufühlen, erfordert zumindest ein gewisses Maß an eigener Stärke. Dies gilt für einzelne Personen. Dieser Mechanismus funktioniert aber auch bei Menschengruppen und sogar ganzen Gesellschaften. Wir können es gerade in Europa beobachten – bedauerlicherweise: Aus Sorge um eine angeblich bedrohte Mitte, um eine angeblich bedrohte Identität schotten sich immer mehr Länder ab, betonen immer stärker die eigenen Interessen und stellen sie den Interessen anderer gegenüber. Immer stärker und immer unruhiger dreht sich das nationale bis nationalistische Denken um sich selbst. Viel Energie wird dabei aufgewandt; nicht um weiterzukommen, sondern um auf der Stelle zu bleiben. Der Sinn des Ganzen ist ja gerade, Veränderungen abzuwehren und bei einem als gut idealisierten Zustand zu verharren.

Ein mit hohem Energieaufwand betriebener Versuch, durch ständiges Drehen um die eigene Mitte einen bestimmten Standpunkt zu stabilisieren, das ist das Funktionsprinzip des Kreisels – und zugleich lehrt die Erfahrung, wie leicht eine solche Stabilität von außen aus der Bahn geworfen werden kann und dass sie niemals zur Ruhe kommen darf.

### b) Identität: vorgegebener Punkt oder konstruktive Dynamik?

Dieses energieaufwändige, um sich selbst drehende Nicht-von-der Stelle-Kommen(-Wollen) hängt meines Erachtens mit einem statischen Verständnis von Identität zusammen, mit dem Gedanken, dass es eine unveränderbare Mitte in unserem Leben gäbe. Dagegen ist aber zu fragen, ob es sich bei unserer Identität nicht vielmehr immer wesentlich um eine prozesshafte Konstruktionsleistung des Ichs handelt? Denn: Identität ist wesentlich gedeutete Geschichte und damit gerade nicht unveränderlich und statisch, sondern zutiefst dynamisch. Wenn ich heute beschreiben müsste, was meine Identität ausmacht, so wäre diese Beschreibung sicher nicht identisch mit der, die ich als Kind oder Jugendlicher gegeben hätte, und auch nicht mit der, die ich wohl in zwanzig bis dreißig Jahren geben werde. Trotzdem sind es jeweils Beschreibungen der Identität derselben Person. Man könnte sagen: Meine Identität ist die Kontinuität des Ich-Bewusstseins in der lebensgeschichtlichen Veränderung.

Die Einsicht, dass Identität wesentlich Geschichte ist, beinhaltet einen weiteren Aspekt. Unsere Identität ist nicht nur deshalb dynamisch, weil wir in der Zeit andauernde Lebewesen sind und deshalb Geschichte im Sinne von quasi objektiver Historie haben. Viel entscheidender als die objektive Lebensgeschichte ist die subjektive, das, was wir produktiv aus der objektiven Lebenshistorie machen: die Erzählung unseres Lebens. Schön kann man diese Doppelbedeutung von „Geschichte" mit einem englischen Wortspiel veranschaulichen: Es geht weniger um history – Historie, sondern vielmehr um his story – seine Erzählung. Diese für mich bedeutsame Erzählung meines Lebens besteht nicht einfach aus der Aneinanderreihung biographischer Fakten. Entscheidend sind vielmehr die ausgewählten und gedeuteten Anekdoten. Und auch das, diese Auswahl, ist bedeutsam und bleibt veränderbar – sowohl bei Individuen aus auch bei Gesellschaften und Staaten.

Dies möchte ich an einem Beispiel verdeutlichen: Wenn zentrales Element meiner gesellschaftlichen Identität die erreichte Gleichstellung von Mann und Frau in unserer Gesellschaft ist (gerade gegenüber anderen Gesellschaften und / oder Kulturen), dann werde ich betonen, dass Frauen bei uns bereits seit fast hundert Jahren das Wahlrecht haben. Ganz sicher werde ich davon zu erzählen wissen, dass Männer und Frauen gleiche Rechte, Pflichten und Freiheiten genießen. Unerwähnt wird aber wohl bleiben, dass bis 1977 eine verheiratete Frau die Erlaubnis ihres Mannes benötigte, um arbeiten zu können, oder dass es bis heute ein deutliches Gehaltsgefälle zwischen Männern und Frauen in unserem Land gibt. Diese Anekdoten wären für die Erzählung der gewollten Identität nicht förderlich.

Ich möchte damit nun nicht behaupten, dass wir unsere Identität ständig bewusst konstruieren – die geschilderten Prozesse laufen in der Regel unbewusst ab. Aber es sollte deutlich werden, dass Identität nicht primär etwas statisch Vorgegebenes ist, sondern ein ständiger dynamischer und konstruktiver Prozess des Individuums oder einer Gesellschaft. Das bedeutet zugleich, dass Identität unter den Bedingungen der Zeit nichts Abgeschlossenes sein kann, sondern dass sie immer ein prinzipiell offener, unabgeschlossener Prozess ist.

Es gibt noch einen weiteren Aspekt der Offenheit der Identität, auf den ich im Folgenden eingehen möchte, nämlich die Offenheit der Beziehungen. In unserer Geschichte sind es oft viel weniger die äußeren Ereignisse als vielmehr die Beziehungen, die wesentlich ausmachen, wer wir sind. Identität ist Beziehungsgeschehen. Dies soll nun wiederum im Gespräch mit einem Element der christlich-theologischen Tradition, nämlich der Trinitätstheologie Richard von St. Viktors, verdeutlicht werden.

## c) Die offene Gemeinschaft der Liebe

Richard von St. Viktor (1110 - 1173) war wie viele seiner Zeitgenossen darum bemüht, den christlichen Glauben gegen Vorwürfe der Irrationalität zu verteidigen. Diese Versuche, die Wahrheit des christlichen Glaubens über strenge Logik zu beweisen, irritieren heute wohl mehr, als sie überzeugen. Dennoch gibt es hier für das aktuelle Thema viel zu entdecken. Daher soll die Trinitätslehre Richards kurz angerissen werden. Ausgangspunkt dabei ist die Aussage aus dem 1. Johannesbrief, dass Gott Liebe ist (unter anderem 1. Joh 4,8). Vollkommene Liebe – und nur die ist Gott angemessen – benötigt nach Richard aber mindestens drei Personen: Einer allein kann nicht lieben, da er ein Gegenüber benötigt. Aber auch die Liebe zwischen zwei Personen besteht in der Gefahr, in egoistischer, besitzergreifender Fixierung aufeinander zu verharren und sich nach außen abzuschließen. Erst Liebe, die sich auch gegenüber Dritten öffnet, kann daher vollkommene Liebe sein (womit Richard „beweist", dass in Gott drei gleichewige Personen sein „müssen").

Etwas schematisch sieht der Gedanke so aus: A liebt B. Weil A B wirklich liebt, ist A bereit, B nicht egoistisch zu vereinnahmen, sondern B Freiheit zuzugestehen und zu ermöglichen, dass B über seine Beziehung zu A hinausgehend eine von Liebe geprägte Beziehung zu C hat. Das ist der erste Schritt (im romantischen Sinne: keine eifersüchtige Zwangszweisamkeit). Weiterhin liebt A nun aber auch selbst C und zwar sowohl deswegen, weil B C liebt, als auch, dann in Folge, um seiner Selbst willen. Diese offene Liebesgemeinschaft ist immer auf Wechselseitigkeit angelegt: Das für A gesagte gilt genauso für B und C. Auf der menschlichen Ebene klingt dieses Verständnis sehr nach dem Schema: Vater-Mutter-Kind. Das ist natürlich nicht gemeint – dennoch kann es zur Verdeutlichung dienen, denn auch das Kind bedeutet eine Öffnung der Liebesbeziehung zwischen Mann und Frau. Zugleich wird es von seinen Eltern sowohl um seiner selbst willen als auch als Beweis der Liebe zwischen den Eltern geliebt. Außerdem werden sich durch das Kind die Beziehungskreise der Eltern ständig erweitern (müssen), mit allen Herausforderungen und Chancen – und auch mit allem, was das an Veränderungen für die eigene Identität mit sich bringt.

Hier zeigt sich, dass dieses Verständnis der vollkommenen Liebe als offene und öffnende Gemeinschaft genau das Gegenteil der In-sich-selbst-verkrümmten-Herzen ist. Als eine Ursache für diese Verkrümmung wurde oben die Angst genannt. Tatsächlich zeigt sich, dass die von Richard analysierte Form der vollkommenen Liebe nicht funktionieren kann mit Angst. Angst verkrümmt die Herzen, vollkommene Liebe öffnet sie. So kann man vielleicht sagen, dass der eigentliche Gegenbegriff zur Angst nicht der Mut ist. Das eigentliche Gegenteil der Angst ist Gemeinschaft ermöglichende Liebe.

### d) Abschluss

Damit komme ich zum Schluss. Ziel des Textes war es, auf die Ambivalenz des Konzeptes „Mitte" als Identitätskern von Individuen und Gesellschaften hinzuweisen. Besonders ging es um die Kritik an einem Verständnis von Mitte als statisch-unveränderlicher und in sich geschlossener Größe. Es sollte gezeigt werden, dass ein solches Verständnis zum Einen nicht wirklichkeitsgetreu ist, da Individuen veränderbar sind und Identität ein ständiger, produktiver Prozess ist. Zum Anderen sollte auf die Gefahr hingewiesen werden, dass Individuen oder Gesellschaften beginnen, sich nur noch um diesen Identitätspunkt zu drehen und sich dadurch – zumeist aus dem Gefühl der Bedrohung heraus – gegenüber Anderen abzuschließen. Dies ist eine Kreisbewegung, die theologisch als Sünde zu bezeichnen ist. Gegenüber einem solchen statisch-abgeschlossenen Verständnis von Mitte und Identität sollte auf die dynamische und konstruktive Seite der bei lebendigen Wesen immer unabgeschlossenen Identitätsbildung hingewiesen werden. Diese Veränderungsmöglichkeit auch der Mitte ist dabei nicht als Schwäche, sondern als Stärke anzusehen, denn Offenheit setzt wesentlich mehr Stärke voraus als ängstliche Verschlossenheit.

Das nicht ängstliche Ich kann in ein offenes Beziehungsgeschehen eintreten, ohne Verlustängste haben zu müssen. Dieses Ich ist genau das Gegenteil des In-sich-selbst-verkrümmten-Herzens, es ist nicht in sich verbogen, dreht sich nicht nur um die eigene Achse, sondern geht aufrecht und offen durch die Zeit – ohne ständige Sorge um den Verlust der eigenen Mitte, sondern im Vertrauen auf die Stabilität der sich zwar wandelnden und prinzipiell unabgeschlossenen, in allen Veränderungsprozessen aber tragenden Identität. Die Mitte in diesem Sinn – sowohl des Individuums als auch einer Gesellschaft – ist die sich wandelnde Mitte einer unabgeschlossenen und damit offenen Identität; offen im Blick auf aktuelle und kommende Relationen, offen im Blick auf die eigene, so lange wir leben, fortlaufende Geschichte.

*Mai 2016, Andreas Oelze*

> **Ich brauche meine Freiheit.**

**Andreas Scherer** ist in Kirchberg als Steinmetz und Sachverständiger tätig, ein Beruf, der seinem kreativen Naturell entspricht. Er sieht sich selbst als Außenseiter, gleichzeitig bekannt wie ein bunter Hund.

# Im Lebenskreislauf eine Mitte bilden

Aufgewachsen bin ich in der Nähe von Regensburg. Durch eine berufliche Veränderung meines Vaters kam ich in der siebten Klasse nach Kirchberg. Von 1991 bis 1994 habe ich eine Lehre zum Steinmetz gemacht. Das war in Rot am See in dem Betrieb „Herzig". Es war eine gute Ausbildung. 1994 war ich Erster Kammersieger. Nebenberuflich habe ich von 1994 bis 1996 Teil drei und vier der Meisterausbildung absolviert und von 1996 bis 1998 mit einem Stipendium in Freiburg die Meisterschule besucht. Ich habe ziemlich viel in meine Ausbildung investiert. Ich bin wissbegierig.

Ich glaube nicht, wenn einer sagt: „Das geht nicht". Eine eigene Meinung bilden, das ist mir wichtig. Dann musst du dich selber fortbilden. Du lernst nie aus. Ich mache Fortbildungen, um meinen Kunden weiter zu helfen. So ist es auch mit meiner Tätigkeit als Sachverständiger. Du musst höher qualifiziert sein als deine Kollegen. Heute habe ich tatsächlich den Zwang, mich dauernd fortzubilden.

Ich bin andererseits auch schon immer kreativ gewesen. Ich erinnere mich: In Regensburg war 1982 / 1983 eine Bilderausstellung. Das hat mich als Kleinkind fasziniert. Ich habe vom Künstler Malunterricht bekommen. Er hat gesagt, ich solle die Bilder nicht abmalen, sondern neu interpretieren. Ich habe aber auch gerne geschnitzt. Während die anderen Polizisten werden wollten, wollte ich Restaurator werden. In Bayern, in Oberammergau, kostet eine Ausbildung richtig viel Geld. Ich sagte mir: Dann machen wir halt in Stein. Ich habe durch Ahnenforschung herausgefunden, dass es in meiner Familienchronik im 16. oder 17. Jahrhundert auch bereits einen Steinmetz gab. Auch andere Vorfahren von mir wollten den Beruf erlernen.

Was den Kern meiner Arbeit ausmacht, mich beflügelt, ist der Umgang mit dem Material. Ich gestalte das Material. Je weniger, desto mehr. Bereits mit 23 habe ich gemerkt, dass ich selbständig arbeiten will. Ich habe relativ lange gebraucht, mich mit meinen Ideen erklären zu können. Die Ausbildung in München von 2008 bis 2010 war wichtig für mich. Ich bildete mich weiter zum „Gestalter im Handwerk". Ich wollte es nicht so machen wie andere: Ich wollte meinen Weg mit der Natur – meinen eigenen Weg – gehen. Ich möchte im Umgang mit dem Kunden auch nicht mit Suggestivfragen arbeiten. Bei mir soll der Kunde frei entscheiden. 2006 hätte ich mein Anderssein noch nicht erklären können. In München habe ich mich praktisch zwei Jahre lang mit mir selbst beschäftigt. „Was strengt ihr Euch so an, die Natur macht das Wesentliche. Von ihr können wir lernen. Das hat etwas mit Respekt zu tun", sagte ich damals zu den Mitstudierenden. Es ist interaktive Kommunikation, wenn ich mit den Steinen arbeite, mit ihnen spreche. Ich habe den Beweis angetreten, dass es ein Unterschied ist, ob ich mit meinem Material in Kommunikation trete oder ob ich es vergewaltige. Die Materialstruktur und ihre eigentümlichen Formen gilt es zu beachten. Struktur und Form kann der Mensch nur herausarbeiten. Durch Kommunikation. Dabei kommt etwas heraus, was ich am Anfang noch nicht wusste. Es ist experimentelle Arbeit. Daher ist es wichtig, wachsam durch die Gegend zu laufen. Ich denke ja nur noch in Merkmalen. Es ist wie eine kindliche Denkweise: Kinder erfassen auch nur die wesentlichen Merkmale, zum Beispiel die eines Tieres. Diese Merkmale abzubilden, darum geht es. Auch hier gilt: Weniger ist mehr. Dieses Denken war bei mir schon immer da. Aber ich brauchte die Münchner Zeit, um mich zu erklären. Um mir über manches bewusst zu werden. Ich brauche mich als Handwerker auch nicht mit der Industrie zu messen.

Eine wichtige Erkenntnis für mich. Die Romantik und Gotik – das sind meine Zeiten. Dachte ich. Meine Dozentin in München sagte zu mir: „Nein. Beschäftige Dich mit Joseph Beuys". Intensiv habe ich das getan. Der ist gar nicht so viel anders als ich.

> **Wir haben verlernt, einen Raum zu schaffen, wo wir uns wohlfühlen.**

Die Auseinandersetzung führte dazu, dass ich mich mit der Tiefe des Menschen, mit mir selbst beschäftigt habe. Beuys hat auch viel mit Materialien gearbeitet. Basalt ist sein Lieblingsstein. Seine vielen Metaphern zu verstehen, was er durch sie sagen möchte. Provokant zu sein, sich nicht vom Regime unterbuttern zu lassen. Ich selbst passe nicht so unbedingt in das gesellschaftliche Bild hinein.

Wir haben verlernt, einen Raum zu schaffen, wo wir uns wohlfühlen. Darum geht es auch bei meinen Kunden. Sie kann ich da besser beraten als mich selbst. Wir wollen immer etwas, aber nur das, was uns passt. Die Konsequenzen wollen wir nicht tragen. Wenn Steine zum Beispiel eine Patina tragen. Das ist aber völlig normal. Einen mit Efeu und Moss bewucherten Stein finden im Wald alle schön. Auf dem Friedhof stört er viele. Das gehört dazu.

Rein theoretisch bin ich ein Querulant. Ein Quertreiber. Ich bin bedingt gesellschaftsfähig. Ein solches Wesen macht andere krank. Ich brauche das. Ich brauche meine Freiheit. Wenn ich nachts aufwache und dann aufstehe, mache ich halt Büroarbeit. Ich gehe auch in meiner Handwerkerkluft fort. Dann falle ich sofort auf. Darum kennt mich jeder, bekannt wie ein bunter Hund. Als Außenseiter tut man sich schwer. Ich kann mich mittlerweile aber neben mich stellen. Selbstkritisch sein. Ich nehme Menschen ernst, nehme sie für voll. Die Kommunikation mit den Menschen ist meist schneller als mit Materialien. Warum soll ich mit Tieren oder Blumen anders kommunizieren? Ein Stein braucht ewig lang, bis er sich verändert. Ich muss lernen, zu denken, wie er denkt. Der Mensch ist eigentlich ein Individuum. Das heißt: Alles und jeder ist anders. In München habe ich den Stein als Individuum wahrgenommen. Ich helfe ihm, einen anderen Ausdruck zu bekommen. Ich helfe dem Material, seinen individuellen Verfall voran zu treiben. Es ist ja ohnehin ein Kreislauf. Ein Kreislauf ständiger Veränderung. Eine Metamorphose. In der Natur ist alles im Kreislauf. Mit Tod und Sterben will sich ja niemand so recht auseinandersetzen. Wir diskutieren zurzeit: Brauchen wir überhaupt noch Friedhöfe? Wir sollten offen mit Tod und Sterben umgehen. Mit Respekt. Das Leben geht weiter. Erde zu Erde. Diesem Lebenskreislauf kann ich mich in die Mitte stellen. Ja, ich habe dieses endliche Leben. Aber ich bin im Hier und Jetzt. Was gewesen ist, interessiert mich überhaupt nicht. Ich sage auch: Was interessiert mich mein Geschwätz von gestern. Ich denke aber viel in die Zukunft. Mit offenen Augen positiv dem Kommenden gegenüberstehen. Wenn ich heute ein Angebot von einem Scheich bekäme, eine Kathedrale zu errichten, würde ich das glatt tun. Mein Grundgedanke, als ich mich selbstständig machte, war, mit einem Peterbuilt-Truck zu den Kunden zu fahren – eingerichtet mit Wohnung und Werkstatt. Eine feste Werkstatt wollte ich nie haben. Ich will dahin fahren, wo man mich braucht.

*Dezember 2015, Andreas Scherer*

> **Arbeit ist mehr als Geld verdienen.** «

**Andreas Ziegner** ist Personalberater mit viel Verständnis für nicht stringente Lebensläufe. Er selbst entschied sich nach einer technischen Ausbildung für ein Studium der Theologie und Psychologie.

## Je mehr Vergnügen du an deiner Arbeit hast, desto besser wird sie bezahlt (Mark Twain)

In meiner bisherigen Tätigkeit in der Personalberatung habe ich einige hundert Lebensläufe gelesen und auch die entsprechenden Menschen dahinter persönlich kennengelernt. Hierbei bin ich entweder in der Personalauswahl oder in der Beratung zur beruflichen Orientierung tätig und es ist für mich immer wieder interessant, wie unterschiedlich und individuell Berufsbiographien sein können.

Manche sind „klassisch und gradlinig", wo Personen in schon sehr jungen Jahren eine klare Vorstellung ihres späteren Berufes hatten und diese sehr zielstrebig verfolgt haben. Oder aber auch berufliche Entwicklungen, bei denen die Branche gewechselt oder ein zweites Studium oder eine Ausbildung absolviert wurde. Manchmal gab es auch geradezu einen „Reset" aus unterschiedlichen Beweggründen heraus, wobei es zu einer völligen Neuorientierung kam.

Dabei ist es für mich immer wieder interessant, wie Menschen ihren Beruf „gefunden" haben. Ob in der Kindheit bereits schon die „Weichen" gelegt wurden durch die Prägung oder Vorbilder im Elternhaus: „Eigentlich hatte ich damals mit 16 keinen Plan, aber meine Eltern haben mir geraten, eine Lehre bei der Bank zu machen." Oder es entstand aus den Beobachtungen im sozialen oder räumlichen Umfeld: „Mich hat es immer fasziniert, was meine Tante von ihrer Tätigkeit als Lehrerin erzählt hatte." Oder: „Wenn ich mit meinem Vater in der Autowerkstatt war, fand ich es immer interessant und habe früher stundenlang an meinem Moped herum geschraubt". Aber auch Erzählungen wie: „Eigentlich hätte ich gerne Kunst studiert, aber dafür hätten mir meine Eltern niemals das Geld gegeben. Jetzt bin ich dafür hier im Marketing gelandet."

Unsere Arbeit fordert in der Regel ein Drittel unserer zur Verfügung stehenden Zeit und hat somit eigentlich einen zentralen Platz in unserem Leben. Für sehr viele ist sie sogar der Mittelpunkt im Leben. Denn neben dem „Broterwerb", der Sicherstellung unserer finanziellen Erfordernisse und Bedürfnisse für unser Leben, ist arbeiten eigentlich ein tief in uns liegendes Bedürfnis. Welche Dimension dies haben kann, kann ich oft sehr dramatisch beobachten, wenn Personen arbeitslos geworden sind. Man erlebt sich als „ausgebremst" oder oft in seiner gesamten Person in Frage gestellt und damit aus seiner „Mitte" geworfen.

Wir wollen in der Regel durch die Arbeit, die wir ausüben, uns selber erleben und verwirklichen. Die Motive, die wir dabei durch unsere Arbeit „leben" wollen, erstrecken sich in den meisten Fällen von Unabhängigkeit, Anerkennung, Idealismus bis hin zu Status oder Einflussnahme in sehr unterschiedlicher Ausprägung bei jedem Einzelnen. Je mehr wir diese inneren „Kräfte" in unserer Arbeit realisieren können, desto stärker erleben wir uns dann in unserer Mitte.

### Unser Schicksal bestimmt den Weg, aber nicht das Ziel (unbekannt)

Dabei ist mir persönlich deutlich geworden, wie weit die berufliche Entscheidung eine Mischung aus Schicksal oder Zufall, Lenkung und überlegter Planung ist. Und es eigentlich auch bei meiner beruflichen Orientierung so war. So kam ich anfänglich über Zufälle zu einer technischen Ausbildung, wo ich meine ersten Erfahrungen in der Berufswelt sammeln konnte. Danach führten mich meine Interessen zum Studium der Theologie und Psychologie, und ich bin heute noch immer dankbar für die Toleranz meiner Eltern, als ich beschlossen hatte, meinen anfänglich „soliden" Berufsweg zu verlassen.

In einigen Fällen wird man förmlich aus dem familiären Umfeld in einen Beruf geboren. So ein „gemachtes Bett" kann ein großes Glück sein, wo man eine Tradition wie fast ein Erbe übernimmt und in der zweiten oder gar dritten Generation weiterführt. Für manche kann es aber auch ein Schicksal sein, wenn zwischen der Verbundenheit zur familiären Tradition und den persönlichen eigenen Interessen, Neigungen und Fähigkeiten ein eigener beruflicher Weg gefunden werden will.

Für andere war es die „Gunst der Stunde", in der Zufälle gewissermaßen schicksalhaft ineinander griffen. In der man über die passende Ausschreibung förmlich „gestolpert" ist oder für eine entsprechende Aufgabe angesprochen wurde und man zur „richtigen Zeit am richtigen Ort" war. Aber es gibt auch manchmal die Reflexion: „Damals hätte ich nicht auf jene Person hören sollen" oder „Meine Entscheidung vor fünf Jahren hat mich eigentlich in eine Sackgasse geführt". Dabei scheint es auf dem Weg zur Mitte immer wieder wichtig zu sein, sich sein mittelfristiges Ziel vor Augen zu halten.

Eine Beobachtung, die ich mache, ist, dass die Berufswahl heute in vielen Fällen zu einer Herausforderung geworden ist. Zum einen verändern sich die Berufsbilder in zunehmend schnellerem Tempo und manche Berufe verschwinden ganz. Eine gute Entscheidungsfindung aus der Perspektive der persönlichen Stärken und den künftigen Marktchancen ist inzwischen zu einem schwierigen Unterfangen vor allem für Berufsstarter geworden. So ist bei einigen Schulabsolventen inzwischen die Wahl zur Qual geworden, die manchmal auch zur Verzweiflung führt.

Hierbei ist es die Kunst, seinen Weg zu finden, den man eigentlich nicht von Anderen kopieren kann. Natürlich kann man die Erfahrungen anderer Personen nutzen, um sich inspirieren zu lassen. Aber wichtig ist es, die eigenen Stärken und Interessen zu erkennen, die man täglich in seinem Beruf einbringen möchte. Dabei ist es auch wichtig, sich gegen Trends und gut gemeinte Ratschläge zu entscheiden. Doch dieser Prozess beinhaltet häufig einige schlaflose Nächte, da möglicherweise die Freunde um einen herum ihren Weg schon gefunden haben und man selber noch am Suchen und Zweifeln ist.

Bei der Suche ist es wichtig, sich seiner Stärken und Interessen bewusst zu werden. Welche Tätigkeiten erfüllen mich wirklich? Bei welchen Aufgaben vergesse ich eventuell die Zeit, weil ich es mit Begeisterung und Leidenschaft tue. So wird jemandem der schon als Kind immer aktiv und sich am liebsten Draußen aufhielt, in einem klassischen „Bürojob" relativ schnell die „Decke auf den Kopf" fallen. Für manch anderen ist es sehr befriedigend, Aufgaben oder Tätigkeiten zu konkreten Ergebnissen zu führen oder ihn begeistert und fasziniert es, zu tüfteln und anspruchsvolle Lösungen zu finden. Andere wiederum sind eher die kreativen Gestalter, die mit Phantasie und ausgeprägter Vorstellungskraft Dinge arrangieren oder entwickeln möchten oder aber bei ihrer Arbeit gerne mit Menschen zu tun haben, mit ihnen reden, sie beraten oder unterstützen. Die Mitte ist da, wo man seine Stärken einbringen und „leben" kann.

Dann gibt es noch die, die bereits im Berufsleben stehen und sich aus verschiedenen Gründen umorientieren wollen oder gar müssen. In manchen Fällen verändert sich die wirtschaftliche Grundlage, Konkurs der eigenen Firma oder des Unternehmens in dem man tätig ist, oder einschneidende Schicksalsschläge zwingen zu einer Veränderung. Manchmal ist es das eigene Erleben und Empfinden, dass man diese Arbeit so nicht mehr weiterführen will oder kann.

Dies führt dazu, dass sich Berufsbiographien im Laufe des Erwerbslebens vermutlich in der Zukunft noch stärker verändern werden als bisher. Dass Personen, wenn es gewisse Voraussetzungen ermöglichen, auch in verschiedenen Branchen tätig werden. Beispielsweise von der Chefsekretärin zur Automobilverkäuferin oder vom Lehrer zum Web-Designer. Damit wird die berufliche Erwerbszeit zu einer „bewussteren" Verwirklichungszeit, in der jemand unter Umständen in seinem Berufsleben mehreren Tätigkeiten nachgeht. Dies erfordert sicherlich eine gewisse Flexibilität, ermöglicht aber dafür unter Umständen mehr gelebte „Mitte".

## Wenn wir nur für Geld oder Gewinn arbeiten, bauen wir uns ein Gefängnis (Antoine de Saint-Exupéry)

Grundsätzlich ist Arbeit mehr als nur Geld verdienen. Natürlich ist das Einkommen ein Faktor für Zufriedenheit. Aber die langfristige Zufriedenheit wird dadurch in der Regel nicht erfüllt und wenn es zu einer beruflichen Umorientierung kommt, ist das verdiente Geld in den seltensten Fällen der Hauptgrund für eine Veränderung. Meine Erfahrung hat immer wieder gezeigt, dass der Verdienst in den seltensten Fällen der eigentliche Motor für eine berufliche Umorientierung ist. Gelegentlich wird sogar das Risiko mit finanziellen Unsicherheiten gewählt, aber dafür die Perspektive einer höheren Zufriedenheit und Passung.

Neben der inhaltlichen Richtung zu unserer beruflichen Mitte gibt es auch Rahmenbedingungen, die unsere Zufriedenheit und Motivation maßgeblich beeinflussen. Sehr anschaulich hat der Fachbuchautor Daniel Pink dargestellt, dass es eigentlich drei Faktoren sind, welche die innere Zufriedenheit je nach persönlicher Ausprägung bestimmen. Zum einen ist es die gelebte Autonomie des Einzelnen, nämlich der Grad der Verantwortung und Eigenständigkeit, in dem ich mich in meiner Arbeit bewegen kann. Der zweite Aspekt ist die Möglichkeit der persönlichen Entwicklung: Lerne ich noch dazu? Werde ich inhaltlich gefordert? Findet durch meine Arbeit ein fortschreitender Lernprozess statt? Und der dritte Aspekt ist die Sinnhaftigkeit: Kann ich mich mit dem, was ich tue, mit vollem Herzen identifizieren und stehe ich mit meinen Werten dahinter? Gerade bei erfolgreichen Unternehmen mit einer hohen Innovationskraft konnte man die Erfüllung dieser drei Aspekte deutlich beobachten. Damit ist die gelebte und gefundene Mitte nicht nur ein Selbstzweck, sondern hat eigentlich auch einen gesellschaftlichen Nutzen.

## Wer aufhört zu lernen, ist alt. Er mag zwanzig oder achtzig sein (Henry Ford)

Jeder berufliche Weg ist für mich einmalig und nicht kopierbar und so individuell wie ein Fingerabdruck. Dabei kann man sicherlich von anderen Lebensläufen lernen oder inspiriert werden, aber man kann sie nicht so einfach übernehmen. Den eigenen Weg muss man für sich aktiv suchen und für sich selber teilweise auch über Umwege finden. Dabei ist ein eingeschlagener Weg keine Vorgabe bis zum Rentenalter, die man mit aller Kraft durchhalten muss. Und berufliche Erfahrungen in dem einen Umfeld können mit entsprechender Planung heute in einem anderen Umfeld oft gut eingebracht werden und stellen sogar eine bereichernde Ressource für einen Arbeitgeber dar. Und wenn man die Biographien erfolgreicher Persönlichkeiten liest, wird man sehr schnell überzeugt, dass viele eben keinen so geraden Lebenslauf hatten.

Hierfür müssen Arbeitgeber umdenken und bei der Personalauswahl nicht nur auf die „verwertbaren" Erfahrungen schauen, sondern sich für einen Bewerber Zeit nehmen, die Persönlichkeit und Stärken erkennen und danach in ihrem Unternehmen integrieren und fördern. Denn nur so können Strategien erfolgreich umgesetzt werden, indem die Kreativität und das Engagement der einzelnen eingebracht werden. Denn wer in seiner Mitte ist, ist einfach „besser".

## Wichtiger als der richtige Weg ist die richtige Richtung (Stefan Persson)

Die berufliche Mitte zu finden, ist nicht einfach nur Glückssache, Zufall oder passives Erdulden. Sicherlich gibt es einige äußere Faktoren, die man nicht immer beeinflussen oder zum „damaligen" Zeitpunkt nicht überschauen konnte. Auch unterliegt unser persönlicher Anspruch an die eigene Tätigkeit unterschiedlichen Motiven und Wertvorstellungen, die sich im Laufe unseres Lebens auch verändern oder verschieben können.

Dabei geht jeder einen anderen Weg zu „seiner Mitte", auf dem er sich hin und wieder orientieren sollte. Das Finden der beruflichen Mitte ist dabei eine Reise mit Herausforderungen und Mühen, die es zu bewältigen gilt, die sich aber auch lohnt! Eine Fahrt an einen Ort, den wir noch nicht kennen, von dem wir nur ein unscharfes Bild oder einem kleinen „Kartenausschnitt" haben. Für diese Reise brauchen wir einen groben Fahrplan, wo wir eventuell umsteigen können oder einen Kompass, der uns gelegentlich die Richtung zeigt. Dabei werden wir Staus und Umwege in Kauf nehmen müssen und brauchen die Gelassenheit und Zuversicht, wenn wir auf holprigen Nebenstrecken scheinbar nur langsam vorankommen. Aber auch das Selbstbewusstsein, dass wir solch wertvolle Erfahrungen auf der geraden Autobahn nicht gemacht hätten, die uns eigentlich mit wertvollen Erfahrungen bereichert hat.

*März 2016, Andreas Ziegner*

**99 Mitte ist da, wo man zuhause ist. 66**

**Anja Fichtel** ist Weltmeisterin und Olympiasiegerin im Fechten, dazu kommen zahllose weitere Medaillen. Die dreifache Mutter lebt in Tauberbischofsheim und trainiert Kinder im dortigen Fechtclub.

# Eine starke Frau am Florett

Anja Fichtel gehört zu den weltweit erfolgreichsten Fechterinnen. Sie wurde mit 17 Jahren jüngste Fechtweltmeisterin aller Zeiten. Kurze Zeit später gewann sie bei den Olympischen Spielen in Seoul zwei Goldmedaillen. Ihre Medaillen sind mit der Zeit zu einer stattlichen Sammlung angewachsen: Die Frau aus Tauberbischofsheim ist zehnfache Deutsche Meisterin im Einzel und 14-malige Medaillengewinnerin bei den Olympischen Spielen. Heute trainiert sie Kinder im Fechtclub Tauberbischofsheim. Mit PROMAGAZIN-Redakteurin Anja Gladisch hat die dreifache Mutter über das Thema „Mitte" gesprochen.

*Frau Fichtel, haben Sie die Leidenschaft fürs Fechten auch an Ihre Kinder weitergegeben?*

Fichtel: Die zwei großen haben auch selbst gefochten. Aber wenn man den Sport macht, muss der Ehrgeiz von einem selbst kommen. Es ist das Schlimmste, wenn man Eltern hat, die die Kinder so treiben, obwohl sie es nicht wollen. Ich habe das Talent gesehen, aber das reicht nicht nur. Du gibst deine Jugend her. Das Leben besteht aus Schule und Training. Am Wochenende sind die Turniere. Das muss man wollen. Um an die Weltspitze vorzukommen, muss man selber den Ehrgeiz haben. Und der war nicht da. Aber mein ältester Sohn ficht nach wie vor.

*Wie war das denn in Ihrer Kindheit?*

Fichtel: Meine Eltern haben gar nicht so gewusst, was da passiert. Die haben gesagt: „Okay, geht halt mal fechten". Da war ich neun Jahre alt, als ich mit meinem Bruder angefangen habe zu fechten. Dann sind wir da einfach so reingerutscht. Ich denke, wenn mich jemand gezwungen hätte, ins Training zu gehen, hätte ich das nicht gemacht. Dafür bin ich zu stur. Die Bereitschaft muss vom Kind selber kommen.

*Aber hatten Sie nicht ein ganz anderes Leben als Ihre Schulfreunde?*

Fichtel: Unter dem Jahr war das nicht so schlimm. Da hatte ich mit Schule und Fechten eine klare Struktur und das war dann normal für mich. Aber nach den

Sommerferien war es schwierig, in diese Struktur zurückzufinden. In der ersten Woche danach wollte ich immer mit dem Fechten aufhören. Aber nach ein oder zwei Wochen war man wieder drin.

*Sie sind dann schnell sehr erfolgreich geworden, haben viel erlebt. Wie sieht Ihre Definition von Mitte aus?*

Fichtel: Mitte ist da, wo man zuhause ist. Mitte hat bei Menschen eine große Bedeutung: Wenn man in seiner eigenen Mitte ist, ist man ausgeglichen. Dann ist man ganzheitlich. Mitte ist ein total schönes Wort.

*Inwieweit hat die Mitte beim Sport für Sie eine Rolle gespielt?*

Fichtel: Ich denke, als ich begonnen habe zu fechten, war gerade die Region sehr erfolgreich. Da waren starke Persönlichkeiten. Ich habe mich sehr aufgehoben gefühlt. Wir sind zwar ländlich, aber trotzdem haben wir hier viele Menschen, die sehr ziel- und erfolgsorientiert sind.

*Ihre Heimat, Ihre Mitte ist Tauberbischofsheim. Aber Sie sind doch bestimmt auch viel gereist, oder?*

Fichtel: Ja, sehr viel. Ich kannte manche Regionen im Ausland besser als die eigene. Weil die Wettkämpfe international waren. Und hier im Umkreis waren so gut wie keine Turniere. Ich habe erst später, als ich mit dem Sport aufgehört habe, die Region so richtig kennengelernt. Ich kannte die Dörfer, die 15 Kilometer von Tauberbischofsheim weg sind, gar nicht. Nur vom Namen her.

*Gab es auch Turniere, bei denen Sie nicht in Ihrer Mitte waren?*

Fichtel: Das war furchtbar. Manchmal hat man Glück gehabt, dann kam man durch den eigenen Willen weiter, obwohl man gewusst hat, dass man nicht gut war. Es gab bestimmt zwei, drei Turniere in meinem Leben, bei denen ich katastrophal neben der Spur war und trotzdem über den Willen zum Erfolg kam. Obwohl ich wusste, dass das keine Glanzleistung war.

Manchmal war man sogar in der Mitte, hatte aber einen Gegner, der noch stärker, noch klarer war und dann hat man das auch verloren. Das sind Dinge, die unheimlich geschmerzt haben. Weil ich eigentlich wusste, ich bin super in Form und gut drauf und dann hat man einen Gegner, der stärker war. Aber so ist der Sport. Aus dem Siegen lernt man nicht so viel wie aus dem Verlieren.

Und das Schöne ist: Es kommen immer nächste Wettkämpfe. Es entscheidet ja nicht nur ein Wettkampf, ob man ein guter Sportler ist oder nicht.

*Welcher Wettkampf ist Ihnen besonders in Erinnerung geblieben?*

Fichtel: Die Olympischen Spiele waren der Traum, der für mich Realität geworden ist. Das zu begreifen und zu verarbeiten, ist irre. Das kann man gar nicht. Aber meine erste Weltmeisterschaft ist mir noch besonders in Erinnerung. Da lag ich im Halbfinale 7:1 zurück. Kein Mensch in dieser Halle hat noch geglaubt, dass ich das gewinne. Ich selber auch nicht. Aber ich wollte nicht 8:1 verlieren und noch Treffer holen. Dann habe ich doch noch 7:8 gewonnen und war der Held in der ganzen Halle. Das hat meine Karriere geprägt. Ich lag oft hinten und konnte das Ergebnis noch drehen.

*Das zeugt von viel Durchhaltevermögen. Gab es irgendwann auch den Punkt, an dem Sie aufhören wollten?*

Fichtel: Ja, dann bin ich aus Tauberbischofsheim weggegangen. Ich habe es nicht mehr ausgehalten. Ich war sehr jung und hatte viele Neider. Ich wollte niemandem etwas Böses, aber die Leute haben angefangen, sich ein Urteil über mich zu bilden, weil mich jeder kannte. Das fand ich immer ganz schlimm. Ich habe mich nicht mehr wohl in meiner Haut gefühlt. Ich habe trotzdem weiter gefochten, aber eben in Wien. Und da hat es keinen Menschen interessiert, wer ich war oder nicht. Auch im Training war es nicht wichtig, ob ich Anja Fichtel bin oder nicht.

*Haben die Neider dafür gesorgt, dass Sie schon mal Ihre Mitte verloren haben?*

Fichtel: Das ist heute noch so. Wenn man irgendwas erzählt bekommt und man weiß, dass das gar nicht stimmt. Das sind Gerüchte und die machen mich heute noch traurig. Die Menschen verstehen nicht, dass man sich mit der Person auseinander setzen muss, bevor man etwas erzählt. Ich mag das nicht, dass sich Leute ständig das Maul über andere zerreißen.

*Aber 1990 sind Sie dann von den Neidern weggegangen?*

Fichtel: Ja, nach Wien. Mein erster Mann war Wiener. Das war für mich schon schwer. Ich kam aus einem behüteten Fechtzentrum, in dem Emil Beck alles gemacht hat. Mit der Schule, mit der Ausbildung – er war überall die Feuerwehr. Und dann musste ich das Training selbst organisieren. Das war schon schwierig. Ich bin aber reingewachsen. Da wird man dann erwachsen. Das war gut.

Dann habe ich im Olympiajahr (1992) ein Kind gekriegt. Das ist typisch für mein Leben. Ich habe das Kind bekommen und trotzdem bei Olympia gefochten. Der Arzt hat gesagt, das geht alles. Heute würde ich das auch nicht mehr machen. Damals war ich noch zu sehr aufs Fechten fokussiert. Ich war noch an der Weltspitze. Ich habe bis zum fünften, sechsten Monat noch Wettkämpfe gefochten. In dem Moment, in dem ich die Maske aufgesetzt habe, habe ich immer einen kleinen Tritt bekommen. Er hat auch gespürt, dass etwas passiert. Wir haben das dann zusammen gemacht. Und er ist heute auch noch so fechtverliebt.

Als er sechs Wochen alt war, bin ich zu Olympia gefahren. Meine Eltern haben sich ums Kind gekümmert. Bei meinem ersten Gefecht war ich nervös und bin auch

> **99 Ich habe für den Sport alles getan, aber ich wollte nicht mein ganzes Leben danach ausrichten. 66**

noch hingefallen. Da habe ich mich so geschämt. Ich war nicht fit. Und im Halbfinale habe ich dann alles gewonnen, das gab mir einen Pusch. Ich bin über mich hinaus gewachsen.

Ich bin dann fünf Jahre lang gependelt, zwischen Tauberbischofsheim und Wien. Das war ganz toll damals. Ich hatte meinen Sohn immer dabei. Dann habe ich das zweite Kind bekommen. Eigentlich wollte ich nach dem ersten Kind schon mit dem Fechten aufhören. Ich habe alles für den Sport getan, aber ich wollte nicht mein ganzes Leben danach ausrichten. Nachdem ich aufgehört habe, wurde es schwierig. Ich habe als Fechterin viel Geld verdient, mein damaliger Mann hat mir den Rücken freigehalten. Und dann haben wir getauscht.

Jetzt musste er die Familie versorgen. Das war nicht so einfach. Dann wollte ich so ein Leben nicht mehr führen. Ich war überhaupt nicht mehr in der Mitte. Ich habe gedacht, das Leben wäre vorbei.

Dann haben mich meine Eltern mit den Kindern nach Tauberbischofsheim geholt. Ich habe in Wien immer die Heimat vermisst. In Wien war ich ein bisschen verlassen. Das waren nicht die Menschen, die ich aus meiner Kindheit kannte. Mitte ist für mich auch Heimat. Und die ist in Tauberbischofsheim.

*Februar 2016, Interview: Anja Gladisch, PROMAGAZIN*

## „ Aufbrechen, um Beheimatung zu finden. “

**Anne-Kathrin Kruse** ist in Niedersachsen aufgewachsen und hat seitdem unter anderem in London gelebt. Seit 2011 ist sie Dekanin des Haller Kirchenbezirks und erste Pfarrerin von St. Michael und St. Katharina.

# … das allen in die Kindheit scheint und worin noch niemand war: Heimat – Oder: Auf der Suche nach der Mitte

### I. … das allen in die Kindheit scheint (Ernst Bloch)

Suche nach der Mitte … die ist hier in Hohenlohe-Franken. Natürlich! Nach Stuttgart „däd ma högschtens hintre ganga, wenn's sei muss".

Für mich hat die Suche nach der Mitte mit dem Thema „Heimat" zu tun. Überlegungen über Heimat haben oft etwas unberechenbar Unvermitteltes. Wie Schlaglichter tauchen Bilder vor dem inneren Auge auf wie lange Pappelalleen, durch deren Zwischenräume Sonnenstrahlen blinken. Es rauscht – wie die Buchen am Waldrand, wo wir Kinder uns Höhlen unter die Wurzeln von umgekippten Bäumen buddelten. Es riecht – modrig wie der Fluss hinter dem alten Wohnhaus Lessings.

Ja, besonders Gerüche bleiben in Erinnerung: die grässliche Graupensuppe mit Speck im Kindergarten, aber auch der zarte Duft der zauberhaften Wicken, die sich auf dem Weg zur Kirche am Zaun hinter der Bäckerei empor schlangen. Einmal konnte ich nicht widerstehen und pflückte eine. Monatelang mied ich dann diesen Weg, aus Angst, gestellt zu werden. Oder der fischige Geruch von Angstschweiß und Gummimatten in der alten Turnhalle. Antreten mussten da die älteren Schüler wie zum Appell. Der Sportlehrer hing noch aktiv seiner Vergangenheit bei der Wehrmacht nach. Dann aber auch der böhmische Apfelkuchen bei der böhmischen Nachbarin – nie wieder hat Apfelkuchen so gut geschmeckt. Traumbilder mischen sich mit real Erlebtem und aufgeschnappten Geschichten, machen sie ununterscheidbar. Was ist wohl aus dem geworden? Wie ist sie nochmal gestorben? Heimat sucht einen heim. Suche nach der eigenen Mitte.

Mitte der Kindheit ist in meinem Fall die Stadt Wolfenbüttel, Wiege der Aufklärung im Harzvorland mit Gottfried Wilhelm Leibniz und später Gotthold Ephraim Lessing als Bibliothekare an der Herzog-August-Bibliothek, Michael Praetorius als Hofmusiker am Residenzschloss der Welfen.

Heimat ist Landschaft. Schön? Ja, aber nicht nur. Eben besonders, anders als anderswo, vertraut die welligen Hügel des Harzvorlandes, Wälder und in jedem Dorf ein Reitverein. Niedersachsen, das Land der Pferde. Die Heimatstadt, das Schloss, große, prächtige Kirchen, bunt herausgeputzte Fachwerkhäuser mit Schindeln und Bibelsprüchen auf den Giebelbalken.

Heimat ist Sehnsuchtsort der Kindheit, mit den Jahren mehr und mehr verklärt, zieht sie einen in den Bann. Aber wie beim Magneten stoßen sich gleiche Pole gegenseitig ab. Wie weit hat sich mein Weg von den Menschen dort entfernt! Damals gehörte ich dazu. Vierzig Jahre nach dem Abitur laden mich die alten Mitschüler immer noch zum Jubiläum ein, obwohl ich schon in der elften Klasse wegzog. Aber die Gegend ist schon lange nicht mehr meine Mitte. Rückkehr wäre Rückschritt in eine Welt, die nicht mehr die meine ist. Heimat, die befremdet. In den 42 Jahren seither bin ich elfmal umgezogen. Es gibt Kreise, denen man diesen „Migrationshintergrund" tunlichst verschweigt, um nicht als unsteter Charakter zu gelten, der es nirgendwo lange aushält. Über Jahre war ich regelmäßig in Schweden, über längere Zeit lebte ich in Israel. Knapp neun Jahre, die nach der Kindheit längste Zeit, habe ich in London gelebt. Bewusst das – oder die – Weite gesucht. Die Rolle der Fremden eingenommen, in fremden Sprachen und Kulturen heimisch geworden. Mich im Alltag als Jongleurin der Mehrsprachigkeit geübt.

Heimat ist Sprache. Norddeutsch ist alles andere als Hochdeutsch, hat je nach Region seine eigene Sprachmelodie, eigene Wörter und Begriffe, oft aus dem Plattdeutschen oder Jiddischen hergeleitet, kaum zu übersetzen. Mit den Jahren im Ausland mischt sich die Muttersprache mit fremdsprachigen Ausdrücken, die es in der eigenen Sprache so nicht gibt. Es erfordert Disziplin, die Vielfalt der Ausdrucksmöglichkeiten in mehreren Sprachen beizubehalten. An den Kindern hören wir, dass London ihnen Heimat geworden ist, Englisch die zweite Muttersprache, ihr Deutsch noch immer voller unbewusster Anglizismen.

Immer aber ist Heimat ein Fall für das Präteritum: damals, in der Vergangenheit ... Teil der eigenen Biographie, und doch entschwunden, verloren. Es gibt dort keine Verwandten mehr, kaum Freunde, keinen wirklichen Grund, dorthin zurückzukehren, außer zu Nostalgiezwecken. Wer zurückkehrt, vergleicht, wägt ab, registriert erstaunt auch kleinste Veränderungen gegenüber dem einmal gefassten Bild und misst dem unverhältnismäßig hohe Bedeutung bei.

## II. Fremd ist der Fremde nur in der Fremde (Karl Valentin)

Das Sprechen über Heimat folgt einer eigenen Grammatik. Heißt es ‚die' Heimat, hat sie bereits etwas Verklärendes. ‚Eine' Heimat klingt schon distanzierter, Heimat ohne Artikel versucht einen kritischen Zugang zu dieser kontaminierten Begriff-lichkeit.

‚Heimat' wurde romantisiert, touristisch kommerzialisiert, ideologisiert und funktionalisiert. Namentlich die völkische Ideologisierung von Heimat 1933–45 führte zu ihrer Diskreditierung. Die Rede von „Blut-und-Boden", der angeblichen „Raumnot" der Deutschen, mündete in den verbrecherischen Wahn, neuen Lebensraum auf Kosten der Heimaten anderer zu schaffen. In den allzu bunten Heimatfilmen der 1950er Jahre ging sie eine peinliche Symbiose mit dem Kitsch ein und verbürgte Kontinuität nach vergoldeten oder totgeschwiegenen Brüchen. Heimat war dort, wo große Geschichte einfach nicht stattfand. Umso unbeliebter machte sich, wer bei Zeitzeugen genauer nachfragte und – forschte. Erst in den 1970er Jahren kam es zu einer gewissen Ernüchterung. Anti-Heimat-Literatur und Filme wie E. Reitz' Heimat-Epos gehörten dazu. Seine Story wird bestimmt durch die Spannung zwischen denen, die gehen, weil sie es nicht mehr aushalten und ihr Glück, ihre Mitte, in der neuen Welt suchen, und denen, die bleiben, zurückbleiben, sich fügen in einer Mischung aus Neid und Stolz.

Das Verlassen von Heimat ist notwendiger Ablösungsprozess und Aufgabe wirklicher Persönlichkeitsentwicklung. Ohne ein gewisses Maß an Entwurzelung dürfte sie kaum möglich sein. „Mitte" beschreibt dann den Grenzbereich zwischen Kindheit und Erwachsenwerden, zwischen Vertrautem und Ungewohntem, zwischen Verklärung und kritischer Einsicht in die realen Verhältnisse. Zu wissen, woher man kommt, dient dabei der Selbstvergewisserung, mag aber auch die Voraussetzung dafür sein, in der Fremde, unter fremden Lebens- und Arbeitsbedingungen, bestehen zu können. Wer die Heimat nie verlässt, dem wird sie nicht selten zum Verließ. Wer heimatlos geworden ist, kann sehr wohl sein Leben lang Heimat in sich tragen. Umgekehrt: Wer geblieben ist, kann letztlich ohne Heimat bleiben, weil man sich von den anderen dort unterscheidet. Demnach hat Beheimatung mehr mit einer inneren Mitte zu tun als mit einem geographischen Zielpunkt.

Fremde beheimatet – Heimat befremdet. Eine befreundete Familie zog aus einem bunten multikulturellen Stadtteil von London zurück nach Deutschland. Erster Kommentar der Kinder: In Deutschland sei es so langweilig. Da sähen ja alle gleich aus.

Gehen und Bleiben. Heimat finden und neu schätzen lernen, nachdem und weil man sie verlassen hat und wahrnimmt, was man vermisst. Manchmal muss man aufbrechen, um Beheimatung wieder zu finden.

### III. Mein Vater war ein umherziehender Aramäer (Gen 25, 5)

Auch dies ist vielleicht nicht mein Land, aber doch darf ich hier als Fremde leben, werde geduldet, gelitten, womöglich willkommen geheißen, geschätzt. Ich bin anders als die Mehrheit in diesem Land – und ich darf es sein. Ich muss nicht werden wie alle anderen und werde als solche akzeptiert. Ich genieße, was ich in meiner Heimat vermisste. Und vermisse, was ich in meiner Heimat als selbstverständlich betrachtet habe. Ich staune über und bin dankbar für persönliche Begegnungen und Freundschaften, ohne jemals auf die deutsche Geschichte 1933 – 45 festgenagelt worden zu sein. Nicht in Israel, nicht in Großbritannien, dem einzig freien Land Europas in der Zeit des Nazi-Regimes. Ich bin da aus freien Stücken. Ich habe als EU-Bürgerin das Privileg zu entscheiden, wo ich leben möchte.

Wo ist auf der Flucht die Mitte? Da unterhalten sich am Ende der dreißiger Jahre zwei Juden über die Lage in Deutschland und überlegen, wohin sie denn emigrieren könnten. „Ich geh nach Argentinien", sagt der eine, und der andere fragt: „Argentinien? Ist das nicht sehr weit?" Der Gefragte antwortet, gut jüdisch, mit einer Gegenfrage: „Weit von wo?"

In der Heimat vernetzt und verkabelt sehen wir dieses Elend täglich. Wir entrinnen ihm nicht in unsere häusliche Gemütlichkeit. Mit leibhaftigen Flüchtlingen wissen wir oft nicht wohin. Nun ist all das wieder gefragt, Heimat, Brauchtum, die kleinen Traditionen. Oder man erfindet sie. Und hängt der Illusion nach, Heimat sei eine monokulturelle Zone, die mit der multikulturellen Gesellschaft ‚draußen' nichts zu tun habe. Wer „Heimat" sagt, meint Geborgenheit. Aber für wen? Offenbar nur für jene, die dazugehören, die man zugelassen hat. Heimat hat etwas mit Ausgrenzung – schlimmer noch: „Selektion" – gemein. Tatsächlich scheint „Heimat" auf dem Weg ins Nichtidentische zu sein – ein Schock für manch so genannte „Einheimische".

„Mein Vater war ein umherziehender Aramäer." Ein Blick in die Hebräische Bibel, das so genannte „Alte Testament", insbesonders in die Geschichte des Gottesvolkes Israel, zeigt, dass die Vorfahren Israels aus Aram stammen. Aram war in antiker Zeit und ist auch heute noch Syrien, ein erklärter Feind Israels! Die Fremden sind also in der kollektiven Erinnerung Israels nicht die Anderen. Fremd war man zunächst selbst. Die ersten in der Bibel genannten Fremden sind Abrahams Nachkommen, die als Armutsflüchtlinge auf der Suche nach besseren wirtschaftlichen Lebensbedingungen nach Ägypten zogen. Von dort aus nach Kanaan. Israels Identität lebt aus der Erinnerung, und diese Erinnerung ist vor allem die des Fremdseins.

Die Identität bestimmt auch die Ethik: Kein Gebot kommt in der Hebräischen Bibel so häufig und prägnant vor wie das, die Fremden nicht zu bedrücken. Begründung: Denn Fremde wart ihr selbst. Auch wenn die Nachkommen seit Jahrhunderten beheimatet sind, gehört das Fremdsein zu ihrem Selbstverständnis, wird das Er-innerte zu einem Teil des eigenen Lebens, re-membered. Das geht bis hin zum Liebesgebot: „Liebe den Fremden, denn er ist wie du." (3. Mose, 19, 18) Der/die Fremde hat dieselbe Würde als Geschöpf Gottes wie du. Daher soll es ihm nicht so schlecht ergehen wie dir damals. Fremde sind wie wir Menschen, doch sie sind nicht Menschen wie wir. Erst wenn der Fremde in seiner Fremdheit mir wichtig wird, ohne ihn ändern zu wollen, können wir miteinander leben. Was das wohl für das Integrationsverständnis in Deutschland bedeutet ...? Es kann nur heißen, dass alle sich verändern werden, um sich in ihrem Andersein zu respektieren.

Israels Heimatbegriff ist nicht der der Autochthonen, der Alteingesessenen, die angeblich immer schon da waren. Schaut man genauer hin, so waren sie keineswegs schon immer da, vielmehr sind sie in den meisten Fällen die, die nur etwas früher eingewandert sind.

## IV. ... worin noch niemand war: Heimat (Ernst Bloch)

Heimat ist in der Bibel nicht der Ort, an dem man schon immer war, sondern das Land, in das man kam, kommt und kommen wird.

Noch einmal: Wo ist dann die Mitte? Nicht unbedingt im Land. Gott selbst ist unterwegs, begleitet die Menschen und gebietet eine grundsätzliche Distanz gegen jede Bindung an Land, Volk, Heimaterde. Am Ende wird es nur eine Heimat geben: die im Himmel, im himmlischen Jerusalem, im Machtbereich Gottes. Das entlässt nicht aus der Aufgabe, für die Beheimatung der Heimatlosen einzutreten. Das Boot ist nicht voll. Die Erde hat genug Ressourcen für alle, wenn sie denn gerecht verteilt werden. Zu dieser Hoffnung eine letzte (Heimat-)Geschichte:

Ein Rabbiner in New York verschickt anlässlich der Hochzeit seines Sohnes folgende Einladung: Die Hochzeit findet am 1. Adar in Jerusalem statt. Sollte wider Erwarten der Messias bis dahin nicht gekommen sein, findet die Hochzeit in New York statt.

*April - Mai 2016, Anne-Kathrin Kruse*

> **Die Chance geben, mitzutun.** "

**Annette Sawade** ist in der DDR als Pfarrerstochter aufgewachsen und lebt heute in Schwäbisch Hall. Die Chemikerin und IT-Fachfrau ist Mitglied der SPD-Bundestagsfraktion und ehrenamtlich stark aktiv.

# Mitte darf nicht Mainstream sein

Ich werde den Begriff der Mitte aus meiner beruflichen Tätigkeit als Chemikerin und IT-Fachfrau, als Familienfrau, ehrenamtlich Tätige und schlussendlich als Politikerin beleuchten. Hinzu kommen meine Erfahrungen als ehemalige DDR-Bürgerin und damit die Betrachtung der Mitte aus Ost- und Westsicht.

## Mein Leben in der DDR

Als Tochter eines evangelischen Pfarrers in der DDR gehörte ich per se nicht zum gesellschaftlichen Mittelpunkt in der politischen „Wertung" innerhalb des Systems. Das hat mir aber eher zugesagt, als dass ich deshalb Defizite empfunden hätte. Ich musste, „durfte" nicht zu den Pioniernachmittagen gehen, hatte dafür einen freien Nachmittag oder nahm an der Christenlehre teil. Dies alles war kein Problem, ja selbstverständlich für mich, da meine Eltern unser „Außenseitertum" durch die familiäre Mitte und unser Aufgehobensein in der Mitte der Kirchengemeinde gestärkt haben. In der Schule musste ich mich durch besonders gute Leistungen aus der Mitte herausheben, um überhaupt die weiterführende Schule bis zum Abitur besuchen zu können.

Ganz anders war das bei meinen Erfahrungen als aktive Chorsängerin, da galt es sich der Gemeinschaft ein- und unterzuordnen, die Stimme nicht heraushören zu lassen aus dem gemeinsamen Klang. Aber auch da konnte ich mich zeitweise durch solistische Auftritte aus der Mitte herausheben, was einerseits sehr schön, aber natürlich auch immer mit Lampenfieber verbunden war. Ich denke, es ist egal an welcher Stelle man sich aus der Mitte heraushebt, es ist schön, aber mit Anstrengungen, Aufregung und manchmal auch mit dem Widerstand anderer verbunden.

## Mein Berufsleben

Im beruflichen Leben als Chemikerin im Nordmarkkrankenhaus in Berlin gab es im rein fachlichen Bereich natürlich die gleichen Definitionen und Begrifflichkeiten in Ost und West, beim Leben drum herum aber sehr wohl große Unterschiede.

Begriffe wie Mitte der Gesellschaft waren für mich im Osten eher negativ besetzt. Ich wollte da nicht dazugehören. So ging ich nicht zur Maidemonstration oder nahm nicht an den Frauentagsfeiern teil. Heute in der Bundesrepublik bin ich gern dabei und organisiere zum Beispiel die Frauentagsaktionen in Schwäbisch Hall mit, wenn es meine Zeit erlaubt. Mein Mittelpunkt in der ehemaligen DDR waren immer sogenannte Nischengruppen wie der Chor, die Studentengemeinde. Dort dazuzugehören war mir sehr wichtig. Dieses „Nischendasein" hat sich mit der Übersiedlung abrupt geändert. Da wollte ich dazugehören, mitmachen, dabei sein, aber nicht in einer Nischengruppe.

## Im Privatleben

Was bin ich in der Familie, Mitte oder Mittelpunkt oder Mittlerin als Ehefrau und Mutter? Eigentlich waren die Kinder der Mittelpunkt, dafür habe ich mich zeitweise zurückgenommen. Aber mir war auch wichtig, der „Heimkomm-Ort" zu sein. Ich fand und finde es wichtig, dass beide Eltern sich gemeinsam um ihre Kinder scharen, die ja je jünger, umso mehr im Mittelpunkt der Fürsorge stehen. Funktioniert das heute schon anders als früher, sind beide Elternteile in ihrer Mühe um die Kinder gleichberechtigt oder doch noch weit davon entfernt? Was heißt Mitte der Familie? Der Senior, die Seniorin, um die sich alles drehen soll? Oder der neugeborene Familienzuwachs, um den sich dann alles dreht?

Ja, Mitten verschieben sich, das ist normal und macht flexibel. Auch ich musste lernen, dass die Kinder ihre eigenen Mitten gefunden haben, in ihren neuen Peergroups und jungen Familien. Wir als Großeltern schauen fröhlich zu und sind natürlich, aber eben nur noch zeitweise, gern mittendrin. Das ist für uns so in Ordnung.

## Im Ehrenamt

Als Vorsitzende der Stuttgarter proFamilia holen wir durch unsere Beratung Menschen zurück aus Notsituationen, geben Unterstützung oder helfen Menschen mit Behinderungen, am Leben teilzunehmen. Sie haben damit einfach eine Chance, mehr aus ihrer Randsituation herauszukommen. Auch im Verein für Diakonie und Nachbarschaftshilfe, bei dem ich seit zwei Jahren in Schwäbisch Hall, Gailenkirchen Vorsitzende bin, unterstützen wir Menschen, die nicht mehr allein klarkommen, durch unsere Pflegerinnen. Wir helfen pflegenden Angehörigen, mal aus ihrer derzeitigen Mitte rauszukommen, ihnen „Dankeschön" zu sagen oder gestalten mit der Gemeinde eine ganze Woche gemeinsam mit einem Thema. Das heißt, hier holen wir Menschen wieder in die Mitte oder bieten ihnen die Chance, einfach mitzutun, dazu zu gehören. Mitte bedeutet für mich Teilhabe am gemeinsamen Leben.

Mitte heißt für mich aber nicht, dass sich alle in der Mitte auf einem Fleck drängeln, sondern Menschen, die am Rand stehen, die Chance zu geben, die Mitte zu erweitern. Mitte heißt für mich nicht, Gleichmacherei und Beliebigkeit, mitschwimmen mit dem Mainstream.

**Aber wie sieht es aus mit dem Begriff der politischen Mitte?**

Den nehmen gern alle Parteien für sich in Anspruch, ob bürgerliche Mitte, Mittelinks, Mitterechts, progressive Mitte, ökonomische Mitte, politische Mitte. Was wurde und wird da nicht ständig neu definiert.

Ich bin Mitglied der sozialdemokratischen Partei geworden, nicht weil ich in der Mitte stehen will, sondern weil ich nach wie vor der Auffassung bin, dass die Ideen und das Programm dieser Partei die meisten Menschen unserer Gesellschaft darin unterstützen, ein Leben in der Mitte der Gesellschaft führen zu können. Darum zu kämpfen, dass nicht mehr Menschen an den Rand gedrängt werden, sondern damit diese Ränder dünner werden und die Mitte gestärkt wird. Das heißt für mich zum Beispiel, dass alle Kinder gleichberechtigt die Bildungschancen erhalten, die sie benötigen, dass der Arbeitsverdienst zum Leben ausreicht, die Wohnung bezahlbar bleibt und auch ein gemeinsamer Familienurlaub möglich ist.

Da hat die SPD in den über 150 Jahren ihres Bestehens eine Menge erreicht. Vielleicht haben das die, die durch den Einsatz der SPD heute zur Mitte gehören, einfach vergessen und meinen, dass ein Kämpfen um diese Werte nicht mehr nötig ist? Die Dialektik des Wohlstands? Dabei fällt mir spontan vieles ein, wofür sich der Einsatz auch heute lohnt. In meinem Leben als aktive SPD-Politikerin gehört die SPD nicht zur Mehrheit in den Gremien, in die ich gewählt wurde. Hier in Süddeutschland ist die SPD eher zweitstärkste, mittlerweile leider oft nur drittstärkste Kraft. Aber das bedeutet nicht, dass wir unsere Vorhaben, die Mitte der Gesellschaft zu stärken, nicht durchgesetzt hätten. 15 Jahre Stadträtin in Stuttgart hieß immer, mit wechselnden Mehrheiten möglichst viele unserer Ideen umsetzen zu können. Das bedeutete aber auch, dass wir Kompromisse eingehen mussten, um überhaupt etwas erreichen zu können. Das bedeutet aber nicht, dass wir Konflikten aus dem Weg gegangen wären. Ich war persönlich nicht immer hundertprozentig derselben Meinung mit meiner Fraktion. Fraktionsbeschlüsse sind immer Mehrheitsentscheidungen – intensive interne Diskussionen, Abstimmungen mit gehen dem Prozess einher. Dazu gehört dann auch die Mehrheitsmeinung nach Außen mitzutragen. Ich muss zugeben, dass ich manche Entscheidungen nicht immer mit flammender Begeisterung mitgetragen habe, sie aber auch nicht so gravierend waren, dass ich dagegen hätte stimmen müssen. Beispiele sind die Beschlüsse zu Cross Border Leasing, dem Verkauf der Technischen Werke (heute wird zurückgekauft) oder Fahrpreiserhöhungen für den Nahverkehr.

## Als Abgeordnete im deutschen Bundestag

In der letzten Legislaturperiode bis 2013 war die SPD in der Opposition, es regierten FDP und CDU. Trotzdem gab es Entscheidungen der Bundesregierung, die wir als SPD-Fraktion mitgetragen haben. Das waren die schwierigen Entscheidungen in der Finanzkrise zur Stützung von Spanien, Griechenland, Portugal. Auch da ging es der SPD darum, die Lebensverhältnisse der Menschen in den betroffenen Ländern nicht zu verschlechtern, sondern zu helfen, dass die Menschen lebenswert weiter in ihrem Land existieren können. Heute sind wir Regierungspartei (seit 2013), da ist das Gestalten einfacher, aber auch stets der Kritik ausgesetzt. Auch hier gilt es, Kompromisse zu finden und die roten Linien zu definieren.

Ich sehe die SPD als eine Mittelinks-Partei. Das heißt, wir müssen uns um die politische Mitte kümmern, ja wir müssen daran arbeiten, dass die meisten Menschen ihre Teilhabe am Leben in der Mitte der Gesellschaft erhalten sollen und können. Die Bürgerinnen und Bürger müssen wissen, dass dazu aber auch die Solidarität und Verantwortung für den Staat, bürgerschaftliches Engagement gehört. Dass sie mithelfen müssen, die Hände auszustrecken, um Menschen, die am Rande stehen, mit hineinzunehmen. Dabei gilt der Spruch „das Boot ist voll" nicht, höchstens ist das Boot zu klein gebaut und wir müssen ein größeres Boot bauen. Und die Gruppe, die am Rande steht und nicht bei der Gemeinschaft sein will, weil sie sich davon keine Vorteile verspricht? Ich denke an die wenigen sehr reichen Menschen, denen es eher darum geht, ihre Vermögen im Ausland zu verstecken, und nach Gerechtigkeit rufen, wenn sie ihre Steuern nicht bezahlen wollen? Auch sie gilt es zu überzeugen, dass unser Gemeinwesen nicht von Abgrenzung, sondern von Solidarität geprägt sein sollte. Es gab und gibt genügend Unternehmen, die dieser Pflicht gern nachkommen und sehr genau wissen, welchen Mehrwert es hat, die Gesellschaft solidarischer zu machen.

In der Bundestagsfraktion bin ich Mitglied der parlamentarischen Linke in der SPD, nicht weil es die größte Gruppe innerhalb der Fraktion ist, sondern, weil ich die Akzente, die dort gesetzt werden, am Besten unterstützen kann. Aber gibt es in der Fraktion eine Mitte? Nein, meist eine breite Zustimmung. Ist das dann schon Mitte, sind die, die gegensätzlicher Meinung sind, dann Außenseiter? Es gibt immer Kolleginnen und Kollegen, die anderer Meinung sind. Das ist in Ordnung.

Und bei Gewissensentscheidungen? Gibt es da eine Mitte? Nein, wie auch. Diese Entscheidungen sind individuell, meist abhängig von der eigenen Sozialisation, der religiösen Bindung und persönlichen Erfahrungen. Dem Gewissen eben! Ich nenne nur das Beispiel der Sterbehilfe. Da gibt es keine Mitte, sondern es ist hier allein die individuelle Entscheidung.

Am einfachsten ist wohl zu definieren, dass die ökonomische Mitte möglichst stark ausgeprägt sein sollte in einem Land. Wie sieht es mit der politischen Mitte aus? In der momentanen Diskussion über die Flüchtlingsproblematik erschreckt, wie viel Menschen aus der eher ökonomischen Mitte sich in die politische rechte Ecke bewegen. Ist es die Angst, aus der ökonomischen Mitte entfernt zu werden? Oder ist es nur die „neue Freiheit", alles sagen zu können, was man denkt, ohne die Achtung des Gegenübers und seiner Existenzberechtigung? Warum gibt es bei Einigen so wenig Respekt vor der Lebensform des Gastlandes? Wenn man hierher kommt, kommt man so in die Mitte der Gesellschaft? Eher nein. Will man lieber die Entwicklung von Parallelkulturen in unserem Land mit einem „virtuellen" Zaun drum. Gebiete, in die sich keiner mehr traut? Wollen wir das? Wollen die, die zu uns kommen, das wirklich?

**Wie bekommen wir als Politik diese Probleme in den Griff?**

Ja, wir müssen uns darum kümmern, dass Menschen ein Leben in der ökonomischen Mitte bekommen und erhalten können. Aber wir müssen sie daran erinnern und mahnen, dass dieses Leben ein Leben mit menschenverachtenden und ausgrenzenden Parolen verbietet. Wir als Politiker haben hier die Aufgabe als Mittler, Mahner, wenn nötig auch als Sanktionierer und letztlich als Entscheider für ein Leben in einer solidarischen Gemeinschaft, in einer ökonomischen und solidarischen Mitte zu sorgen.

*Dezember 2015 - Januar 2016, Annette Sawade*

**Mein Tun bringt mir Erfüllung.** 66

**Astrid Winter** ist im Verein Ambulantes Kinderhospiz Schwäbisch Hall tätig und seit 2013 für die Koordination verantwortlich. Hier führt sie die ehrenamtlichen Familienbegleiter und die Familien zueinander.

# „Wir beginnen in unserer Mitte."

Mit diesem Satz eröffnet Sr. Marcella seit mehr als zwanzig Jahren die Exerzitien in der Benediktinerinnenabtei St. Erentraud. Bislang bezog sich für mich dieser Satz aufs Körperliche, nämlich dass ich mich gedanklich auf die Mitte konzentriere, um mich auf die Entspannung oder auch die Meditation einzulassen. Wenn ich mir den Satz genauer anschaue, tut sich die Frage auf, ob damit wirklich nur die Lenkung der Gedanken in die Körpermitte gemeint ist oder ob man ihn nicht auch so verstehen kann, dass der Mensch in seiner Mitte beginnt?

Seit ein paar Jahren ist etwas Teil meines Lebens, was zu meiner Mitte geworden ist: das Ambulante Kinderhospiz Schwäbisch Hall e.V.! Erst war ich Mitglied des Vorstands und seit 2013 bin ich für die Koordination verantwortlich. Von Anfang an fühlte ich mich eher zu letzterem hingezogen. Die Kontakte zu den Frauen und Männern, die sich ehrenamtlich für den Verein in der Familienbegleitung engagieren, waren mir immer schon wichtig. Die Arbeit dieser Frauen und Männer ist das Herzstück des Vereins. Ich bewundere sie, wie sie meist über viele Jahre hinweg Familien begleiten, die sich in einer Ausnahmesituation befinden. Was ist ambulante Kinderhospizarbeit? Kinderhospizarbeit ist ein unterstützendes Angebot für die gesamte Familie lebensbegrenzend erkrankter Kinder, Jugendlicher und auch junger Erwachsener. Sie erstreckt sich vom Zeitpunkt der Diagnose oft über viele Jahre bis zum Tod und darüber hinaus. Durch eine tödlich verlaufende Erkrankung ergibt sich eine unerwartete, permanente Belastung für die Familie, die Hilfe im Umgang mit dieser Problematik braucht, besonders, da die Pflege und Betreuung schwerstkranker Kinder vorwiegend im häuslichen Bereich erfolgt. Schwerstkrank ist ein Kind, wenn die Erkrankung unheilbar ist und sie progredient verläuft, das heißt, sich ständig verschlimmert, und die Betroffenen das Erwachsenenalter nicht erreichen lässt. Was Familien hier leisten, geht bis an die Belastungsgrenze und oft darüber hinaus.

Wir wollen mit unseren Angeboten die Betroffenen und ihre Familien stärken, um diese Zeit hoher Belastung besser zu bewältigen. Unsere speziell ausgebildeten Ehrenamtlichen kümmern sich regelmäßig um die Familie. Sie begleiten das kranke Kind und die Familie ab der Diagnosestellung. Sehr wichtig ist dabei auch die Wahrnehmung der Bedürfnisse der Geschwisterkinder; diese gilt es zu beachten und zu berücksichtigen. Man muss sich das einfach mal vorstellen: Die Botschaft über die lebensverkürzende Erkrankung eines Kindes lässt alles in den Hintergrund rücken. Es ist normal, dass sich alles fast nur noch um das kranke Kind dreht. Die gesunden Geschwisterkinder laufen mitunter mehr oder weniger mit. Von ihnen wird Selbstständigkeit erwartet und Verständnis. Manchmal kann man beobachten, dass die Geschwister diese Last nicht zu tragen vermögen, was auch schon mal in Wut gegenüber dem kranken Bruder oder der kranken Schwester umschlagen kann. Ich erinnere mich an Sätze wie: „Wegen dem können wir nicht wegfahren. Wegen der macht ihr mit mir gar nichts mehr." Daher soll die konkrete Entlastung im Alltag den Eltern Zeit schenken für Atempausen, für einen Spaziergang als Paar oder auch für Unternehmungen mit den Geschwistern des kranken Kindes. Wir sind auf Wunsch auch da, wenn der junge Mensch im Sterben liegt. Verwaiste Familien erfahren Hilfe durch die Trauerbegleitung.

Ab dem Zeitpunkt der Diagnose stehen Eltern vor der Aufgabe, das Unwiderrufliche zu begreifen. Sie stehen im Widerstreit mit ihren Gefühlen, diese Tatsache anzunehmen. Lebensperspektiven sind neu zu entwickeln, der Lebensalltag ist anders zu organisieren und oft müssen die Mütter und Väter es erst lernen, Hilfe anzunehmen. Schmerzlich müssen sie im Verlauf der Erkrankung ihres Kindes realisieren und bewältigen, dass dieses seine bereits erworbenen Fähigkeiten nach und nach verliert. In dieser Abschiedlichkeit zu leben, ist für sie eine schwere Belastung. Hinzu kommen die Dauerbereitschaft und der körperliche Einsatz, der durch die intensive und zeitaufwändige Pflege die Eltern erschöpft. Sie müssen zur Pflege und Betreuung des erkrankten Kindes Familie und Beruf in Einklang bringen und den Geschwisterkindern gerecht werden. Für die Pflege der Paarbeziehung bleibt ihnen wenig Zeit. Die Geschwisterkinder wachsen angesichts dieser Situation in einem Spannungsfeld zwischen Behütetsein und Auf-sich-selbst-gestellt-sein auf. Einerseits macht sie das zu selbstständigen, zeitweise aber auch zu bedürftigen Kindern. Die Eltern machen sich oft Sorgen, ob ihre Kinder einerseits „zu gut funktionieren" und andererseits „nicht funktionieren". Die Erziehung wird zur Gratwanderung.

Durch diese Lebenssituation ist der Anschluss an soziale Kontakte außerhalb der Familie meist erschwert und mit viel Organisation verbunden. Sich ungezwungen mit Freunden zu treffen, kann plötzlich eine Hürde sein. Die Eltern sind angebunden oder fühlen sich zumindest so, ihnen fehlt die Ruhe, weg zu sein. Dadurch kann es passieren, dass frühere Freundschaften manchmal verloren gehen. Aber nicht nur deshalb. Viele fühlen sich so einer plötzlich eingetretenen Situation in einer befreundeten Familie nicht gewachsen. Da kann es schon als Problem angesehen werden, dass vielleicht die Freunde oftmals nicht wissen, wie sie es ihren Kindern erklären sollen, was da mit dem Kind der Freunde geschieht. Hinzu kommt, dass die finanzielle Situation der Familie häufig angespannt ist, da zumeist ein Elternteil durch die Pflege des erkrankten Kindes nicht arbeitsfähig ist. Die Auseinandersetzung mit Sterben und Tod ist ein immerwährendes Thema, mit dem sich die Eltern beschäftigen. Sie stehen kritischen Situationen gegenüber, in denen der Abschied ganz nah scheint und dann plötzlich doch wieder eine Besserung eintritt. Die Eltern sind einem emotionalen Kraftakt ausgesetzt, der sie erschöpft.

Wie helfen wir? Immer müssen die Fähigkeiten, Bedürfnisse und Interessen der erkrankten Kinder/Jugendlichen, der Geschwister und der Eltern berücksichtigt werden. Alles, was wir in der Familie anbieten und wobei wir unterstützen, erfolgt in enger Absprache mit den Eltern. Sie sind die Fachleute für die Belange ihrer Kinder. Der Ambulante Kinder- und Jugendhospizdienst arbeitet nach den Prinzipien Offenheit, Partnerschaftlichkeit und Integration.

Unsere Familienbegleiterinnen und Familienbegleiter arbeiten alle ehrenamtlich. Nach der Bewerbung und einem offenen Gespräch entscheiden wir (der Vorstand und ich), ob wir die Bewerberin/den Bewerber für die Begleitung für geeignet halten. Ist dies der Fall, dann durchlaufen die Ehrenamtlichen die Ausbildung zur Familienbegleiterin/zum Familienbegleiter an der Kinderhospizakademie im Stationären Kinderhospiz St. Nikolaus in Bad Grönenbach. Diese findet an fünf langen Wochenenden über einen Zeitraum von sechs Monaten statt. Schulungsinhalte sind zum Beispiel Psychologie, Medizin, Selbsterfahrung, Pädagogik, Ethik. Zur Zeit sind zwölf ausgebildete Ehrenamtliche für das Ambulante Kinderhospiz Schwäbisch Hall e.V. tätig. Bisher haben zwei Familienbegleiterinnen noch eine Trauerbegleiterausbildung gemacht, weitere werden folgen. Die Kosten aller Aus- und Fortbildungen werden vom Verein getragen. Ehrenamtliche Mitarbeiterinnen und Mitarbeiter des ambulanten Kinderhospizdienstes begleiten Familien und bieten nach der Ausbildung Hilfe für lebensverkürzend erkrankte Kinder, für Geschwisterkinder, für Eltern und Hilfe für Kinder lebensbedrohlich erkrankter oder verstorbener Eltern. Die Unterstützung wird individuell nach den Bedürfnissen der Familien gestaltet. So stehen die ehrenamtlichen Familienbegleiter/innen als Gesprächspartner/innen zur Verfügung, hören zu und geben etwas von ihrer Zeit. Sie können auf Wunsch die Familien auch alltagspraktisch unterstützen und entlasten, um so Freiräume für die Familie zu schaffen. Wir informieren und vermitteln auch über und an andere Institutionen, wenn es erforderlich ist.

Unsere Ehrenamtlichen unternehmen im Rahmen der vorhandenen Fähigkeiten gemeinsame Aktivitäten wie Vorlesen, Spielen, Spaziergänge, Ausflüge, Kinobesuche, sind manchmal einfach „nur" da und bieten sich dem Kind/Jugendlichen als Gesprächspartner/in an für alle Fragen, die das Kind/den Jugendlichen bewegen.

Welche Angebote macht das Ambulante Kinderhospiz den Eltern? Die Ehrenamtlichen schaffen Freiräume, indem sie bei den erkranken Kindern/Jugendlichen bleiben, so dass Mama und Papa Atem holen können. Auch hier stehen sie für Gespräche bereit, zum Beispiel zum Thema Leben, Sterben und Tod, auch bei familiärer Belastung durch Stress und Überforderung. Sie entlasten von alltäglichen Dingen.

Welche Angebote macht das Ambulante Kinderhospiz Geschwistern? Ehrenamtliche begleiten die Geschwister, indem sie zum Beispiel bei Schularbeiten helfen, etwas mit ihnen unternehmen, mit ihnen spielen, einfach Zeit für sie haben. Sie sind für Geschwister da, wenn sie in ihrer Trauer Begleitung wollen, wenn sie mit jemanden neben Mutter und Vater sprechen wollen und bieten sich als Gesprächspartner/in für alle Fragen an.

Häufig ist unbekannt, dass wir Kinder und Jugendliche begleiten, wenn Mutter oder Vater sterbenskrank sind, im Sterben liegen oder gestorben sind. In dieser schweren Zeit sind wir an der Seite der Kinder und begleiten sie in ihrer Trauer. Die Begleitungen sind für die Familien kostenlos.

Das Ambulante Kinderhospiz Schwäbisch Hall e.V. gibt es seit 2006. Neben den derzeit zwölf Familienbegleiterinnen und Familienbegleitern (wir sind wirklich in der glücklichen Lage, auch zwei Männer dabeizuhaben) gehören der Vorstand mit vier Mitgliedern – 1. Vorsitzende ist Michaele Schick-Pelgrim – und ich als Verantwortliche für die Koordination dazu. Unser Büro ist an zwei Tagen mit einer Bürokraft besetzt.

Meine Aufgabe ist es, den Erstkontakt zu den Familien herzustellen, nachdem ich über unterschiedliche Wege von einer Familie in dieser Situation erfahren habe. Das kann zum Beispiel über den Sozialdienst im Diak erfolgen, über die Klinikseelsorger, über Kinderärzte, aber oftmals melden sich die Familien direkt bei mir. Gemeinsam mit der Familienbegleiterin oder dem -begleiter gehe ich dann zum Hausbesuch. Dabei geht es ums Kennenlernen, um die Vorstellungen und Wünsche der Familie und um das, was wir leisten können. Fast alle Ehrenamtlichen sind berufstätig und schenken unserem Verein und den Familien einen Teil ihrer freien Zeit. Es ist beeindruckend, was da geleistet wird und letztendlich steht ja dahinter auch eine eigene Familie, die all das mitträgt. Außerdem organisiere ich die regelmäßigen Treffen der Familienbegleiter/innen, die dem Austausch dienen, aber auch Supervisionen und ich nehme an den Vorstandssitzungen teil, um unter anderem von der Arbeit der Ehrenamtlichen zu berichten. Gleichermaßen gehört die Öffentlichkeitsarbeit zu meinen Aufgaben. Ich freue mich nicht nur über die vielen Spendenübergaben, sondern mir ist es ein großes Anliegen, über das Ambulante Kinderhospiz zu berichten und dafür nutze ich jede Gelegenheit. Sehr gern tue ich das vor Kinder- und Jugendgruppen.

Voller Freude sehen wir alle unserem in greifbare Nähe gerückten Vorhaben entgegen, ein Haus zu bauen, in dem wir dann unsere Angebote um Trauergruppen erweitern wollen und auch Aktionen mit Kindern (wie gemeinsames Kochen, Backen, Basteln) und mit Eltern (Elternfrühstück) planen.

Ich liebe dieses Tun für den Verein, es gibt mir Erfüllung, Kraft, ein zufriedenes Gefühl und bringt mich in meine Mitte. Meist werde ich gefragt, wie ich das alles verkrafte – auch neben meinem Vollzeitjob – und ob das mit mir und meinen eigenen Vorstellungen vom Tod etwas macht. Ums Verkraften geht es gar nicht, im Gegenteil: Es erfüllt mich! Ich weiß, dass ich nichts ändern kann am schweren Schicksal, aber ich weiß, dass ich helfen kann, es etwas leichter zu machen. Ich bewundere das Gute und Tiefe, was da wachsen kann. Ich freue mich über fröhliche Situationen. Ich bin glücklich darüber, dass wir Familien beistehen können, Schweres erträglicher zu machen. Ich bin beeindruckt von der Stärke und Kraft der Kinder und Jugendlichen, bereichert durch wunderbare Momente, die es selbst im Abschied gibt. Und ich bin oftmals überwältigt von der Hilfs- und Spendenbereitschaft Einzelner und von Firmen, Institutionen und Einrichtungen. Mich berührt es, wenn zum Beispiel eine junge Mutter für uns Elefanten als Trösterle näht, wenn uns eine Künstlerin ein Bild schenkt oder eine Schokoladenmanufaktur unserem Team Cake Pops bringt. Da gibt es so viele schöne Begebenheiten, die mein Herz erwärmen. Daher macht es mir auch nichts aus, für die Ausbildung zur Koordinatorin meinen Jahresurlaub zu nutzen. Diese Tätigkeit gehört einfach zu mir!

Auch die Gedanken über den eigenen Tod, die unweigerlich kommen, bringen mich in meine Mitte, selbst wenn ich da noch nicht in standhaften Vorstellungen verhaftet bin, aber sie bringen mich mir selbst näher und lassen mich zu Gefühlen stehen und sie nicht in eine dunkle, unzugängliche Ecke verdrängen.

Ich habe mit Sr. Marcella begonnen und ich möchte mit einem weiteren Satz von ihr enden, den ich mir immer wieder sage, wenn ich ins Wanken komme: „Ein fester Stand, eine gute Mitte, ausgerichtet nach oben!"

*Mai 2016, Astrid Winter*

99 **Alles andere als ein Schwätzer.** 66

**Bernhard Woll** wurde 1939 in Stuttgart geboren und lebt seit 1967 in Waldenburg. Aus einem Zufall heraus beschäftigt er sich intensiv mit Theodor Haecker, einem der geistigen Väter der „Weißen Rose".

# Gerade die Einsamsten leben in der Mitte (Theodor Haecker)

Alles fing mit einem Besuch aus Berlin im Jahre 1989, dem 110. Geburtstag von Theodor Haecker, an. „Wir suchen die Geburtsstätte von Theodor Haecker", ließen sie uns wissen. „Die Geburtsstätte", als sollte hier etwas Besonderes sein. Ein Monument, ein ehrwürdiges Haus, oder zumindest eine Erinnerungstafel oder eine Stele. Uns half die ganze Schulweisheit nicht weiter. Theodor Haecker soll hier in Eberbach geboren sein? Der „Haecker", der die Schriften von John Henry Kardinal Newman und Sören Kierkegaard übersetzte, der in den zwanziger und dreißiger Jahren Vorlesungen in Tübingen, Freiburg, Prag, Wien und Zürich hielt und dann im Dritten Reich Rede- und Schreibverbot erhielt? Das war auf einmal zu viel, damals für uns Wahl-Eberbacher. Ein altes hübsch hergerichtetes Bauernhaus war damals unser Wochenenddomizil.

Zusammen mit dem letzten Bauernschultes Knörzer und den Berlinern sind wir tatsächlich nach langem Aktenstudium im alten Schulhaus auf den Namen Theodor Haecker gestoßen. Und von dem ehemaligen Lehrer Kiemle, der eine Waldenburger Wirtstochter geheiratet hat, fanden wir aufschlussreiche Notizen über Theodor Haecker. Aber wo steht nun das Geburtshaus des kleinen Theodor? Bei unserer Nachbarschaft haben wir nachgefragt. Es war dann Frau Schmidt, die uns erzählte: „Ii glaab, ii waaß ebbes! In der alten Schmidde gegeniewer, ischt vornera Fraa aus Esslingen a Büble uff d' Welt kumme, hot mir amool mai Muuder gsoocht!" Nun wurde die Geschichte interessant. Wir suchten sofort das Haus auf. Hinein durften wir leider nicht. Es machte auch keinen einladenden Eindruck. Wie, warum und weshalb dies Büble in Eberbach geboren ist, kann den Umständen entsprechend nur vermutet werden. Die Frau war offensichtlich in anderen „Umständ", wie es damals geheißen hat, und zog zur Entbindung aufs Land. Dies war für die schwangere Margarethe Barbara Klein aus Ludwigsburg damals sicher ein sehr beschwerlicher Weg. Vater August Theodor Haecker (1853 - 1915), Rechtsschreiber und Armenpfleger der Stadt Esslingen, heiratete vier Jahre später 1883 in Ludwigsburg die Mutter von dem kleinen Theodor und nahm sie und das vierjährige Kind zu sich nach Esslingen. Was wäre aus dem kleinen Theodor geworden, wenn er hier mit der Mutter in Eberbach geblieben und nicht nach Esslingen gezogen wäre? Ich denke, die vier Jahre waren eine glückliche Zeit in Eberbach für den kleinen Theodor. Damals vor 135 Jahren war der Ort noch selbständig mit Rathaus, Schule und Kirche.

Der Besuch aus Berlin blieb noch zwei Wochen. Die zwei Töchter bestanden darauf, den „Dr. Brinkmann im Glottertal" aufzusuchen, sozusagen den Kollegen. Die Berliner schrieben uns später: „Viel lieber wären wir die acht Tage in Eberbach geblieben, beim Angeln und Baden in der Jagst." Eberbach ist scheinbar doch ein Kleinod an der Jagst!

Am Geburtshaus von Theodor Haecker ist nun daraufhin eine kleine Gedenktafel angebracht worden und die vorbeiführende Straße wurde zur Theodor-Haecker-Straße umbenannt.

## Theodor Haecker: schweigsam und doch mittig

Der suchende Haecker studierte und übersetzte die Schriften des dänischen Theologen und Philosophen der Innerlichkeit, Sören Kierkegaard (1813 - 1855), sowie des englischen Kardinals, auch genannt der „Plato von Oxford", John Henry Newman (1801 - 1890). Es ist leicht verständlich, dass Haecker als 30-Jähriger im Jahre 1909 durch die Beschäftigung mit solchen Wahrheitssuchern wie Newman, der auch als „Kirchenvater der Neuzeit" betitelt wird, und durch die Übersetzung ihrer Werke aus dem Dänischen und Englischen ins Deutsche selbst in eine geistige Unruhe geriet, die 1921 als 42-Jähriger mit dem Eintritt in die katholische Kirche ihn in eine seelische Heimat führte.

Theodor Haecker war alles andere als ein Schwätzer. Er war oft schweigsam im Umgang, dachte lange nach, weil er sich mit der vordergründigen Ansicht nicht zufrieden geben wollte, und erweckte oft den Eindruck, als mache ihm das Urteilen und Reden Schwierigkeit. Und doch hatte er mehr zu sagen als die Vielredner. „Seine Worte fallen langsam wie Tropfen, die man schon vorher sich ansammeln sieht, und die in diese Erwartung hinein mit ganz besonderem Gewicht fallen", schildert eindrucksvoll und feinfühlend die persönliche Ausstrahlung Haeckers Sophie Scholl (1921 - 1943) nach einer Lesung. Haecker ist einer der geistigen Väter und Mentoren der „Weißen Rose". Und in der Tat: Seine Gedanken goss er in wertvolle Schriften. Ich denke da besonders an seine Schrift: „Vergil, Vater des Abendlandes", 1931, und seine „Tag- und Nachtbücher", 1939 - 1945; bis wenige Tage vor seinem Tode schrieb er daran.

Das bedeutendste Werk Haeckers sind wohl die „Tag- und Nachtbücher". Während er diese schrieb, lebte er in beständiger Angst vor den Häschern des Dritten Reiches, denn diese Blätter waren ein eindeutiges Beweismaterial für ein Todesurteil. Im Februar 1943 kamen Beamte der Gestapo zu einer Hausdurchsuchung in Haeckers Wohnung. Die Mappe lag auf dem Sofa. Während die Beamten Schränke und Schubladen durchwühlten, kam aus unerklärlichen Gründen Tochter Irene nach Hause. Sie stürzte auf ein leise gesprochenes Stichwort ihres Vaters ins Zimmer, ergriff die Mappe und verließ das Haus unter dem Vorwand, eiligst in die Klavierstunde zu müssen. Die Beamten ließen sie passieren. Im nahe gelegenen Pfarrhaus vertauschte sie den Inhalt der Mappe mit Notenheften und ging, von der Sorge um den Vater getrieben, zu ihm zurück. Die Klavierlehrerin sei nicht da gewesen, sagte sie, als ein Beamter bereits nach der Mappe griff. Der Beamte fand in der Mappe Noten! Das Leben war gerettet!

## Im Brennpunkt der Verfolgung und von Gott geborgen

Haecker kam mehrmals mit der Gestapo in Konflikt und war gebeugt von der ständigen Angst, verhaftet zu werden. Dabei galt seine Sorge weniger seiner eigenen Person als seinen drei Kindern und seiner Frau Margarete. Sie starb 1935 an Nierenkrebs. Hätte er die Freude der Kinder nicht gehabt, hätte die Schwermut ohne Hoffnung auf das Heil ihn noch mehr belastet. 1941 musste der älteste Sohn Johannes, 22-jährig, in den Krieg, zunächst wurde er in Frankreich eingesetzt und 1943 wurde Sohn Reinhard, 16-jährig, als Luftwaffenhelfer in die Kaserne befohlen. Theodor Haecker notierte darüber am 6. Juli 1943: „Es ist eine der härtesten Prüfungen, die mir Gott schickt, ... mein Herz ist schwer, habe ich ihn doch seit zehn Jahren allein erzogen, musste ihm (Reinhard) Vater und Mutter sein."

Als Redakteur der Zeitschriften „Hochland" und „Brenner" schrieb Haecker vorwiegend nachts 17 Bücher und zahlreiche Übersetzungen und seine „Tag- und Nachtbücher" zählen dazu, die ich besonders erwähnen will. Es ist ein immenses Leistungspensum, das Haecker bewältigte. Haecker hatte im Dritten Reich ab 1935 ein Redeverbot erhalten. Ein Schreibverbot erhielt er im Oktober 1938 für „selbstständige Veröffentlichungen", also für Bücher und Presseberichte. Zu seinen Freunden sagte er einmal: „Nun schreibe ich für die Schublade." So hielt er die Gedanken banger Tage und Nächte, die ganz im Gegensatz zur herrschenden Meinung standen, schriftlich fest. Ein Verfahren wegen Hochverrats, das im März 1943 beim Volksgerichtshof gegen Haecker eingeleitet wurde, wurde bald darauf aufgrund mangelnder Beweise eingestellt. Die Gestapo war auch danach ständig hinter ihm her. Er schreibt in seinen „Tag- und Nachtbüchern" am 5. November 1943: „Warum ist die Angst jetzt weg, die furchtbare? Ich wusste es: Ich selber kann nichts dagegen tun; sie muss weggenommen werden."

Ich denke, man muss die „Tag- und Nachtbücher" lesen, um zu ergründen, wie menschenverachtend das Nazi-Regime war. Es sind ungefeilte Worte, Zeugnis und Wahrheit.

Theodor Haecker war nach der Festnahme der Geschwister Scholl ständig auf der Flucht. Auf dem Bruderhof bei Ewattingen im Schwarzwald, einem abgelegenen Weiler, wo auch die Eltern Scholls mit Tochter Inge Scholl (Aicher-Scholl) Unterschlupf fanden, konnte er im Sommer 1944 einer Verfolgung entkommen. Haecker musste von dort wieder wegziehen, da der Lebensmittelkaufmann vom Nachbarort nachfragte, warum der Hof plötzlich so viel einkaufe. Es konnten vorher noch seine „Tag- und Nachtbücher" im Garten vergraben werden, wie mir der Enkel Anton Dinninger kürzlich erzählte, als ich den abgelegenen Hof aufsuchte. Die letzten Tage Haeckers kamen heran. Pfarrer Dr. Joseph Hoh (1882 - 1950) von Ustersbach, wohin die Verhältnisse den schwer leidenden Mann verschlagen hatten, hat sie im Bistumsblatt Augsburg vom 15. August 1948 beschrieben. Ein knappes halbes Jahr vor seinem Tode lebte Theodor Haecker hier in Ustersbach. Wegen der Wichtigkeit und geschichtlichen Treue möchte ich diesen Bericht wörtlich wiedergeben.

Dr. Hoh schreibt: „Es war am 1. Adventssonntag 1944 – da sah ich unter der Kanzel einen älteren Herrn sitzen, schlank, mit rosa getöntem Angesicht, unbeweglich geradeaus blickend. Bei der Kommunion kam er schleppenden Schrittes an die Kommunionbank. Nach einigen Tagen erfuhr ich: Das war der berühmte Schriftsteller Theodor Haecker. Im Juni 1944 war er in München ausgebombt worden, er spricht davon kurz in seinen „Tag- und Nachtbüchern", dazu noch schwer bestohlen, er spricht davon nicht."

### Sein Vermächtnis: Aufrichtigkeit und politischer Mut

Ich denke, Theodor Haecker war ein sehr gläubiger und religiöser Mensch. Was er schrieb und tat, geschah aus dem Glauben heraus. „All mein Wissen und auch mein Schreiben ruht doch auf meinem Glauben. Ich erschrecke manchmal darüber, wie sehr das der Fall ist. Alle meine Erkenntnisse zerfallen in zusammenhanglose Stücke, in sinnlose, leere Stücke, wenn sie nicht im Glauben hangen", heißt es am 4. Juli 1943 in seinen „Tag- und Nachtbüchern".

Wer seine gedankentiefen, sprachgewaltigen Schriften in sich aufgenommen hat, nicht nur „Vergil, Vater des Abendlandes", sondern insbesondere seine „Tag- und

Nachtbücher", der wird den Eindruck bekommen, einer mächtigen Persönlichkeit begegnet zu sein. So ist Theodor Haecker in jenen Apriltagen vor siebzig Jahren heimgegangen, wo sein Geburtsort, das kleine Dorf Eberbach, auch das Kriegsschicksal erlitt und das Dritte Reich unterging, wie er es schon längst vorausgeschaut und vorausgesagt hatte. „Unrecht zu leiden ist besser als Unrecht zu tun. Unrecht! Wohlgemerkt, nicht Gewalt, denn Gewalt kann der Gute und der Schlechte tun, nicht aber Unrecht", ist sein Vermächtnis an uns. Dies hat er am 30. Januar 1945 in seinen „Tag- und Nachtbüchern" festgehalten.

In seiner Vaterstadt, wie Theodor Haecker die Stadt Esslingen am Neckar nannte, wird seit 1995 alle zwei Jahre der „Theodor-Haecker-Preis" vergeben an Personen, die sich durch „besonderen politischen Mut und Aufrichtigkeit" auszeichnen. Zuletzt wurde im Juni 2015 der mit 10 000 Euro dotierte „Theodor-Haecker-Preis" an die Lehrerin Laísa Santos Sampaio vergeben. Sie nutzt Bildung als Instrument ihres Widerstandes gegen die Abholzung des Regenwaldes im Amazonasgebiet. Ich denke, das ist eine Form von Mut trotz Repressalien, wie ihn Theodor Haecker auch mit seinem Widerstand gegen das Naziregime gezeigt hat.

Auf die Frage, warum es in Eberbach eine Theodor-Haecker-Straße gibt, hätte so mancher vor 25 Jahren Schwierigkeiten gehabt, eine ausreichende Antwort zu geben. Und ich bin mir gewiss und wünsche mir, dass Theodor Haecker fernerhin kein Unbekannter mehr in Hohenlohe und hier in Schwaben sein wird, von dem unter Kulturphilosophen und Theologen gesagt wird: „Wenn heute einer dem Menschen Herz und Verstand öffnen kann für die ewige Wahrheiten, dann ist es Theodor Haecker".

*April 2015, Bernhard Woll*

n verden

kim Eskildsen |

> **Die gesellschaftliche Mitte wird immer fragiler.** <

**Bettina Wilhelm** wurde 1964 in Stuttgart geboren. Sie ist seit 2009 Erste Bürgermeisterin der Stadt Schwäbisch Hall und verantwortet unter anderem die Bereiche Kultur, Bildung und Soziales.

# Wer im Glashaus sitzt, sollte nicht mit Steinen werfen

Gibt es das universelle Gesicht? Der Münsinger Medienkünstler Wolf Nkole Helzle widmet diesem Gedanken seit Jahren sein künstlerisches Schaffen. Sein Anliegen ist es, zu zeigen, dass der Mensch nicht nur Individuum, sondern immer auch Teil der Gesellschaft ist. Mit einem speziellen Rechenprogramm schichtet er transparente Portraits von Menschen, die er fotografiert hat, wie Dias übereinander. Das addierte Gesicht, das daraus entsteht, nennt er „Homo universalis" – universeller Mensch. Ähnlich, doch aus einer anderen Fragestellung heraus, blendeten Psychologen der Universität Regensburg 64 Frauen- und 32 Männerporträts zu jeweils einem Gesicht ineinander. Interessant ist, dass Versuchspersonen dieses Gesicht als deutlich attraktiver bewerten als die Mehrzahl der einzelnen Gesichter. Demnach kommt der Mensch nicht mit einem festen Bild von Schönheit auf die Welt, sondern verarbeitet die unterschiedlichen Gesichter, die er sieht, im Gehirn zu einer Art innerem Prototyp. Dieser Prozess ist nie fertig, sondern wird mit jedem neuen Gesicht aktualisiert. Gesichter, die diesem inneren Prototyp, also dem errechneten Durchschnitt aller gesehenen Gesichter entsprechen, bewerten wir eher als attraktiv. Glaubt man der Attraktivitätsforschung, wird der Durchschnitt, die Mitte, als attraktiver bewertet als Abweichungen davon. Forscher vermuten, dass das Gehirn sie einfach schneller verarbeiten kann und sie deshalb positiv konnotiert werden.

Um das Phänomen der Schönheit zu ergründen, hat der Mediziner Ulrich Renz 650 Attraktivitätsforschungen aus der ganzen Welt ausgewertet. Dabei kommen hunderte von Studien zum gleichen Ergebnis. Die Menschheit ist sich in ihrem Schönheitsurteil weitgehend einig. Und wer hätte gedacht, dass eine kleine Zielgruppe von zwölf Personen schon den allgemeinen Geschmack zuverlässig wiedergibt und bereits 13 Millisekunden ausreichen, um Schönheit zu bewerten. Noch weniger wollen wir glauben, dass Schönes reflexartig mit Gutem gleichgesetzt wird. So wurde eine Studentengruppe mit Sammelbüchsen losgeschickt und die jeweiligen Tageseinnahmen mit der objektiven Attraktivität der sammelnden Personen in Korrelation gesetzt. Verkürzt lautet das Ergebnis, je schöner der Mensch hinter der Büchse, je mehr Geld hat er eingesammelt. Fatal ist, dass unzählige Studien belegen, dass schönere Menschen bessere Schulnoten bekommen, mildere Strafen, durchschnittlich mehr Geld verdienen und ihnen selbst auf dem Bürgersteig eher ausgewichen wird. Tröstend ist dabei, Schönheit ebnet zwar Lebenswege, macht aber nicht glücklicher.

## Wo ist die Mitte? – Auf den Standpunkt kommt es an

Betrachtet man die Sache theoretisch, ist die Definition von Mitte einfach. Die Mitte liegt exakt zwischen zwei Punkten oder bei einem Kreis, exakt dort, wo zu allen Seiten der gleiche Abstand besteht. In der zeitlichen Dimension wird eine Definition schwieriger. In die Zukunft betrachtet gar unmöglich. Als ich fünfzig Jahre alt wurde, hatte ich das Gefühl, den Zenit überschritten zu haben. Statistisch wäre dies jedoch bereits viel früher gewesen. 2014 lag die Lebenserwartung von Frauen bei 81,4 Jahren und die Lebensmitte demnach bei vierzig Jahren, acht Monaten und zwölf Tagen. Obwohl es eher unwahrscheinlich ist, dass ich auf den Tag genau hundert Jahre alt werde, hatte ich an meinem fünfzigsten Geburtstag zum ersten Mal das Gefühl, die Zeit, die vor mir liegt, ist kürzer als die Zeit, die hinter mir liegt. Immerhin zehn Jahre später als die statistische Lebensmitte.

Fragt man erst nach dem Lebensmittelpunkt, so denkt man, dass dies noch stärker vom Standpunkt abhängig ist. Doch immerhin benennen 78 Prozent der befragten Deutschen in einer repräsentativen Allensbach-Umfrage die Familie als ihren Lebensmittelpunkt. Selbst der eigenen Gesundheit wird weniger Bedeutung zuerkannt und dies trotz zunehmendem Individualisierungstrend. Dass sich die Ausrichtung des Lebens trotz niedriger Geburtenrate mit 1,47 Kindern pro Frau (2014), immer noch an der Familie ausrichtet ist beruhigend und dies obwohl nicht alle Befragten eigene Kinder bekommen. Die Arbeit nahm mit 41 Prozent erst Platz fünf ein. Noch vor Jahren wurde festgestellt, dass junge Väter durchschnittlich mehr arbeiten als ihre kinderlosen Kollegen. Ob sich das verändert hat, seit Väter häufiger Elternzeit nehmen, bleibt zu hoffen. Damals wurde der Grund in der klassischen Rolle als Familienernährer gesehen, die mit eigenen Kindern an Bedeutung zunimmt.

Dass sich die Rolle des Familienernährers zwar gewandelt hat, aber immer noch wichtig bleibt, zeigt ein Titelbild der Kundenzeitschrift „Wohnglück". In warmen Farben wird ein attraktiver, junger Mann in karierter Schlafanzughose und mit Dreitagebart abgebildet, der liebevoll einem Säugling das Fläschchen gibt. Sicherlich wird bei einer Auflage von 1,55 Millionen nichts dem Zufall überlassen. Geschickt wird der moderne Vater mit dem traditionellen Rollenbild des Familienernährers verknüpft und damit geworben, dass man durch Bausparen Heimat für die Familie schaffen kann. Eine Werbung, die geschickt am Lebensmittelpunkt der meisten Deutschen ansetzt.

## Durch Kunst zur inneren Mitte

Glaubt man der Werbung, führt das Streben nach Gesundheit, Schönheit und Fitness zum individuellen Glück. Veganes Essen, Feng Shui, Transaktionsanalyse, Wandern oder noch besser Pilgern, liegen absolut im Trend. Viele Menschen suchen so nach ihrer inneren Mitte, nach dem Sinn des Lebens. Doch wenn Yoga oder Ayurveda nicht als spirituelle Quelle genutzt werden, sondern nur konsumiert werden, um dem Alltagsstress zu entfliehen, dann führen sie wohl kaum zu einer inneren Balance oder einem erfüllten Leben. Durch die globalisierte Welt wird die Wahlfreiheit des Einzelnen immer größer und die Bindung an Sinnstiftendes immer geringer. Die vielen Optionen machen es nicht einfacher, den Sinn des Lebens, die Lebensmitte, zu finden. Nach dem Philosophen Peter Bieri, besser bekannt als Pascal Mercier, dem Autor von „Nachtzug nach Lissabon", hängen die menschliche Existenz, die Würde und das Glück von der Selbstbestimmung ab. Was sich so einfach anhört, ist kompliziert. Bieri hat nur dann das Gefühl über sich selbst zu bestimmen, wenn er dem „Drift seiner Einbildungskraft" oder der „Schwerkraft seiner Phantasie" folgt. Doch das Wort ist für Bieri nur eine Ausdrucksform. Literatur nur ein Weg der Selbstbestimmung. Genauso gut können es Töne oder Pinselstriche sein. Selbstbestimmung geht für Bieri also nicht über kognitive Reflexion, sondern vielmehr über kreatives Treibenlassen. Sehr eindrücklich wird dies beim dänischen Fotokünstler Joakim Eskildsen an seinem Projekt „Home works", das er 2005 begann und woran er seither arbeitet. Nach seinen Reisen durch die Welt geht Eskildsen mit dieser Arbeit zum Beginn seines Schaffens zurück. Er fotografiert seine unmittelbare Umgebung. Durch diese künstlerische Heimkehr wollte er entdecken, was ihn an der Fotografie so sehr interessiert. Was er fand, war weitaus mehr. Der Projektstart kam zufällig mit der Geburt seines Sohnes zusammen. Zuerst hatte Eskildsen nicht vor, seine Kinder zu fotografieren, aber durch einen Zufall, indem sich sein Sohn im Bild positionierte, entdeckte er, dass sich durch die Anwesenheit des Kindes der bildnerische Ausdruck aufgeladen hat. Seither sind seine beiden Kinder prominenter Bestandteil der Fotoserie. Das Besondere an den Bildern ist die Stimmung. Jedes seiner Fotos wäre als Titelfoto von „Wohnglück" geeignet. Die Aufmerksamkeit von 1,55 Millionen Betrachtern hätten sie verdient.

Eskildsens Fotografien berühren. Sie bringen in mir etwas zum Schwingen. So müssen sich die „Resonanzräume" anfühlen, von denen der Soziologe und Zeitforscher Hartmut Rosa spricht. Rosa wurde 2005 mit einer Studie berühmt, in der er zeigt, wie sich unser Alltag durch die permanente Beschleunigung aller Lebensbereiche extrem verschlechtert hat. Beschleunigung stresst uns und führt immer häufiger zu Burnout. Rosa stellt fest, dass sich unsere Gesellschaft nicht anders stabilisieren kann als durch Steigerung, also durch permanentes Wachstum. Das Problem dabei ist, dass fast alles gesteigert werden kann, Produktion, Kommunikation etcetera, nur die Zeit lässt sich nicht steigern. So entsteht das Gefühl, im Hamsterrad zu sein. Es kommt zu einem Beschleunigungseffekt. Durch Technisierung und Rationalisierung hatte der Mensch lange die Hoffnung, dass mehr Selbstbestimmung gelebt werden kann. Das Gegenteil war der Fall. Rosa spricht vom Beschleunigungs-Totalitarismus. Bis vor Kurzem hat man noch in dem Gefühl gelebt, dass man durch Anstrengung den Kindern ein besseres Leben ermöglichen kann. Heute lebt man im Gefühl, dass man alles tun muss, damit es dem Nachwuchs nicht schlechter geht, als einem selbst. Im Dezember 2014 sagt Rosa: „Erst durch diese politische und technische Revolution sind Datenströme, Finanzströme, Warenströme, auch Menschenströme über den gesamten Globus, bei versiegelten europäischen Grenzen, möglich geworden." Wie recht er hatte, erleben wir seit dem Sommer 2015, seit sechzig Millionen Menschen weltweit auf der Flucht sind – so viele Menschen wie noch nie. Über eine Million Menschen sind 2015 in Deutschland angekommen und viel zu Viele sind im Mittelmeer ertrunken, in Lastwagen erstickt oder hängen vor Grenzen fest.

**Die gesellschaftliche Mitte schrumpft und wird fragiler**

Viele PEGIDA-Anhänger skandieren „Wir sind das Volk". Sie nehmen für sich in Anspruch, die Volksmeinung zu vertreten und die Mitte der Gesellschaft zu repräsentieren. Der Wissenschaftler Andreas Zick, Mitautor der fünften Mitte-Studie, geht davon aus, dass die gesellschaftliche Mitte immer kleiner wird, immer fragiler, instabiler und immer mehr Risse bekommt. Doch gerade dieser gesellschaftlichen Mitte schreibt Zick eine besondere Bedeutung zu, da sie normbildend wirkt und maßgeblich an der politischen Willensbildung beteiligt ist oder mindestens sein könnte. Wenn es um politische Ansichten geht, sieht sich die Mehrheit der Deutschen dieser Mitte zugehörig, weshalb sie bei den Parteien besonders umkämpft ist. In seiner Studie beschäftigt sich Zink mit den Bruchstellen der Gesellschaft, wofür er das Bild des Glashauses verwendet. Als Bruchstellen sieht er den Rechtsextremismus und gruppenbezogene Menschenfeindlichkeit, zum Beispiel gegen Juden, Muslime oder Homosexuelle, um nur einige zu nennen. Eine weitere Bruchstelle kam auch in der Silvesternacht 2015/2016 zum Ausdruck, als vor dem Kölner Hauptbahnhof zahlreiche Männer, überwiegend aus Nordafrika oder aus dem arabischen Raum stammend, nahezu tausend Frauen bestohlen, belästigt und sexuell misshandelt hatten, ohne dass die unterbesetzte Polizei sie schützen konnte. Wenn der Eindruck erweckt wird, dass die demokratische Gesellschaft mit ihren

Regeln und Werten Konflikte nicht mehr in den Griff bekommt, profitieren nachweislich rechtsextreme und menschenfeindliche Orientierungen. Dass die Taten nachträglich von der Polizei auch noch gegenüber der Presse verharmlost wurden, beförderte die extremen Einstellungen zusätzlich. Die Unsicherheit der Bürgerinnen und Bürger machten sich sofort rechte Gruppierungen zu Nutze, indem sie Bürgerwehren gründeten und Friedensdemonstrationen abhielten. Ziel dabei war, den Eindruck zu erwecken, die Situation zu stabilisieren, doch gerade das Gegenteil war der Fall. Die Vorwürfe gegen die sogenannte „Lügenpresse" waren und sind massiv, indem sie den Medien vorwerfen, mit den sogenannten „Oberen" unter einer Decke zu stecken. Argumente, wie Frauen und Kinder vor Gewalt zu schützen, werden genutzt, um die Einschränkung von Asylrechten zu legitimieren. Neben den bisher genannten Bruchstellen im „Glashaus" nehmen auch anti-europäische Haltungen zu und führen durch eine übergeordnete, identitätsstiftende Einheit, zur Zersplitterung der Gemeinschaft. Das „Glashaus Demokratie" kann dann zum Einsturz kommen, wenn diejenigen, die sich selbst als Mitte verstehen, Risse erzeugen und diese dann auch noch ignorieren.

Rosa glaubt nicht, dass die vielgeforderte Entschleunigung dazu taugt, der gesellschaftlichen Verunsicherung etwas entgegen zu setzen. Aus seiner Sicht bleibt das Grundproblem der Entfremdung damit ungelöst. Doch was tun? Am besten bei sich selbst beginnen. Um so ausdrucksstarke Fotos wie Joakim Eskildsen machen zu können, braucht es eine enorme Vorstellungskraft. In einem Interview erzählt er, dass er manchmal ein halbes Jahr auf das richtige Licht wartet, um ein Bild, das er im Kopf hat, machen zu können. Bieri würde das Selbstbestimmung nennen.

Wolf Nkole Helzle arbeitet mit seinem neuen interaktiven Kunstprojekt ebenfalls gegen Entfremdung. Über seine Homepage fordert er Menschen auf, spielerisch eine neue Identität zu erstellen. Eine I AM WE_IDENTITY also eine neue ICH BIN WIR-Identität. Helzle setzt damit unbewusst oder bewusst, den Appell des Dalai Lama um: „... auf der Grundlage einer Identität zu denken und zu handeln, die in den Worten ‚wir Menschen' wurzelt." Angesichts der großen Verunsicherung und der Zeit des Terrors – eine Friedensstrategie. Nicht einfach, aber sicherlich erfolgreich – fangen wir damit an!

*Juni 2016, Bettina Wilhelm*

**,, In Harmonie mit sich und der Natur leben. ''**

**Bruno Fischer** ist Lehrer für Deutsch und Ethik an der Schloss-Schule in Kirchberg. Der zweifache Vater engagiert sich im praktischen Umwelt-schutz, wobei ihm die Jugendarbeit ein wichtiges Anliegen ist.

# Wenn ich mit mir im Reinen bin ...

Im Jahre 1956 bin ich geboren; ich bin verheiratet und habe zwei Kinder. Nach meinem Studium der Germanistik und Romanistik in Würzburg habe ich die beiden Staatsexamina für das Lehramt an Gymnasien absolviert. Ursprünglich komme ich aus Mainfranken, hatte, als ich hierher nach Kirchberg an der Jagst kam, keine Probleme, mich einzuleben und zu integrieren. Ich bin gleich in den Fischereiverein in Kirchberg eingetreten und habe mich in der örtlichen Naturschutzbundgruppe engagiert. An der Schloss-Schule in Kirchberg habe ich 15 Jahre lang die Fächer Deutsch und Französisch unterrichtet; dann gab es die Möglichkeit, das Unterrichtsfach Ethik zu übernehmen. Für dieses Fach habe ich verschiedene Fortbildungen besucht und im Gegenzug dazu Französisch vollständig aufgegeben. Seit 17 Jahren unterrichte ich also nun die Fächer Ethik und Deutsch. Seit einigen Jahren habe ich nur noch ein halbes Deputat. Das heißt, ich unterrichte nur noch 13 bis 15 Wochenstunden in diesen beiden Fächern.

Was die Mitte meines Lebens angeht, so hat sich im Laufe der Zeit doch einiges verändert. Früher stand das Berufliche sehr im Mittelpunkt, außerdem die Familie, die Kinder. In dieser Hinsicht hat sich meine Mitte in den vergangenen fünf bis zehn Jahren doch gewaltig verschoben. Die Kinder sind älter geworden, Studium und Ausbildung sind abgeschlossen. So bin ich von meinem Beruf als Mittelpunkt stärker zum praktischen Naturschutz gelangt. Das hat in den letzten Jahren einen viel größeren Raum eingenommen. Damit ist es sozusagen meine andere halbe Stelle, die ich in der Schule nicht mehr mache. Im Moment habe ich circa sechzig Schafe, zehn Ziegen und drei Galloway-Rinder, so dass ich doch im Bereich des praktischen Naturschutzes recht viel Arbeit habe. Ich bewirtschafte Flächen, die sonst nicht mehr gepflegt würden: Jagsthänge, Trockenrasen, Streuobstwiesen, Steinbrüche und so weiter. Glücklicherweise wird diese Arbeit auch durch Landschaftspflegeverträge unterstützt. Aufgrund dieser Tätigkeit bin ich somit mindestens den halben Tag draußen. Zum praktischen Naturschutz zähle ich auch die Jugendarbeit, sie ist mir ebenso wichtig.

Wir Menschen haben ein grundsätzliches Problem mit der Natur: Wir verändern sie nachhaltig. Es gibt unzählige Beispiele dafür, die zeigen, dass der Mensch, wenn er denn in natürliche Kreisläufe eingreift, diese massiv und nachhaltig verändert. Wir haben auch in die Jagst lange vor dem Unfall im August 2015 nachhaltig eingegriffen, zum Beispiel durch die starke Düngung der Jagstwiesen. Der Unfall am

22. August 2015 war wiederum ein starker Eingriff in die natürlichen Kreisläufe in der Jagst. Allein der Fischbestand wurde zu fast hundert Prozent ausgelöscht. Es wird recht lange dauern, bis die Natur sich wieder erholt hat, bis das ehemalige Gleichgewicht in der Jagst wiederhergestellt ist. Wenn man sich allein das Spektrum der Hechte und Barben anschaut: Die größten Hechte waren vor dem Unglück bis zu 1,20 Meter groß. Bis man solche Größen wieder erreicht hat, wird es mindestens zehn bis zwanzig Jahre dauern. Wir Menschen greifen ja immer wieder und ständig in das Leben in der Jagst ein. Es wird geangelt, Kajak gefahren oder Gülle auf die Jagstwiesen ausgebracht. Der Mensch mit seiner Hybris plant und meint, die Natur lenken und leiten zu können. Auch durch die intensive Landwirtschaft haben sich natürliche Strukturen verändert, man denke nur an die Kleinlebewesen in der Jagst. Das Biotop Jagst hat in den letzten Jahrzehnten doch starke Veränderungen erfahren müssen: sehr niedrige Wasserstände bereits im Frühjahr, starkes Algenwachstum mit einer zunehmenden Eutrophierung – genauso wie die Fichtenwälder in Hohenlohe. Durch die trockenen Sommer waren die Bäume so geschädigt, dass sie leichtes Spiel für die Stürme und den Borkenkäfer waren.

Und dann kam an der Jagst noch der Ammoniumnitrat-Eintrag am 22. bzw. 23. August dazu. Das größte Problem war die durch den niedrigen Wasserstand bedingte extrem niedrige Fließgeschwindigkeit: 400 Meter pro Stunde. Man konnte am Ufer stehen und die Fische in der Jagst langsam sterben sehen. Erschreckend war die absolute Hilflosigkeit. Man musste zusehen, wie der gesamte Fischbestand umkippte.

Bei allem Unglück gab es aber einen positiven Begleiteffekt: Das Bewusstsein für die ökologischen Zusammenhänge an der Jagst hat sich verändert. Man will jetzt die Wehre durchgängiger machen, bessere Uferstrukturen schaffen, Störsteine einbringen und Auenlandschaften und Altarme vergrößern. Ein bewegendes Erlebnis war ebenso die große Anteilnahme der Bevölkerung. So haben hier in Kirchberg über sechzig ehrenamtliche Helfer in einer Woche zehn Tonnen Fisch geborgen. Eine Klasse der Realschule hatte zum Beispiel beim Weihnachtsmarkt in Kirchberg einen Stand mit selbstgebastelten Holzfischen, die man für zehn Euro zur Unterstützung der Jagst kaufen konnte. So hat doch ein gewisser Bewusstseinswandel stattgefunden, die ökologische Wertigkeit der Jagst wird mehr wahrgenommen. Deshalb setzt der Naturschutzbund hier auch bewusst auf Jugendarbeit, um zum Beispiel den Unterschied zwischen einer Silagewiese und einer Heuwiese zu zeigen und zu erklären. Im Jagsttal ökologisch arbeiten heißt für mich, praktischen Naturschutz zu betreiben. So habe ich doch ein Problem mit dem rein theoretischen Naturschutz. Aufklärung ist zwar wichtig, das ist keine Frage, aber man muss auf jeden Fall auch in die Praxis gehen. Wenn man beim Kinderferienprogramm mit den Kindern und Jugendlichen Nistkästen baut und aufhängt, dann ist das ein guter Einstieg in die Praxis.

Schon seit 32 Jahren bin ich hier an der Schloss-Schule in Kirchberg. Auch in der Schule geht es um Bewusstseinsbildung. Das Bewusstsein der Schüler setzt sich aus vielen einzelnen Puzzleteilen zusammen, und der Ethik-Unterricht liefert hier wichtige Puzzlestücke für das Bewusstsein. Die Aufgabe der Schüler besteht darin, einzelne Puzzlestücke aufzunehmen und einzubauen. Das ist für mich die Aufgabe des Unterrichts: Puzzleteile anzubieten. Man nimmt sein ganzes Leben Puzzleteile auf und „baut" sozusagen immer an seinem Bewusstsein. Die Akzente verändern sich sicherlich, Schüler nehmen die verschiedenen Angebote individuell auf und verarbeiten sie jeder auf seine Art und Weise. Wir Lehrer haben da einen gewaltigen Einfluss, den wir nicht unterschätzen sollten.

Mir geht es im Sinne von Aristoteles grundsätzlich um eine Mitte, die mich auf den Weg zur Eudämonie führt. Meine Mitte zeigt sich zum Beispiel an einem Glücksempfinden, das ich an einem Nachmittag draußen bei meinen Schafen verspüre. Glück ist für mich, eben ganz im Sinne Aristoteles', eine tugendhafte Wahl, die zwischen zwei Extremen vermittelt, die ein Mittleres zwischen zwei Extremen sucht, die diese Extreme aufhebt. Meine Mitte heißt also, ich bin mit mir im Reinen. Das ist im Prinzip der alte Harmoniegedanke, den man schon in der Stoa findet. In Harmonie mit sich und mit der Natur leben – das wäre für mich in einer Großstadt unmöglich, ein Leben dort schließe ich definitiv aus, denn die Anonymität in so einer Großstadt finde ich schrecklich. Das Leben in den großen Städten könnte für mich kein Lebensmittelpunkt sein. Das kommt vielleicht auch daher, dass ich am Rande eines kleinen Ortes, am Fuß von Weinbergen, aufgewachsen bin und daher auch meinen Bezug zur Natur von klein auf ausbilden konnte.

*Dezember 2015, Bruno Fischer*

99 **Von einer schlimmschönen Zeit.** 66

**Carmen Brucker** ist seit 2015 Beraterin, Trainerin und Business Coach. Mit ihrer Arbeit führt sie das Lebenswerk ihres Vaters fort. Die 33-Jährige lebt mit ihrem Mann und dem gemeinsamen Sohn in Murrhardt.

# Mein Weg zur Mitte

Während meiner Schulzeit am Gymnasium war es mein Ansporn, am Jahresende den Eugen-Heller-Preis zu bekommen – eine Auszeichnung für die oder den Klassenbeste/n. Es ist mir mehrmals nacheinander gelungen und war damals der Mittelpunkt meines Bestrebens und damit auch meines Lebens als Teenager. Im Laufe der Oberstufe kristallisierte sich mehr und mehr heraus, dass ich einen Beruf erlernen möchte, in dem ich meine Sprachkenntnisse einbringen kann. Englisch und Französisch waren meine Lieblingsfächer und eine weitere Sprache wollte ich unbedingt lernen. Durch Zufall stieß ich auf den Studiengang „International Business Administration" an der Berufsakademie Stuttgart (heute Duale Hochschule Stuttgart) und bewarb mich bei angeschlossenen Firmen. Als ich die Zusage meines Ausbildungsbetriebs erhielt und mein Studienplatz dadurch sicher war, war ich völlig aus dem Häuschen. Es war die perfekte Mischung für mich: Vorlesungen auf Englisch, Spanisch als weitere Fremdsprache, regelmäßige Praxisphasen im Betrieb und mindestens ein Praxissemester im Ausland.

Bereits zu Beginn des Studiums merkte ich schnell, dass Noten nicht mehr alles für mich waren. Es bereitete mir Freude, die unterschiedlichen Abteilungen im Unternehmen zu durchlaufen und neben den Studieninhalten wertvolles Praxiswissen zu sammeln. Ich habe die Freiheit genossen, meinen Lebensunterhalt selbst zu verdienen und nicht mehr von meinen Eltern abhängig zu sein. Parallel beschäftigte mich aber auch immer die Frage, ob ich das Richtige studiere. Meine Noten erinnerten mich daran, dass ich schon rosigere Zeiten erlebt hatte und das Studium lief nur mit Vollgas: Vorlesungen von morgens bis abends über drei Monate. Dann wieder die dreimonatige Praxisphase und insgesamt einen Urlaubsanspruch von dreißig Tagen pro Jahr. Meine Freunde aus der Schulzeit erzählten dagegen regelmäßig von Studentenpartys und Semesterferien und dem eigentlich bekannten „Studentenleben". Auch wenn ich meinen Studiengang hinterfragte, passte das „Vollgas-Studium" trotzdem sehr gut zu mir.

Mein Praxissemester verbrachte ich am Hauptsitz meines Ausbildungsbetriebes in Buffalo, State of New York. Drei Monate an der Quelle des Marketings. Ein eigenes Apartment und Auto für drei Monate. Trotzdem war ich aufgeregt und wusste nicht, was mich erwarten wird. Es entpuppte sich als ein sehr wertvoller Abschnitt in meinem noch jungen Leben. Schnell passte ich meine Geschwindigkeit an, mit der ich durch die Gänge der Firma ging. In den USA tickten die Uhren langsamer als in Deutschland und ich war die Einzige, die durch die Gänge „raste". Es gab keine Stempeluhr, sondern die klare Ansage, dass ich meinen Feierabend selbst bestimme – nämlich wenn meine Aufgaben erledigt seien. Manchmal saß ich länger als acht Stunden, manchmal weniger. Eine sehr angenehme Erfahrung, an die ich mich bis heute erinnere. Das Praktikum war eine sehr prägende Zeit in meinem Leben. Ich habe mir ein eigenes Leben in einem fremden Land aufgebaut und den „Way of Life", den Lebensstil in den USA kennengelernt. Ich habe die Zeit genossen und war in meinem Bestreben bestätigt, Karriere zu machen und die Welt zu „erobern".

Als meine Eltern ihre silberne Hochzeit feierten, während ich in den USA war und nicht dabei sein konnte, merkte ich jedoch, dass in mir auch ein Familienmensch steckt. Nicht dabei zu sein, machte mir etwas aus. Dabei wollte ich doch raus in die weite Welt, neue Kulturen und Sprachen kennenlernen und im Ausland leben.

Nach meiner Rückkehr nach Deutschland schrieb ich meine Diplomarbeit zu einem Thema, das perfekt zu meinen Projekten in den USA passte. Ich hatte Spaß am Schreiben und blieb dadurch mit meinen Kollegen in den USA in Kontakt. Nach bestandenem Diplom wurde ich von meinem Ausbildungsbetrieb übernommen und bekam eine Stelle als Assistenz im Projektmanagement. Der eigentliche Wunsch, ins Marketing zu kommen, wurde erst im darauffolgenden Jahr wahr. Ich war zurück in meiner Wunschabteilung und arbeitete wieder mit dem globalen Marketingteam zusammen. Ich ging gerne zur Arbeit und verbrachte dort sehr viel Zeit. Doch mehr und mehr hatte ich das Gefühl, dass ich durch meine Arbeit nicht wirklich etwas bewegen konnte. Wir steckten viel Zeit und Mühe in die Marketingprojekte, aber sie fanden wenig Akzeptanz im Unternehmen. Auch meine Beförderung wurde mir versprochen, ohne dass sich etwas getan hatte. In der Wirtschaftskrise entschied ich mich zu einem Schritt, der mir trotzdem schwer viel: Ich kündigte.

Ich hatte mich initiativ auf Empfehlung einer Freundin bei einer E-Commerce Agentur als Projektmanagerin beworben und die Stelle bekommen. Es fühlte sich wie eine Befreiung an, neu durchzustarten. Ich kam zwar aus der Industrie ohne Vorkenntnis im Bereich E-Commerce, aber war mir sicher, die richtige Entscheidung getroffen zu haben. Aufgrund der internationalen Ausrichtung konnte ich meine Sprachen wunderbar einbringen und ich arbeitete in einem jungen Team mit spannenden Kunden. Und die Entscheidung war die Richtige: Aufgrund des rasanten Wachstums schaffte ich es zur Key Account Managerin, suchte und leitete ein Vertriebsbüro in London und arbeitete von Stuttgart und London aus. Da die Firma weiter wuchs, wurde ich zur Teamleitung Key Account Management ernannt. Die Arbeit bereitete mir viel Freude und in dem doch noch relativ kleinen Unternehmen konnte ich sehr viel prägen und aufbauen, was ganz anders geschätzt wurde als in meinem vorherigen Job. Ich wusste am Ende des Tages, warum ich zur Arbeit ging und wofür sich der lange Arbeitstag lohnte. Und trotzdem tauchte in mir der Familienmensch wieder auf. Das Gefühl, das bereits in den USA aufkam. Ich hatte zwischenzeitlich geheiratet und war dadurch noch mehr mit meinem Mann verbunden. Ich wusste, wohin ich gehörte und doch erkannte ich mich manchmal selbst nicht wieder. Als die innere Uhr im Hinblick auf Familienwunsch immer lauter tickte, war ich umso irritierter. Wo sind meine Überzeugungen aus der Kindheit hin: nie heiraten, keine Kinder?! Karriere?

Neben meinen Job hatte ich parallel mit meinem Vater zusammen eine Coaching-Ausbildung erfolgreich abgeschlossen. Mein Vater war zu diesem Zeitpunkt selbständiger Trainer und freute sich, dass ich mir diese Zusatzqualifikation gemeinsam mit ihm aneignete. Ich selbst profitierte am meisten für meine eigene Persönlichkeitsentwicklung und konnte die neue Qualifikation in meiner Aufgabe als Teamleiterin anwenden. Mein Vater entwickelte daraufhin die Business-Coaching-Serie. Dieses Tool ermöglicht es Führungskräften und Vertriebsleuten, die unterschiedlichsten Herausforderungen in Personalführung und Vertrieb ohne externe Unterstützung lösen zu können. Es stellt dabei den Menschen und seine Fähigkeit in den Mittelpunkt. Der Wunsch meines Vaters, sein „Lebenswerk" gemeinsam auf den Markt zu bringen, konnte ich damals nicht gerecht werden. Ich wollte Privates und Geschäftliches nicht mischen, um unser gutes Vater-Tochter-Verhältnis nicht aufs Spiel zu setzen. Darüber hinaus lag mir mein Job als Teamleiterin sehr am Herzen. Zu diesem Zeitpunkt wurden mir allerdings zwei Dinge bewusst: Erstens, einem Leben ohne Kinder fehlt etwas Wesentliches. Und zweitens, Kinder lassen sich nicht planen. Dennoch hatte ich Respekt davor, diese Entscheidung zu treffen.

Die Freude über die positive Nachricht meiner Schwangerschaft wurde überschattet von der Nachricht, dass mein Vater an Krebs erkrankt war und sich bereits Metastasen gebildet hatten. Die Diagnose war ein Schock – niemand hätte damit gerechnet. Hinzu kam, dass der Geburtstermin auf einen Tag vor dem Geburtstag meines Vaters berechnet wurde.

Die nachfolgende Zeit war von Hoffen und Bangen geprägt. Der Gesundheitszustand meines Vaters verschlechterte sich zusehends und ich begleitete ihn und unterstütze meine Mutter, wo es nur ging. Zwischenzeitlich hatten sich auch die Gedanken beruhigt und ich war dankbar, meine Elternzeit im doppelten Sinne verbringen zu dürfen. Ich begleitete meine Eltern stets im Krankenhaus und in der Reha, war bei wichtigen Arztgesprächen dabei oder versuchte auch einfach nur, durch Anwesenheit für sie da zu sein. Ich war froh, in dieser Phase Zeit für meine Eltern zu haben. Meine Arbeit rückte sehr weit in den Hintergrund.

Die Sorge meines Vaters, seinen Enkel nicht kennenzulernen war immer präsent. Unser Sohn erblickte das Licht der Welt und mein Vater war zu dem Zeitpunkt körperlich sehr angeschlagen, aber noch nicht austherapiert. Trotz seiner unglaublich positiven Einstellung und seiner Kämpfernatur schwanden seine Kräfte mehr und mehr. Zum Schluss pflegte ihn meine Mutter zuhause und sein Bett stand mitten im Wohnzimmer. Mein Vater war immer MITTEN unter uns. In dieser Zeit versprach ich ihm, sein Lebenswerk in seinem Sinne mittelfristig fortzuführen. Seine letzten Tage verbrachte er im Krankenhaus – meine Mutter blieb bei ihm und wir besuchten ihn täglich. Eines Abends rief meine Mutter meine Schwester und mich an, da sich seine Atmung veränderte. Wir machten uns auf den Weg, um als unsere ursprüngliche Familie noch einmal beisammen zu sein. Mein Vater stabilisierte sich wieder und meine Schwester und ich fuhren nach Hause. Am nächsten Morgen kam die Nachricht – er war für immer eingeschlafen.

Im Rahmen seines Trauergottesdienstes wurde ein bewegender Nachruf gehalten. Er war geprägt von Lob und Anerkennung, was mein Vater im Privaten wie im Beruflichen gelebt hatte. Als betont wurde, dass ich das berufliche Lebenswerk meines Vaters fortführen werde, spürte ich für einen kurzen Moment einen schweren Rucksack, den ich mir nicht aufsetzen lassen wollte – nicht öffentlich. Das Versprechen an meinen Vater war doch etwas sehr Persönliches. Auch wenn die Zusage von Unterstützung da war, wollte ich mich nicht von außen beeinflussen lassen. In den darauffolgenden Tagen bekräftigte mich das Wissen der Unterstützung jedoch in meiner Entscheidung. Ich nutzte die verbleibende Elternzeit, um die offenen Punkte zu klären und mich in das Thema einzuarbeiten. Es ergaben sich einige Fügungen und plötzlich steckte ich mitten drin. Ich überlegte mir, das Werk nebenberuflich zum Leben zu erwecken. Mein Chef war derjenige, der die Entscheidung hervorrief: Er riet mir, mich während meines zweiten Elternzeitjahres um das Lebenswerk meines Vaters zu kümmern. Wenn es nicht funktionieren sollte, stünden die Türen offen und er freue sich sehr über meine Rückkehr in sein Unternehmen. Ich war überwältigt und der Entschluss stand fest: Genau so werde ich es machen.

Rückblickend sprechen wir in der Familie oft von einer „schlimmschönen“ Zeit. Es gab viele schlimme Stunden und Momente, die durch schöne gemeinsame Momente der Hoffnung und der kurzen Seelenruhe unterbrochen wurden. Ich selbst habe nie und werde nie anklagen, warum es meinen Vater so früh getroffen hat und warum es meine Familie so nicht mehr gibt. Ich bin unglaublich dankbar für die gemeinsame Zeit – meine ganz besondere Elternzeit im doppelten Sinne. Viele nicht planbare Dinge haben sich gefügt und wir wurden in dieser schweren Zeit von einer unsichtbaren Hand geleitet. Mit Sicherheit war es mein Weg zur Mitte.

Heute führe ich ein komplett anderes Leben: Die Nachricht, dass wir Nachwuchs bekommen werden, bedeutete für mich vor eineinhalb Jahren weg vom Beruf, der bis dahin mein Leben prägte. Es war der Weg in eine ungewisse Zeit, die für mich primär mit der Aufgabe sämtlicher Freiheiten verbunden war. Nur selten sah ich die schönen Dinge, die uns als Eltern erwarten sollten. Durch die schwere Krankheit meines Vaters rückten sämtliche Zweifel in den Hintergrund. Es war die Dankbarkeit, durch die Elternzeit bei meinen Eltern sein zu dürfen. Es gab mir Halt. Was folgte, war der Abschied auf Raten von meiner „alten" Familie und die Findung in meine neue kleine Familie. Und der Gedanke, wie ich mein eigenes Leben in Zukunft gestalten möchte – beruflich und privat. Durch den Tod meines Vaters hat nicht nur der Tod seinen Schrecken verloren, sondern mein Leben auch eine wohltuende Ruhe bekommen. Das Gefühl, in einem Karussell zu sitzen, dessen Geschwindigkeit ich nicht mehr beeinflussen zu vermögen schien, wurde abgelöst durch ein tiefes inneres Vertrauen, mein Leben in der Hand zu haben. Und das Wissen, jederzeit aus dem Karussell aussteigen zu können! Lange Zeit hatte ich selbst keine Mitte, wusste nicht, wer ich bin und was ich möchte – war ohne es zu wissen dauernd auf der Flucht. Nach diesem speziellen Jahr kann ich zwar immer noch nicht beschreiben, was „Mitte" bedeutet, aber ich fühle es. Es fühlt sich tief im Inneren wärmend und beruhigend an und gibt mir das Gefühl von Ruhe, Zufrieden- und Ausgeglichenheit. Mit dieser neuen Einstellung fühlt es sich freier und leichter an zu leben.

Das Lebenswerk meines Vaters hat das Ziel, den Menschen in den Mittelpunkt zu stellen. Mit meiner neuen Einstellung zum Leben und dem Lebenswerk meines Vaters im Gepäck freue ich mich auf das, was vor mir liegt. Ich hoffe und wünsche mir, mit meiner Erfahrung vielen Mitmenschen und Weggefährten auf ihrem Weg zur Mitte begleiten zu können.

 *Januar 2016, Carmen Brucker*

**,, Auch das können wir lernen. "**

**Erwin Lang** ist 55 Jahre alt und verheiratet. Der zweifache Vater arbeitet seit dreißig Jahren in der Behindertenhilfe. Vor etwa 15 Jahren wurde er auf Kinaesthetics (Bewegungslehre) als Arbeitsfeld aufmerksam.

# Wie eine ideale Mitte aussehen könnte

Oder wie Menschen mit hohem Unterstützungsbedarf uns helfen, die Gesellschaft zu entwickeln.

Mein Beitrag zu diesem Thema gründet auf den Erfahrungen, die ich in der Behindertenarbeit seit vielen Jahren machen kann. Insbesondere mit dem Menschenbild, das der kinaesthetischen Arbeitsweise zugrunde liegt. Wir gehen davon aus, jeder Mensch ist lernwillig und strebt nach der Verwirklichung seiner Fähigkeiten. Ich erlebe dies bei wirklich allen Bewohnern in unserem Haus – egal wie man das von außen betrachtet vielleicht einschätzen mag.

Ein Beispiel: Ich sitze mit einem mir anvertrauten Menschen an der Bettkante. Es ist für ihn ohne meine Unterstützung nicht möglich, diese Position zu organisieren. Von entscheidender Bedeutung ist, wie ich diese Begleitung und Unterstützung anbiete. Achte ich darauf, wie ich mich in diese Interaktion einbringe? Kann ich in dieser Situation auf mich selber achten? Also – ist etwa meine Körperspannung angepasst und bewusst!? Oder ist das Tempo meiner Bewegungen so, dass es meinem Gegenüber erlaubt, seine Bewegungsmöglichkeiten zu erweitern. Ich stelle mir die Frage: Ist mein Angebot so, dass es für meinen Lernpartner kompetenzerweiternd ist oder eher nicht? Ich stelle nicht die Frage: Kann mein Gegenüber – mein Partner – lernen? Das weiß ich, dass er das kann. In meiner Arbeit sehe ich, welche enormen Kräfte, Lebensfreude und Kreativität frei werden, wenn es uns gelingt, das passende Angebot zu finden. Diese Erfüllung ist für beide Lernpartner in einer solchen Situation erlebbar. Vielleicht ist es gar ein Teil der menschlichen Sinnfrage?

Ein weiteres Beispiel: Ein Mitmensch in einer Gruppe hat sich fast immer in einer liegenden Position befunden. Es wurde erzählt, dass er früher wohl ab und zu wach gewesen sei, jetzt aber nur noch sehr selten. Als dieser Mensch die Erfahrung machen konnte, sobald jemand anderes mit einem Angebot in seine Nähe gekommen ist, das ihn persönlich in seinem Kern getroffen hatte, hat sich etwas verändert – fundamental verändert: Er ist aus seinem Schlummerzustand aufgewacht. Erst in diesem Zustand konnte er seine Fähigkeiten zeigen und sich als wirksam erleben. Dieser Mensch, mein gleichberechtigter Lernpartner, ist hellwach, wenn er nur die Ahnung davon hat: Jetzt arbeiten wir miteinander! Während des gemeinsamen Tuns gibt er Laute von sich, atmet verstärkt, hebt seinen Kopf, so gut er kann und ist mit einem Wort: Mensch. Vielleicht kann ich sagen, er will seinem Dasein

Ausdruck verleihen? Es gibt viele solcher Beispiele, die ich in meiner Arbeit erlebt habe. Es ist ein unbeschreibliches Gefühl von tiefer religiöser urmenschlicher Gemeinsamkeit, nachdem sich vielleicht jeder Mensch sehnt. In solchen besonderen Momenten sind beide Partner gleichberechtige Impulsgeber und Impulsnehmer. Ich werde dazu angeregt, in mir nach Bewegungsvarianten beziehungsweise Bewegungsideen zu suchen, damit mein Partner wiederum auch solche Ideen bekommen und diese in seinem Körper vielleicht für ganz neue Erfahrungen nützen kann. So kommen wir manchmal an einen Punkt, an eine Tür, die selten oder gar nicht geöffnet wurde. Dies hat viel mit Suchen und Kreativität zu tun und somit auch mit Fehler machen.

Fehler sind in diesem Sinne ein wichtiger Schritt, um weiter zu kommen. Auch das habe ich in der körperlichen Arbeit mit unseren Menschen gelernt. Sie sind sehr oft bereit, es noch einmal zu versuchen, sie geben mir damit die Möglichkeit, aus diesem Fehler etwas Gewinnbringendes zu entwickeln. Könnten wir nicht so eine Fehlerkultur leben, kann es schnell in Unbeweglichkeit und Steifheit enden. All das habe ich in der Arbeit mit meinen Lernpartnern körperlich erarbeiten dürfen. Im Laufe der Zeit ist in mir immer mehr der Gedanke herangereift: Dies könnten Grundbedürfnisse sein, die jeder Mensch in seinem Leben zur Erfüllung bringen will. Da dies wohl Bedürfnisse aller Menschen sind, könnte die ideale Mitte einer Gesellschaft so gestaltet sein: Geprägt von Sensibilität und Eigenwahr-

> **Fehler sind in diesem Sinne ein wichtiger Schritt, um weiter zu kommen.**

nehmung – bin ich als Interaktionspartner in der Lage, ohne im Vorhinein zu wissen, wie die Begegnung verläuft, offen auf einen Menschen zuzugehen? Merke ich, ob ich mir bereits ein fertiges Bild von meinem Partner gemacht habe, bevor ich mit ihm überhaupt in Begegnung getreten bin? Bin ich mir bewusst, dass meine Annahmen diese Interaktion wesentlich beeinflussen wird? Bisweilen sind die Annahmen mächtiger als mein Gegenüber selbst. Suche ich nach den Möglichkeiten der Entwicklung, nach den noch verborgenen Kompetenzen?

Ein drittes Beispiel aus der Praxis: Ein Mensch liegt seit sechs Jahren im Wachkoma. Ein Arm ist immer steif an die Brust gepresst. Mich interessiert das alles nicht. Mich interessieren die Möglichkeiten, und es gibt sie auch in diesem Fall, was dazu geführt hat, dass dieser Arm relativ entspannt auf dem Oberschenkel abgelegt werden konnte. Ich übertrage: Gehe ich mit dieser Sensibilität zum Beispiel in ein

Gespräch? Oder weiß ich scheinbar im Vorhinein schon, was der Andere denkt oder beabsichtigt? Jetzt werden wohl viele denken, das ist doch selbstverständlich, ohne Vorurteile in ein Gespräch zu gehen. Ich erlebe sehr wenige Menschen, die wirklich sich selbst so gut reflektieren können, um zu merken, dass sie nur der Bestätigung ihrer Vorstellungen nachgehen und nicht versuchen, den Menschen, den sie vor sich haben, zu verstehen. Ich weiß: Das ist in der Wirklichkeit nicht immer ganz einfach. Ich denke aber, auch das können wir lernen. Genauso wie wir lernen können, auf unsere Körperspannung zu achten, während wir unserer täglichen Arbeit nachgehen.

*Dezember 2015, Erwin Lang*

99 **Die Mitte der Gesellschaft existiert nicht mehr.** 66

**Eva-Maria Daiß** wurde 1951 in Feldkirch, Österreich geboren. Die dreifache Mutter arbeitete für das FAZ-Literaturblatt und ECM Records München und ist seit 1980 im Unternehmen ihres Mannes beschäftigt.

# Denk ich an Deutschland in der Nacht (Heinrich Heine)

MITTE? Allein morgens nach der Zeitungslektüre kann man sich nicht mehr in der Mitte befinden. Wir gehen sehr dunklen Zeiten entgegen – politisch gesehen ...

Das große Elend, die endlosen Klimasorgen mit der einhergehenden Ignoranz weltweit. Die entsetzlich große soziale Ungerechtigkeit, Kriege, Korruption, Ausbeutung, größenwahnsinnige uninformierte Politiker, frei drehende skrupellose Bänker und ein rassistischer Mob bestimmen leider unseren Alltag. Und das alles während geflüchtete Menschen an den Grenzen der Festung Europa verzweifeln, sterben. Man fühlt sich hilflos, weiß nicht, wohin mit sich selbst. Die MITTE fehlt.

## „Links" und „Rechts"

Unsere Gesellschaft ist im Wandel, das ist tagtäglich zu spüren. Ich habe sehr große Befürchtungen, dass sich die gesamte Situation noch verschlimmert und mehr radikalisiert.

Als Jugendliche fragte ich mich immer, wie es zu den fürchterlichen Grausamkeiten im Zweiten Weltkrieg kommen konnte. Nach wie vor für mich unfassbar, wie eine Nation am Ende „nichts gewusst" haben wollte. Wie konnte ein Klima entstehen, in dem Mitmenschen entmenschlicht, vernichtet wurden?

Dieser Tage bekomme ich wieder eine Ahnung davon, welche Mechanismen anno dazumal griffen. Diffuse Ängste, sozialer Abstieg, Arbeitslosigkeit, mangelnde Bildung und das alte deutsche Problem des strukturellen Rassismus sowie Medien, die effekthaschend über linke Gewalt berichten und rechte Auswüchse kleinreden und verharmlosen. Die MITTE der Gesellschaft waren früher diejenigen, die politisch gemäßigt waren, die nicht am linken oder rechten Rand standen und eine der großen Volksparteien wählten. Der Kleinbürger mit Häuschen, geregeltem Einkommen, vielleicht einen Zweitwagen fahrend, etwas mit Freizeit und Urlaubsstress kämpfend, sich über den Nachbarn ärgernd, aber meist nicht willens, über den eigenen Tellerrand hinaus zu schauen. Gut leben in einer Streichholzschachtel, die Scheuklappen nicht abnehmen und dadurch nicht in der Lage zu sein, die wahren Verhältnisse zu erkennen.

Der Kleinbürger, der Spießbürger, der Mitläufer, der das Fremde fürchtet und seine armseligen Ängste auf Menschen projiziert, denen es viel(!) schlechter geht als ihm selbst. Eine sehr unangenehme deutsche Eigenschaft, das triefende Mitleid mit sich selbst und den eigenen Landsleuten, macht dann aus solchen Menschen „besorgte, labile Bürger" sagt die Politik, „um die man kämpfen und sich sorgen muss".

### „Oben" und „Unten"

Die MITTE der Gesellschaft existiert nicht mehr, sie ist abhandengekommen. Die Kluft zwischen Arm und Reich, die da OBEN und die da UNTEN, ist immens.

Wie kaputt ist es, wenn man liest, dass in Berlin bei der Benefiz-Veranstaltung „Cinema For Peace" mit all den Reichen und Schönen – bei Champagner und Kaviar – all die sehr Betuchten unter ihren Tischen als Überraschung Original-Rettungsfolien vorfanden, (die als erste Maßnahme gegen Unterkühlung den aufgenommenen Bootsflüchtlingen angeboten werden ...). Ganz nach dem Motto: sich einmal fühlen wie ein Flüchtling – zwar im Abendkleid mit vielen Selfies, schickem Dekolleté, Schmollmund und Peace-Zeichen. Und das alles nach der Auszeichnung eines Films über das Schicksal einer syrischen Flüchtlingsfamilie – die anwesend war, so auch der Regisseur.

Diese Idee kam ebenfalls vom anwesenden Künstler Ai Wei Wei. Geschmackloser geht es eigentlich meiner Meinung nach nicht mehr. Oder war das Provokation?

> **Die Mitte der Gesellschaft existiert nicht mehr, sie ist abhandengekommen.**

Reiche feiern wie Reiche und gedenken dabei an Arme – ist das der Sinn von Charity-Veranstaltungen? Warum wickeln sich die Herrschaften so vorbehaltlos ein? Weil der Verdacht besteht, wir haben es mit Kunst zu tun? Grauenhaft!

### Meine persönliche „Mitte"

In Zeiten wie diesen tue ich mich schwer, mit MEINER MITTE. So es mir gelingt, mich zu erden, mich mittig zu fühlen, das Dunkle etwas vorläufig zur Seite zu schieben, dann bin ich mittig zu Hause mit meinen Lieben – gemeinsam an schönen

Plätzen mit Freunden, Kindern – am gemeinsamen Tisch bei gutem Essen und interessanten, lebhaften Gesprächen, in der Musik, in der Literatur, bei langen Spaziergängen, die Stille genießend, gemeinsam schöne Dinge betrachtend und im selben Augenblick den selben Gedanken äußern wie der Partner. Das sind sehr kostbare MITTE-Momente – und trotzdem sage ich mit Heinrich Heine: „Denk ich an Deutschland in der Nacht, dann bin ich um den Schlaf gebracht ..."

*Februar 2016, Eva-Maria Daiß*

**„ Nicht jede Mitte ist ein Zentrum. "**

**Frank Mau**, geboren 1966, ist seit 2013 Kaufmännischer Vorstand im Evangelischen Diakoniewerk Schwäbisch Hall und seit 2014 Vorsitzender der Geschäftsführung im Diakonie-Klinikum.

# Im Reich der Mitte

Nicht jede Mitte ist ein Zentrum.
Und wer dort steht, ist der zu allen gleich entfernt?
Kein Herz liegt in der Mitte.
Kein Hirn ist Zentrum eines Selbst.
Bist Du der Mittelpunkt des Universums, das physikalisch ohne Zentrum ist?
Die Gauß'sche Mitte bildet einen Durchschnitt,
wo das Mittelmaß den Wahn der Masse trifft.
Die Mitte wählt, wer Ausgleich sucht. Doch mancher goldene Mittelweg besteht
doch nur aus faulem Holz.
Politisch liegt die Mitte eher rechts.
Wähnst Du Dich sicher in der Mitte Deines Lebens, gib acht,
dass es nicht jäh zu Ende geht.
Drum sei so gut und misstrau nach Pyrrhonius' alter Sitte
den Verlockungen der Mitte.

*Oktober 2015, Frank Mau*

> **Mitte bedeutet Stillstand.**

**Frank Winkler**, auch „Molle" genannt, ist Sänger und Gitarrist der Band Annâweech, die 1995 gegründet wurde. Er und seine vier Bandkollegen aus dem Kochertal singen in Hohenloher Mundart.

# Mitte!

Mitte macht Sinn, jedoch nur bei einem Rad oder anderen rotierenden Dingen. Hier bildet die Nabe die Mitte und wenn nicht - dann eiert's. Oft werde ich gefragt, wo die Mitte Hohenlohes liegt. Wie soll das gehen? Es gibt nur eine wirkliche Mitte und diese befindet sich im Zentrum eines Kreises oder einer Kugel. Warum ist das wichtig? Warum muss es die Mitte sein? Ist die Mitte wertvoller, wichtiger als das Drumherum? Ich meine, das Gegenteil ist der Fall. Mitte ist langweilig, so langweilig wie das Auge eines Taifuns. Die wirklich bewegenden Dinge passieren um die Mitte herum. Mitte bedeutet Stillstand. Von der Mitte ist es zwar zu allen anderen Punkten gleich weit, aber wie gesagt, eben weit. Oft wird ein Kompromiss mit der Mitte verwechselt. Ein Kompromiss ist alles andere als ein Mittelweg. Wenn doch, wär's natürlich einfach.

Noch ein Wort zur Musik. Ein Lied ohne gewisse Spannungen, Provokationen, unbeantwortete oder unbequeme Fragen, ohne Ecken und Kanten mag dem Mainstream entsprechen. Jedoch wird es nie aus der Masse heraus ragen und schon deshalb immer Mittelmaß sein.

## Mitte!

In der Mitte von „Mitte" steht ein Teh
tut wichtig, weil es mittig steht.
Gleich rechts davon ein weit'res Teh
es macht sich groß, so gut's halt geht.
Doch diese Müh' ist für die Katz'
ein großes „M" am ersten Platz!
Als Konkurenz noch „i" und „e"
das macht es schwierig für das Teh.
Es denkt im Kreis, sucht nach dem Sinn,
wär' ich doch in der Mitte drin.
Doch halt, was macht die Mitte möglich,
kein Drumrum ist für sie tödlich.
Bin auch wichtig, mitnichten geringer,
ich zeige der Mitte – den Mittelfinger.

*Dezember 2015, Frank Winkler*

> **Folg' stets dem Ruf der Freiheit.** "

**Franz Schaaf** wurde 1989 geboren. 2015 gewann er den Frankfurter Bibliothek-Gedichtwettbewerb und veröffentlichte seinen Gedichtband „Aquarium Mensch". Heute wohnt er in Kupferzell.

# Mitte als letztendliche Realität

„**M**edio tutissimus ibis." Diese lateinische Phrase ist Teil der Metamorphosen des Ovid und bedeutet: „In der Mitte wirst du am sichersten gehen." Phaeton, der Sohn des Sonnengottes Helios, bekommt die Erlaubnis, den Sonnenwagen lenken zu dürfen. Mit den vorhergehenden Worten erhält er die Warnung, den Wagen nicht zu hoch und nicht zu tief zu fahren. Dennoch hält er sich nicht an den Ratschlag und stürzt ab. Die Folgen sind katastrophal und gleichen einem Endzeitszenario.

Ist diese Warnung des Sonnengottes immer noch aktuell? Droht man nicht in der allgemeinen Mitte dem Mittelmaß der Gewöhnlichkeit zu verfallen? Leben wir glücklicher beziehungsweise einfacher im Einklang mit unserem Selbst und der Natur?

Diese und ähnliche Fragen verfolgen mich persönlich und die Menschen in meinem unmittelbaren Umfeld bereits ein Leben lang und ich möchte versuchen, darauf eine Antwort zu finden.

Die Frage nach der „Mitte" ist gleichzeitig immer unabdingbar verbunden mit der Suche nach unserem Selbst und dem inneren Zentrum. Vergleichbar mit einem synchronen Datenupdate, das sich wesentlich danach richtet, unter welchen Bedingungen und Umständen wir interagieren und handeln.

Die Konstante dabei bildet unsere eigene Existenz und die unseres sozialen Umfeldes.

Der Schnittpunkt „Mitte" ist daher der Definition nach die letztendliche Realität unserer eigenen Vorstellungskraft. Alle Erfahrungen der Vergangenheit und alle Möglichkeiten zukünftiger Entscheidungen fließen in der Realität der gegenwärtigen Vorstellung zusammen und werden durch natürliche Kausalität ins Gleichgewicht gebracht.

Das heißt, je nach Situation und Umstand pendelt sich stets wie auf einer alten Uhr eine natürliche Mitte des Unmöglichen und der Möglichkeit ein. Warum aber sind wir unserer eigenen Vorstellung so ausgesetzt? Weil wir unweigerlich zum Denken verurteilt sind. Es ist nicht möglich, nichts zu denken. Laut Definition der

Ärzte gilt unsere menschliche Art als klinisch tot, sobald unsere Gehirnfunktionen vollständig ausgefallen sind. Unser Gehirn ist die Schaltzentrale unseres weltlichen Daseins und bestimmt unsere „Mitte". Das Gehirn und unser Verstand als Lebensbringer und Motor unserer eigenen Existenz und Vorstellung.

Krebspatienten und körperlich eingeschränkte Menschen „kämpfen sich sprichwörtlich in das Leben zurück". Sie überwinden Grenzen ihrer eigenen Vorstellungskraft und bilden so eine neue Realität. Unheilbar kranke Menschen werden aus unerklärlichen Gründen wieder gesund, obwohl sie von der konventionellen Medizin abgeschrieben werden. Der Schnittpunkt, das heißt die letztendliche Realität, also das Ergebnis zwischen Traum und Resultat, ist unsere goldene Mitte.

Nun zu meiner ersten Ausgangsfrage und dem Aktualitätsgehalt der Warnung des Sonnengottes. Kann ein übersteigertes Ego Schaden anrichten? Kann uns die übertriebene Angst umbringen? Offensichtlich finden wir darauf aufgrund eigener Lebenserfahrung sehr schnell eine Antwort. Jedoch erscheint es uns oft in bestimmten Alltagsfragen schwieriger, eine klare Grenze zwischen Vernunft und Unvernunft ziehen zu können.

Wo liegt denn unsere Mitte, wenn wir eine klare Entscheidung zum Thema Abtreibung treffen müssen? Ist das Leben in diesem Falle wichtiger als die spätere Gesundheit des Kindes? Ein Arzt oder Psychologe muss dabei bestimmte Folgen und Risiken abschätzen können und trifft danach eine Entscheidung. Gesetze und gewisse Grundwerte dürfen dabei nicht verletzt und übertreten werden, da wir uns dem Staaten- beziehungsweise Völkerrecht unterordnen müssen, um überhaupt eine gesellschaftliche Ordnung aufrecht erhalten zu können.

Dennoch ist jeder Einzelne verpflichtet, stets zu hinterfragen, ob der Staat sich selbst als Gesetzgeber innerhalb der freiheitlich demokratischen Mitte befindet und seine Aufgaben gemäß der vereinbarten Freiheitswerte (Grundgesetz) wahrzunehmen vermag.

Ebenfalls wichtig ist der Diskurs untereinander, der aufzuzeigen vermag, wo man Schnittpunkte findet und wo man eine gemeinsame Mitte ausdiskutieren und verhandeln muss. Dabei wären wir nun bei unserer zweiten Frage, ob man unter die Räder der Allgemeinheit kommen kann, wenn man sich einem Allgemeinplatz verschreibt. Ein Risiko könnte definitiv sein, dass die Individualität, also das Recht auf freiheitliche Entscheidungsmöglichkeit zugrunde gehen würde. Deshalb ist die Kommunikation eines unserer wichtigsten Güter und die Grundlage dafür, dieses

Risiko einzugrenzen. Eine gemeinsame Entscheidung, die auf kollektivem Diskurs beruht, gewichtet jede einzelne Stimme gleichwertig und ermöglicht eine gemeinsam getragene Mitte.

Nun kommen wir zum Schluss zur letzten Frage, ob es sich glücklicher leben ließe, wenn wir im Einklang mit unserem Selbst und unserer Umgebung leben. Konfuzius beantwortete seinem Schüler, was das Wichtigste im Leben sei, mit dem Satz „Treue zu sich Selbst und Güte zu den Anderen." Darin steckt für mich eigentlich auch schon die gesamte Wahrheit und Antwort auf die Suche nach der Mitte. Man muss sich stets treu bleiben und hinter seinen eigenen Aussagen und Taten stehen können, denn nur so lebt man wahrhaftig und findet seine eigene Mitte. Dabei muss man immer den Anderen mit seinen Möglichkeiten und Fehlern akzeptieren und respektvoll behandeln. Dazu gehört auch, eigene Fehler zu akzeptieren und die eines anderen verzeihen zu können.

## Die Mitte

die letzte Glut erlischt in Rauch,
sag tausend Menschenworte
und keines löscht doch je die Flamme
fängt allein den Rauch.

denk tausend Worte still im Nichts
folg' stets dem Ruf der Freiheit –
steck Flammen an im Lauf der Zeit
ergib dich deinem Schicksal!

*März 2016, Franz Schaaf*

**,, Kein Traum ist zu groß. ,,**

**Frederic Sing** absolvierte ein Freiwilliges Soziales Jahr beim Sonnenhof e.V. in Schwäbisch Hall. Der 20-Jährige, dessen Wunsch es ist Autor zu werden, befindet sich momentan auf dem Jakobsweg nach Frankreich.

# Gesellschaftliche Mitte

Was ist gesellschaftliche Mitte? Gesellschaftliche Mitte ist meiner Meinung nach die Gruppierung von Menschen, die zusammen mit dem System leben und sich an Regeln und vorgegebene Normen halten, die vom Staat ausgearbeitet werden. Doch wie wird man zu einem Teil dieser gesellschaftlichen Mitte? Passiert dies automatisch, indem man sich einfach weiterentwickelt und mehr und mehr die gesellschaftlichen Regeln als eigene verinnerlicht oder passiert es durch eine gezielte Manipulation von Seiten des Systems? Ich bin fest überzeugt davon, dass es sich um Letzteres handelt.

Von frühestem Kindheitsalter an wird man zumindest hier in Deutschland schon „gefördert". Was hat es mit dieser Förderung auf sich? Im Enddefekt lernt man bereits im Kindheitsalter, dass es bestimmte Regeln gibt, an die man sich zu halten hat; denn sonst bekommt man Ärger und Ärger ist etwas Negatives. Hier möchte ich die Geschichte eines Freundes anmerken: Als mein Freund als kleines Kind seinen ersten Tag im Kindergarten bestreiten sollte und zu diesem Zweck von seinen Eltern dorthin gebracht wurde, war für ihn dort alles neu. In ein komplett neues Umfeld gezwungen und dadurch ein bisschen verunsichert, schaute sich mein Freund in dieser Einrichtung um. Als in etwa eine halbe Stunde vergangen war, beschloss er, er habe nun alles gesehen, was der Kindergarten zu bieten hätte und das reiche für heute aus. Er hatte sich in den Kopf gesetzt, jetzt nach Hause zu gehen. Doch die Erzieherinnen ließen ihn nicht gehen. Es sei gefährlich, ein Kind alleine nach Hause laufen zulassen, sagten sie und als er sich wehrte, packten sie ihn und schimpften ihn aus. Die Erzählung stammt von seinen Eltern, die den Vorfall natürlich gemeldet bekamen. Ich möchte mit dieser kurzen Geschichte nicht sagen, dass vierjährige Kinder, wenn sie keine Lust auf den Kindergarten haben, einfach alleine nach Hause gehen dürfen. Nein, ich möchte damit veranschaulichen, dass das Kind nicht wusste, was daran falsch wäre, einfach nach Hause zu gehen. Aber anstatt zu erklären, warum dies nicht geht, wurde es ausgeschimpft. Ich denke, jeder erinnert sich noch an mindestens eine Sache aus seiner Schul- oder Kindergartenzeit, bei der man Ärger für etwas bekommen hat, das man selbst nicht als falsches Handeln interpretiert hätte. Diese ständigen Strafen beim Abweichen von den Normen der „normalen Menschen" verschaffen sich über die Schule und Kindergartenzeit ihre eigene Mentalität, nämlich die Mentalität des Resignierens. Man fängt an, sich vollautomatisch an Regeln zu halten, hört auf zu hinterfragen und lässt nur noch geschehen. Dabei geht der Entwicklungsprozess in die vom Staat vorgegebene Richtung. Doch das freie Individuum bleibt auf der Strecke. Man wird zu einem „grauen Mann"; denn man versucht, in Schule wie in der Arbeit, höchstmögliche Leistung zu bringen, die mit einem selbst als Person eigentlich wenig zu tun haben. Man gerät in einen gesellschaftlichen Fortschritt, bis man der gesellschaftlichen Mitte angehört und immer weniger Chancen hat, einen Blick hinter die Kulissen dieses Systems zu werfen. Wir werden durch Konsum, Luxus und Leistung getrieben: Das ist der heutige Brennstoff, der die Leute antreibt. Es macht uns zu Zombies unserer selbst. Es ist nun mal bequemer und einfacher, sich anzupassen als zu rebellieren und dauerhaft gegen das System zu denken. Selbst wenn man dagegen denkt, kritisiert und hinterfragt oder Lösungen sucht, hart daran arbeitet, auszubrechen, sich von diesen ganzen erdrückenden Regeln und Normen zu lösen versucht, schafft man dies vielleicht im Kopf, aber im Handeln muss man sich anpassen, sich unterordnen. Solange es nicht genug Leute gibt, die gleiches Gedankengut in sich tragen, um von der noch breiteren Masse überhaupt gehört zu werden, gibt es wenig Veränderung. Doch das ist nicht schlimm. Wichtig ist, dass es solche Menschen gibt. Zurzeit ist es noch ein Wispern im Wind – doch Jahr für Jahr begegne ich mehr Menschen, die so denken wie ich, nicht gleich aber doch ähnlich und das hilft ungemein beim bloßen Existieren. Jedes Mal denke ich mir dann mit einem Grinsen: „Hah, einer weniger!" und mache ein Häkchen auf meiner inneren Liste. Man ist nicht allein mit dieser Einstellung. Es gibt Leute, die sich genauso den Kopf zerbrechen wie man selbst und irgendwann werden es genug sein, um gehört zu werden. Dann hoffe ich, hört die ganze Welt zu.

### Träume als Mittelpunkt unseres Lebens

Im vorhergegangenen Text titulierte ich die heutigen Antriebskräfte der Menschen als Konsum, Luxus und Leistung. Hier möchte ich eine andere Antriebskraft ins Visier nehmen und das sind Träume. Aber was sind Träume? Von Träumen gibt es zweierlei Sorten: Die Träume, die wir im Schlaf manchmal erleben und Träume, die wir ausleben und die wir von ganzem Herzen umsetzen wollen. Letztere können für uns Lebensenergie erzeugen, uns helfen, schwere Zeiten zu überstehen. Sie sind etwas, an das man sich klammern kann, sie geben Halt und machen glücklich. Doch werden für den großen Teil der Leute diese Art von Träume als Antriebskraft ersetzt durch die Antriebskraft des Konsums. Einzelhandelsanalyst Victor Lebo, schrieb hierzu nach dem Zweiten Weltkrieg, als in den USA die Wirtschaft erlahmte, folgendes: „Unsere enorm produktive Wirtschaft erfordert, dass der Konsum als Ritual unser Leben bestimmt. Dass wir unsere geistige Erfüllung und Befriedigung im Konsum finden. Wir müssen immer schneller konsumieren, verbrauchen, ersetzen und wegwerfen." Das ist genau das, was im Moment auf der ganzen Welt passiert und man sieht, dass dieses System zwar für die einen gut funktioniert, die anderen aber am Boden zerstört und ohne Möglichkeiten zurücklässt. Ich meine zu wissen, dass dies unsere Träume nicht völlig vernichtet hat – doch es hat die vieler Menschen verdrängt und so stellt sich für mich die Frage: Werdet ihr weiterhin zulassen, dass man euch eure Träume vorschreibt? Oder geht ihr einmal in euch, denkt darüber nach und fangt wieder an zu träumen? Es sollte eigentlich einfach sein. Doch unsere heutige Welt macht es Träumern schwer, ja schon fast unmöglich. Es scheint, als wäre jeder plötzlich ein depressiver Realist, der allem, was er denkt, schon seinen „das-klappt-sowieso-nicht"-Stempel aufdrückt. Kein Traum ist zu groß, denn es ist im Enddefekt egal, ob man es schafft, ihn zu realisieren. Deshalb möchte ich, dass wieder mehr Menschen anfangen, ihre Träume zu leben, tun was sie glücklich macht und aufhören, vor sich hin zu leben. Abschließend zitiere ich noch einen Text von Henry David Thoreau, ein amerikanischer Schriftsteller und Philosoph: „Ich ging in die Wälder, denn ich wollte wohlüberlegt leben. Intensiv leben wollte ich. Das Mark des Lebens in mich aufsaugen. Um alles auszurotten, was nicht Leben war, damit ich nicht in der Todesstunde innewürde, dass ich gar nicht gelebt hatte" – Und das wünsche ich niemandem!

**Insel Gedanken**
**(inspiriert durch das Lied „Hurra die Welt geht unter", Band K.I.Z)**

Um vor der Gesellschaft zu flüchten
fahre ich auf eine Insel
dort fange ich an, mein Leben zu pinseln
völlig frei, nur beschränkt von mir selbst
mal schauen, ob du das aushältst
Behausung bauen, Essen pflanzen
Abends dann ums Feuer tanzen
Hart ists Leben hier auf sich gestellt
doch brauche ich hier weder Macht noch Geld
denn das ist, was uns alle beschränkt
Geld ist nicht so wichtig, wie ihr denkt!
Mein und dein interessiert doch kein
von uns
Denn das Prinzip ist einfach und doch sehr fein
Wieso soll ich dir was wegnehmen, wenn wir alles teiln.

*November 2015, Frederic Sing*

> **Selber entscheiden, solange man kann.**

**Frederike Hascher** ist im Jahr 2000 in Schwäbisch Hall geboren. Die Schülerin der Freien Waldorfschule Schwäbisch Hall trifft sich gerne mit Freunden, liebt Musik und den Familienkater „Füchsle".

# Ist das Internet die neue Mitte?

Eine ganz einfache Frage: Hat die „digitale Welt" die „alte Welt" abgeschafft? Eine Frage, die aber nicht leicht zu beantworten ist. Natürlich hat sich im Vergleich zu früher eine „digitale Welt" erschaffen. Der Fortschritt ist nicht aufzuhalten und das muss ja nicht schlecht sein. Aber kann eine „digitale Welt" – eine nicht wirkliche Welt – die „normale Welt" überhaupt abschaffen? Ich glaube ganz ehrlich: Nein! Was ich schon eher glaube, dass vielleicht das Internet die neue Mitte ist. Aber auch hier die Frage: Wie soll denn bitte das Internet eine allgemein gültige neue Mitte sein? Denn auch da ist es ja von Mensch zu Mensch anders. Manche müssen geschäftlich ins Internet, manche machen es in ihrer Freizeit und manche machen es gar nicht. Das Internet ist für uns immer wichtiger geworden und vermutlich auch für viele nicht mehr wegzudenken. Aber die neue Mitte ist das Internet nicht. Ich müsste jetzt wahrscheinlich eine Weile überlegen, was denn Mitte in unserem Leben sein könnte, aber ich bin mir ziemlich sicher, dass es das Internet nicht ist. Viel eher wären es ja die Apps im Internet. Für mich bedeutet das Internet erst mal Musik. Ich liebe es einfach, Musik zu hören und freie Auswahl an Musik auf YouTube zu haben. Was für mich eigentlich noch wichtiger ist: WhatsApp. Denn WhatsApp hat ja einen wirklichen Sinn: schnelles kommunizieren. Wie genau verändern WhatsApp, Instagram, Facebook, Twitter, YouTube unser Leben? Ich muss sagen: Ich weiß es nicht genau! Und erweitert Google unseren Geist, unsere Erkenntnisse? Einmal gab es auch so eine Werbung über einen Mann, der für seine Frau einkaufen geht. Als er dann aber nicht weiß, wie Ingwer aussieht, fragt er Google, was denn Ingwer genau sei. Und da muss ich schon ganz ehrlich sagen: Wie dumm war dieser Mann, wenn er nicht weiß, wie Ingwer aussieht und nicht mal in der Lage war, in der Gemüseabteilung auf die Schilder zu achten, die einem die Sorte und den Preis des Gemüses verraten. So viel zu Google. Da möchte ich auch noch anfügen: Das Internet kann zweifelsohne zu einer Sucht werden! Leider hat das Internet einen sehr großen Einfluss auf unser Privatleben, denn wenn man die Apps nicht ganz meidet, hat man auch keine hundertprozentige Privatsphäre mehr. Aber ist denn das auch so schlimm? Ich finde, das muss jeder für sich entscheiden. Selber entscheiden, darum geht es – solange man es noch kann. Das Internet ist ein Hilfsmittel. Das sollte es sein. Als solches gesehen werden. Es gibt meiner Meinung nach wichtigere Dinge als das Internet, die viel eher im Mittelpunkt stehen sollten.

*Januar 2016, Frederike Hascher*

> **Eine ausgewogene Mitte ist wichtig.** «

**Friedrich Ulmer** betreibt seit 1998 selbstständig ein Fotofachgeschäft mit Labor und Studio in Schwäbisch Hall. Der 62-Jährige ist wohnhaft in Michelfeld und hat drei Kinder sowie vier Enkelkinder.

# Mitte bedeutet Gleichgewicht halten

Mitte bedeutet für mich sehr viel. Persönlich denke ich an meine körperliche Mitte. Mitte im Sinne von Balance halten. Wenn ich meinen Körper nicht im Gleichgewicht – in der Mitte – halte, falle ich um. Diese physikalische Mitte ist mir ganz wichtig, weil sich darum mein gesamter Bewegungsablauf dreht. Hinzu kommt die Mitte im geistigen Sinne. Hier ist mir wichtig die Ausgewogenheit zwischen „gut" und „böse", aggressiv und gelassen, positiven und negativen Gedanken herzustellen. Als persönliches Individuum will ich – gemeinsam mit Gott – Steuermann über meinen Körper, meinen Geist und meine Seele sein und als Werk Gottes zur Vollendung der Schöpfung beitragen.

Als Fotograf und Geschäftsmann will ich dazu beitragen, in der Mitte der Gesellschaft zu wirken. Die günstigste Lage eines Geschäfts liegt ja bekanntlich im Zentrum einer Stadt beziehungsweise eines Stadtteiles oder eines Dorfes und wird als „1A-Lage" bezeichnet. Im Geschäft versuche ich immer zu „vermitteln"! Da stehen auf der einen Seite die Wünsche der Kunden, auf der anderen Seite das Angebot der Industrie und des Handwerks. Bedeutend ist hier, für den Kunden den „goldenen Mittelweg" zu finden, der sich zusammensetzt aus ausgewogener Leistung und günstigem Preis. Für alle an einem Geschäft Beteiligten ist hierbei wesentlich, eine ausgewogene Mitte zu finden. Langfristig gesehen ist es ungesund für alle, nicht allein für Verbraucher oder Industrie und Handel, wenn hier ein dauerhaftes Ungleichgewicht entsteht beziehungsweise besteht. Mitte ist früher sehr gut beim Metzger zu sehen gewesen, als er noch mit einem Gegengewicht an einer Waage die Mitte austarieren musste. Symbolisch kann man dieses Bild stellvertretend für den gesamten Geschäftsbetrieb übernehmen: Es muss immer ein ausgewogenes Verhältnis zwischen „geben" und „nehmen" hergestellt werden.

*September 2015, Friedrich Ulmer*

**„ Vieles liegt in unserer Hand! „**

**Hans Fenner** wuchs in der Nähe von Heilbronn auf. Er arbeitete unter anderem im Fachgebiet der Satellitenelektronik, der implantierbaren Elektronik und der Biologie. Heute gibt er sein Wissen gerne weiter.

# Pendelbewegungen um meine „momentane Mitte"

Was ist meine Mitte? Seit ich mich mit dieser Frage bewusst beschäftige, fand ich heraus, dass ich in meinem Leben immer wieder unterschiedliche Arten meiner Mitte erlebt habe und dass sich meine Mitte im Laufe meines Lebens verändert hat. Zunächst fand ich mehr Fragen als Antworten. Woran erkenne ich, ob ich mich in meiner Mitte befinde oder nicht? Was wäre, wenn ich immer in meiner Mitte wäre? Wofür möchte ich überhaupt leben? Wo liegt meine Lebensmitte?

## Meine Kindheitsmitte

Während meiner Kindheit wurde meine Lebensmitte zuerst von meinen Eltern und Geschwistern geprägt, weil sie bewusst und unbewusst die kulturellen Grundwerte, die Spielregeln des Zusammenlebens, ihre Erwartungen an den Clan und was sie bewunderten, in mir verankerten. Ich musste mich in den Familienclan einfügen, um die von mir erwünschte Anerkennung und Zuwendung zu bekommen. Wenn meine Grundbedürfnisse und meine sozialen Bedürfnisse wie Zuneigung und Anerkennung erfüllt waren, fühlte ich mich gut und in meiner Kindheitsmitte. Während dieser Zeit war meine Weltsicht überschaubar. Dennoch kostete es mich immer mehr Mühe, sowohl in meiner momentanen Mitte wie auch in meiner Kindheitsmitte, anzukommen, weil sich viele Erwachsene in meinem Umfeld an die Werte und Spielregeln, die sie vorgaben, selbst nicht hielten. Oft hatte ich das Gefühl, dass die ausgegebenen Werte und Spielregeln eher gewissen Eigeninteressen dienten, als dem Streben nach einem gemeinsamen Nenner des Zusammenlebens, der von allen wertgeschätzt wird. Mit meiner zunehmenden Mobilität erweiterten sich auch meine Wertevorstellungen, die gesellschaftlichen Spielregeln und die an mich gestellten Erwartungen durch die Menschen außerhalb der Familie, wie Verwandte, Freunde, Nachbarn, Lehrer, Vorgesetzte und Menschen anderer Kulturen. Meine Erwartungen an mich selbst, meine Bedürfnisse, meine Ziele und meine Mitte veränderten sich im Laufe der Zeit aufgrund meines wachsenden Umfelds.

## Meine Jugendmitte

Ich wuchs in einem kleinen Ort nahe Heilbronn auf, der in den 1950er Jahren noch durch eine relativ geschlossene Gemeinde mit festgelegten, evangelischen

Normvorstellungen geprägt war. Wer zu dieser Gemeinde gehören wollte, musste sich einordnen, um als „normal" wahrgenommen und toleriert zu werden. Von Akzeptanz oder Wertschätzung möchte ich an dieser Stelle noch gar nicht reden. Es gab allerdings eine Gruppe von Außenseitern, wie die katholischen Flüchtlinge aus den früheren Ostgebieten, für die man außerhalb der evangelischen Gemeinde Bauplätze ausgewiesen und Unterkünfte gebaut hatte und die jahrzehntelang nicht wirklich in die Gemeinde integriert wurden oder sich nicht integrieren wollten. Die katholischen Kinder dieser Flüchtlinge mussten das Klassenzimmer verlassen, wenn unser evangelischer Pfarrer den Raum betrat, um uns den evangelischen Glauben zu vermitteln.

Ab Ende der 1950er Jahre gab es noch eine zweite Außenseitergruppe, die ersten Gastarbeiter aus verschiedenen südlichen Ländern. Diese Gastarbeiter wurden direkt hinter unserem Haus in einem ehemaligen Fabrikgebäude untergebracht und sie wurden ebenfalls nicht in die Gemeinde integriert, obwohl die Regierung sie des Arbeitskräftemangels wegen angeworben hatte. Die kulturellen Unterschiede waren damals wohl zu groß und die Bereitschaft der Gemeinde, sich für Fremde zu öffnen, noch zu klein. Alle diese Außenseiter unserer Gemeinde hatten einen großen Einfluss auf mein kleines Weltbild und meine damalige Mitte, weil sie aus meiner Sicht für die introvertierte Gemeinde eine multikulturelle Bereicherung sein konnten, aber das sahen andere Gemeindemitglieder nicht so. Der Ablauf der Sonntage in unserem Ort schien festgeschrieben. Früh aufstehen, sonntägliche Kleidung anlegen, in die Kirche gehen, nach der Kirche das Mittagessen und dann der Sonntagsspaziergang oder ein gemeinsamer Ausflug. Wir mussten uns immer angemessen kleiden und benehmen, vor allem sonntags. Damals war es nicht so wichtig, was man selbst wollte, sondern immer, wie es die Nachbarn sahen. Was würden die Nachbarn dazu sagen? Wie würde man über uns reden, waren die wichtigsten Kriterien des Tuns oder des Lassens. Ich erinnere mich an ein einschneidendes Erlebnis an einem Sonntagmorgen, das mein Weltbild nachhaltig veränderte und meine Neugier schürte. Es war Sommer und ich stand präpariert für den Kirchgang vor unserem Haus und wartete auf meine Familienmitglieder. Plötzlich kam ein Gastarbeiter im Schlafanzug an unserem Haus vorbei und ging die Dorfstraße entlang, um sich aus einem Automaten Zigaretten zu holen. Bis zu diesem Zeitpunkt war mir ein solches Verhalten schlichtweg unvorstellbar! Und ich sagte in diesem Moment zu mir selbst: Es gibt noch andere Lebensformen, Werte und Spielregeln auf dieser Welt, die scheinbar auch funktionieren! Ab diesem Zeitpunkt interessierte ich mich sehr für andere Kulturen, hinterfragte die lokale Dorfkultur und begann, die ganze Wahrheit zu suchen und eher allgemeingültige Werte und Spielregeln, die für die Menschen aller Kulturen gelten können. Damals hatten sich mein Weltbild und die Vorstellung von meiner Lebensmitte deutlich erweitert und es sollte sich in der Zukunft noch mehr erweitern.

## Meine Erwachsenenmitte

Meine Ausbildung durfte ich in einer Großstadt genießen und ich konnte dadurch viele Menschen aus anderen Regionen und Kulturen kennenlernen und damit auch deren Werte, deren Denken und Handeln verstehen. Dies erlaubte mir mein Kindheitsweltbild mitsamt meiner Kindheitsmitte nachhaltig zu erweitern. Erweitern heißt, einige meiner Grundwerte und Ziele blieben dieselben, aber einige zusätzliche Werte, Spielregeln und vor allem neue, erstrebenswerte Bedürfnisse und Ziele kamen hinzu. Es fühlte sich so an, als ob ich das erste Mal über den Rand meiner kleinen Daseinskiste hinaussehen konnte. Ein tolles Gefühl, das aber auch von großem Respekt begleitet war. Werde ich draußen bestehen können, werde ich das Notwendige lernen können, um nicht zu scheitern? Das Schlimmste, dachte ich damals, wäre es, trotz der vielen Warnungen, aufzubrechen und dann als Gescheiterter heimzukehren. Ich brach auf, nahm die Herausforderung an und kam gescheiter nach Hause und keinesfalls als Gescheiterter. Zuerst beschäftigte ich mich mit Satellitenelektronik in der Industrie und die Elektronik wurde ein Teil meiner „beruflichen Lebensmitte", um die sich vieles drehte. Aber nach sieben Jahren wurde aus der Begeisterung eine gewisse Routine und ich entschied mich, das Abitur nachzuholen und Biologie zu studieren. Allerdings nebenberuflich, weil ich ab dem 15. Lebensjahr auf eigenen Beinen stehen musste.

Neben der beruflichen Entwicklung zum Experten für implantierbare Elektronik wie Herzschrittmacher und Neurostimulatoren, studierte ich die lebendige Natur und diese führte mich zu völlig neuen Einsichten. Ich verstehe mich heute viel mehr als Teil der gesamten Natur und habe ein tiefes Vertrauen zu dieser Natur, weil sie alles hervorgebracht hat, was mich umgibt, uns heilt, wenn wir uns verletzen und uns am Ende wieder in die chemischen Elemente zerlegt und diese wiederverwendet, weil die Masse der Erde endlich ist. Aus meiner konsumorientierten Lebensmitte, die typisch war für das Nachholbedürfnis nach den Entbehrungen der Kriegszeit, wurde eine „Naturlebensmitte" mit sehr viel Zuversicht, Vertrauen und Gelassenheit. Durch meine vielen Auslandsaufenthalte und meine berufliche Verantwortung für Europa, Afrika und den Mittleren Osten, erweiterten sich meine Fähigkeiten und meine Wertschätzung, mit Menschen aller Kulturen umgehen zu können, und ich hatte Erfolg damit. Jetzt wurde meine Lebensmitte durch diese interkulturelle Erfahrung und gegenseitige Wertschätzung erweitert und frühzeitig eingeimpfte Feindbilder verschwanden. Heute habe ich das Gefühl, dass ich mich viel häufiger in meiner Lebensmitte befinde als je zuvor, und dass meine kurzfristige, „momentane Mitte" gleichzeitig an Bedeutung verliert. Viele Menschen, denen ich begegnete, gehen einer Arbeit nach, die ihnen keine Freude bereitet, um mit dem verdienten Geld ein Hobby zu betreiben, mit dem sie ihren Arbeitsfrust kompensieren können.

Als junger Mensch träumte ich davon, hart zu arbeiten, zu sparen, um ab dem fünfzigsten Lebensjahr mit meinen Ersparnissen ein Traumleben führen zu können. Welch ein Irrsinn! Heute führe ich ein ausgeglichenes und erfülltes Leben, gerade weil ich seit 51 Jahren selbstbestimmt Arbeiten verrichte, die mir Freude bereiten. Die Arbeit an der ich Freude habe, brauche ich nicht zu kompensieren oder im Rentenalter beenden. Ich kann sie fortsetzen, solange ich gesund bleibe. Jungen Menschen rate ich beruflich etwas zu tun, das ihnen Freude bereitet und darüber hinaus ihr Produkt oder ihre Dienstleistung immer weiter zu entwickeln, bis jemand bereit ist, dafür Geld auszugeben, dann bilden das Talent, die Freude und das Einkommen eine Einheit. Bis heute habe ich vier verschiedene Berufe ausgeübt, die alle herausfordernd waren und jeweils ein neues Einarbeiten erforderten, aber nur so konnte ich meine Fähigkeiten optimal einsetzen und mich selbst motivieren. Denn fünfzig Jahre sind eine sehr lange Zeit, wenn man etwas tun muss, was man nicht mag. Mit Bequemlichkeit kann man diesen Grad an beruflicher Erfüllung nicht erreichen! Die allermeisten Menschen, die etwas erreicht haben, waren sehr diszipliniert und fleißig, den wenigsten Menschen ist der Erfolg zugefallen.

## Meine zukünftige Seniorenmitte

Es gibt Lebensphasen, die uns Menschen mehr oder weniger gut gefallen. Meine Mutter zitierte im Alter oft den Bibelspruch: „.... es werden Tage kommen, die werden dir nicht gefallen ...". Viele Kulturen tabuisieren den Tod. Er ist aber ein fester Bestandteil unseres Lebens und deshalb muss jeder einen Weg finden, mit dem Ende zu Recht zu kommen. Das Leben auf der Erde wird trotz aller Herausforderungen weitergehen. Deshalb hat die Natur dafür gesorgt, dass wir der folgenden Generation nicht nur unsere Gene weitergeben, sondern auch unser Wissen, unsere Erfahrungen und viele materielle Dinge, aber leider auch oft nur Müll. Mir bereitet es immer noch sehr viel Freude, in vierzig Ländern mein berufliches Wissen und meine Erfahrungen weitergeben zu können und auch mein Verständnis über die Zusammenhänge der Natur. Je länger ich lebe, desto mehr komme ich zu der Erkenntnis, dass ich zwar immer kämpfen musste, um meine Chancen zu erkennen und etwas daraus zu machen, wurde aber dadurch immer belastbarer, selbstbewusster und erfolgreicher und das ist bis heute so geblieben. Die Wissenschaft geht davon aus, dass circa zwanzig Prozent unserer Gesundheit den Genen zuzuordnen sind und circa achtzig Prozent unserer Lebensführung. In diesem Sinne sind wir also zu circa achtzig Prozent Gestalter und nur zu circa zwanzig Prozent die Opfer unserer Entwicklung und unserer Lebensmitte, von Ausnahmen abgesehen. Meine Lebensmitte im Seniorenalter hat sehr viel mit dem Weitergeben zu tun und damit der nächsten Generation den Boden zu bereiten, damit auch deren Saat aufgehen kann. Das Wort „weitergeben" steht allerdings nicht für eine einseitige Weitergabe, sondern für eine Weitergabe in beiden Richtungen. Die Kinder und die Jugendlichen geben mir so viel zurück durch ihre Begeisterung, Dankbarkeit, ihre Ideen, ihre jugendliche Sicht der Dinge und ihre Wofür-Fragen, die mich zur Reflektion anregen. Mir macht es sehr viel Spaß mit jungen Menschen, innerhalb und außerhalb der Familie, zusammen zu sein, mich nützlich zu machen und dadurch auch selbst im Denken jung zu bleiben. Oft denke ich, dass ich den jungen Menschen etwas ermöglichen möchte, das ich in meiner Jugend selbst vermisste. Vielleicht kompensiere ich damit unbewusst auch ein bisschen meine eigenen, unerfüllten Bedürfnisse meiner Jugendzeit, ohne neidisch zu sein. Solange ich diese Dinge tun kann, werde ich mich mitten drin fühlen, in meiner zukünftigen Seniorenmitte.

### Was lehrt uns die Natur?

Wir sind die ersten Lebewesen auf der Erde, die das Ende der Erde herbeiführen können. Von der Natur können wir zwei wesentliche Entwicklungsrichtungen ablesen, die sich seit circa drei Milliarden Jahren erfolgreich fortsetzen: Die Evolution hat die Vielfalt gesteigert. Im Laufe der Evolution entstanden unzählige Pflanzen und Tierarten. Und die Evolution hat die Komplexität der Lebewesen gesteigert. Von den einzelligen Lebewesen bis hin zum Menschen mit fünfzig Milliarden Körperzellen und circa hundert Milliarden nützlicher Mikroorganismen in unserem Körper. Wir können uns fragen, ob das, was wir entscheiden, die Natur unterstützt oder behindert, ihre evolutionäre Entwicklung fortzusetzen. Wenn wir unser Tun und Handeln daran ausrichten, wird die Erde noch lange in ihrer Balance und ihrer Mitte bleiben und es uns Menschen ermöglichen, unsere Lebensmitten gemeinsam, als Teil der Natur, zu gestalten und zu genießen! Wenn wir jedoch die Natur in ihrer Entwicklung stören und aus ihrer Mitte bringen, werden zuerst die empfindlichen Lebewesen verschwinden und am Ende die gesamte Menschheit. Vieles liegt in unserer Hand!

*April 2016, Hans Fenner*

**"Unter unseren Füßen ... "**

**Hans Hagdorn** ist Geologe und Paläontologe. Aus seiner zunächst privaten Sammlung von mehreren zehntausend Fossilien, Mineralien und
Gesteinen ist das Muschelkalkmuseum Ingelfingen entstanden.

# Mitten in der Trias – etwas über Stein und Salz und Wein

W as läge bei der Frage nach der Mitte nicht näher, als über den Lebensmittelpunkt zu schreiben, über Familie, Freunde, das vertraute Umfeld, den Beruf, und wenn es sie gibt, die Berufung. Vielleicht auch über die Mitte der Gesellschaft, wie es der Titel dieses Buches nahelegt. So wird wohl ein jeder, dem sich diese Aufgabe stellt, zu schreiben beginnen. Aber wenn er seine persönliche Mitte als den Punkt bestimmt hat, von dem ein Zirkelschlag ausgeht, dann muss er sich auch fragen, wie der Halbmesser sein soll.

Über Familie, Freunde, Umfeld und Beruf will ich nicht schreiben. Die Frage nach der Mitte verbinde ich als Geologe und Paläontologe ganz kühn mit der Geschichte der Erde und des Lebens, und zwar so, wie sie hier im württembergischen Frankenland unter unseren Füßen dokumentiert ist. Und das wird nun wahrhaft ein mächtiger Zirkelschlag, ein Zirkelschlag von Jahrmillionen, in denen festes Land im Meer versunken und wieder aufgetaucht ist, in denen hunderte Meter Sedimente abgelagert und wieder abgetragen wurden, in denen der ganze Kontinent von den Tropen in gemäßigte Breiten driftete, ein Zirkelschlag von Jahrmillionen, in denen Lebewelten entstanden sind und wieder untergingen. Aber wo soll da eine Mitte sein? Wir werden sehen: Es gibt sie.

Unter unseren Füßen liegt der Muschelkalk. Wer oben in Waldenburg gebaut hat, hat auf Keuper gebaut. Und einige Hohenloher Häusle stehen auf dem roten Buntsandstein, der im benachbarten Baden und am Main die Farbe der alten Baulandschaft beherrscht. Doch mitten drin lagert eben der Muschelkalk. Das wusste auch Bergrat Friedrich von Alberti. Vor fast 200 Jahren war es seine Aufgabe, für das Königreich Württemberg das „Weiße Gold" zu suchen, das Salz, den einzigen konkurrenzfähigen Rohstoff, den das Land damals zu bieten hatte. Und am Salz setzte er den Zirkel an. Waren es im Mittelalter noch die Sieder, die im Oberen und im Niederen Hall die Sole aus Brunnen schöpften und sie zu körnigem Salz versotten, so setzte Alberti auf Bohrgerät und Bergmannskunst, denn er suchte das kristalline Steinsalz, wie es tief unter uns im Schoß der Erde liegt. Alberti wusste, wo er zu suchen hatte, nämlich nahe den alten Salinenstandorten bei Heilbronn und Hall und bei Rottweil. Bestens vertraut war er mit der Abfolge der Schichten, wusste, dass das Salzlager mitten im Muschelkalk liegt, wusste, dass dieser unter dem Keuper, aber über dem Buntsandstein zu suchen ist. So hatte er die geniale Idee, die Gesteinsformationen von Buntsandstein, Muschelkalk und Keuper zusammenzufassen und sie kurz und treffend Trias zu nennen. Trias heißt Dreiheit, und wo drei sind, da gibt es eine Mitte, und diese ist ja der Muschelkalk: Mehr als 250 Meter Kalkstein, Gipsstein und Steinsalz, Gesteine, die es mit feinen regionalen Unterschieden in weiten Teilen Mitteleuropas gibt, vom Alpen-Nordrand bis in den Untergrund der Nordsee, vom Pariser Becken bis in den Osten von Polen. Das Steinsalzflöz erreicht mit über vierzig Metern seine größte Mächtigkeit bei Heilbronn, und so nimmt es nicht wunder, dass Alberti seinen Schacht bei Jagstfeld abteufen ließ, um das Salz dort bergmännisch abzubauen. Über den Neckar-Schifffahrtsweg gelangte es dann als Rohstoff zum Rhein, wo die chemische Industrie heranwuchs.

Aber kommen wir zurück zu Alberti. 1834 war das Geburtsjahr der Trias, als er sein Epochenbuch „Beitrag zu einer Monographie des Bunten Sandsteins, Muschelkalks und Keupers und die Verbindung dieser Gebilde zu einer Formation" veröffentlichte. Er erkannte in der Abfolge der Trias-Schichten eine frappierende Symmetrie der Gesteine. In der Mitte liegt der Muschelkalk und mitten im Mittleren Muschelkalk das Salz, symmetrisch darunter und darüber dann Gips- und Anhydritstein, dann Dolomitstein, Kalkstein und schließlich unter dem Muschelkalk der festländische Buntsandstein und über dem Muschelkalk der gleichfalls festländische Keuper. Alberti konnte für diesen Zyklus in der Gesteinsabfolge noch keine rechte Erklärung geben, denn er wusste noch nichts vom globalen Auf und Ab des Meeresspiegels, das von zyklischen Schwankungen der Erdachse und der Erdumlaufbahn und damit vom Klima gesteuert wird. Er wird es einfach als eine wunderbare Fügung angesehen haben, dass dem Salz die Mitte gebührt, die Mitte seiner Trias.

Alberti war auch ein profunder Kenner der versteinerten Überreste von Ammoniten, Seelilien und Sauriern in den Trias-Schichten, denn solche Leitfossilien helfen dem Geologen, die Gesteine richtig zu bestimmen und über weite Entfernungen zu korrelieren. So wusste er, dass es bereits in den Alpen eine derart dreigegliederte Trias nicht mehr gibt, sondern dass dort Gesteine von entsprechendem Alter durchgängig im Meer entstanden sind. Zu diesem Wissen führten ihn Fossilien aus dem marinen Muschelkalk, die er auch aus den Alpen, von der Kasachensteppe und aus Sibirien kannte. Damit änderte sich der Begriffsinhalt der Trias: Aus den Gesteinen von Buntsandstein, Muschelkalk und Keuper wurde die Zeit, in der diese Gesteine abgelagert wurden. Und damit war die Trias zum international gültigen Zeitbegriff geworden, zur Bezeichnung der erdgeschichtlichen Periode, mit der das Erdmittelalter einsetzte. Heute wissen wir aus radiometrischen Datierungen von Trias-Gesteinen, dass die Trias-Zeit circa 251 Millionen Jahre vor heute begann und nach fünfzig Millionen Jahren Dauer vor 200 Millionen Jahre endete. Das war die Zeit, als die Reptilien begannen, die Meere zu beherrschen, als die ersten Dinosaurier auf dem festen Land Urkrokodile und Panzerlurche verdrängten. Mit Versteinerungen aus der Trias ist unser Land wahrlich gesegnet, wie sich der Besucher der Naturkundemuseen in Stuttgart und Karlsruhe und hier im Hohenlohischen im Muschelkalkmuseum Ingelfingen überzeugen kann. Doch davon nachher mehr.

Kommen wir erst wieder zur Mitte zurück: Die Triasperiode gliedert man immer noch in drei Serien. Allerdings sind diese nicht mit Buntsandstein, Muschelkalk und Keuper deckungsgleich. Die Mittlere Trias, international als Anisium plus Ladinium bezeichnet, umfasst den obersten Teil des Buntsandsteins, den gesamten Muschelkalk, den Lettenkeuper und sogar noch Teile des Gipskeupers. Die Gesteine der dreigegliederten Trias nennt man heute „Germanische Trias", und für diese ist das württembergische Triasland Typusregion, also „Urmeter", Vergleichsstandard – und Exkursionsziel für Triasforscher aus aller Welt. Triasgesteine liegen in Deutschland vom Hochrhein bis Helgoland an der Oberfläche, sind unter der Nordsee normalerweise aber hunderte Meter tief versenkt, über Schwarzwald, Harz und Hunsrück längst wieder abgetragen. Das baden-württembergische Frankenland ist jedoch zentrales Triasland: Von Westen nach Osten folgen hier im süddeutschen Schichtstufenland der Odenwälder Buntsandstein mit den leuchtend roten Ruinen im unteren Neckartal, die von Lettenkeuper überdeckten Gäuflächen mit den tief in den Muschelkalk eingeschnittenen Tälern von Kocher, Jagst und Tauber, und schließlich die Keuperstufe des Schwäbisch-Fränkischen Waldes.

Die zentrale Lage, die Aufschlüsse in Klingen und Kleben, die Steinbrüche und Schotterwerke, die Tongruben und Salzbergwerke und vor allem der Reichtum an Fossilien haben die Trias der Region seit Albertis Zeiten zu einem Dorado der Forschung gemacht. Hunderte von Titeln in den Verzeichnissen der internationalen Forschungsliteratur befassen sich bis in jüngste Zeit mit den Triasgesteinen Baden-Württembergs und ihrem Fossilinhalt. Ziel der Forschung ist es heute, aus dem Wechsel der übereinander lagernden Gesteine sich wandelnde Umwelten zu rekonstruieren, Veränderungen des Klimas, Schwankungen des Meeresspiegels und schließlich, wie sich Pflanzen und Tiere im evolutionären Prozess daran anpassten. Ich beschränke mich hier, der Mitte verpflichtet, auf ein paar Streiflichter in die Mittlere Trias, in Muschelkalk und Lettenkeuper.

Wenn er im Aufschluss beim Ingelfinger Friedhof steht, wo rote Tonsteine des obersten Buntsandsteins vom Muschelkalk überlagert sind, sieht der Geologe vor seinem geistigen Auge, wie zu Beginn der Mitteltrias das Meer, von Osten her kommend, kontinuierlich vorrückte und das Mitteleuropäische Becken flutete. Er spürt im Kochendorfer Salzbergwerk die brütende Hitze über der lebensfeindlichen subtropischen Salzpfanne, die sich über ganz Mitteleuropa erstreckte, weil der Wasseraustausch mit dem Tethys-Ozean im Süden gestört war. In den Crailsheimer Steinbrüchen taucht er ins Meer des Oberen Muschelkalks ein, an dessen Boden sich grazile Seelilien in der Strömung wiegten und mit ihren filigranen Armen Plankton filterten, wo Ammonshörner durch die Fluten dümpelten und wo Nothosaurier mit ihren zähnestarrenden Kiefern Fische und Tintenfische schnappten. In Vellberg sieht er sich am Rand gewaltiger Wasserläufe und Seen des Lettenkeuper-Deltas, den „Keuperglades", wo fünf Meter lange Riesenlurche auf Beute lauerten, wo die ältesten Urschildkröten lebten und wo hochbeinige Landkrokodile durch Schachtelhalmwälder schnürten. Die fossilen Reste dieser versunkenen Floren und Faunen schlummern oft dicht unter unseren Füßen, und wo gebaut und gegraben wird, öffnen sich die Fenster in diese Lebewelten.

Was die Region an fossilen Schätzen, wertvollen Dokumenten der Erd- und Lebensgeschichte, zu bieten hat, scheut dabei keinen Vergleich mit den Saurierlagern Amerikas oder der Mongolei. Wer also über A6 oder B19 hinwegbraust, kann sich mit etwas Phantasie ausmalen, was unter ihm verborgen liegt und auf Hebung und Auferstehung wartet.

Mit Muschelkalk und Keuper sind aber auch ganz andere Genüsse verbunden, stocken doch auf ihren Böden edle Reben: Riesling und Silvaner, Trollinger und Spätburgunder, mit dem Klimawandel nun auch Chardonnay und andere südliche Sorten. Die Weinbaulandschaften an Neckar, Kocher und Tauber prägt der Muschelkalk. Den Weinen verleiht er sein erdverbundenes „Bodengfährtle", der Kulturlandschaft ihren unverwechselbaren Charakter. Wo im Schwäbischen am Neckar Mäuerle und Stäffele die steilen Hänge begleiten, sind es im Frankenland die Steinriegel, von denen es heißt, sie verbesserten das Kleinklima und brächen die Winde. Meinen Besuchern im Muschelkalkmuseum in Ingelfingen gebe ich zum Schluss einer Führung immer mit: „Denken Sie daran: Auch in unserer Region gibt's weltberühmte Fossillagerstätten aus der Mittleren Trias , aber die edelste Form des Muschelkalks ist halt doch die flüssige, und die gibt's nebenan in der Weinstub."

Ja, das Muschelkalkmuseum. Die Sammlung von mehreren zehntausend Fossilien, Mineralien und Gesteinen, eine der umfangreichsten ihrer Art, ist aus lebenslanger Sammeltätigkeit erwachsen. Über Mitteleuropa hinaus habe ich triaszeitliche Fossilien zusammengetragen, auch aus Amerika und China – dem Reich der Mitte. Dass aus der Sammlung ein Museum werden konnte, ist dem Engagement der Stadt Ingelfingen zu verdanken, die im historischen Bau der Inneren Kelter das Gehäuse für die Ausstellung bereitstellt. Als Dritter im Bunde steht hinter dem Museum die Friedrich-von-Alberti-Stiftung der Hohenloher Muschelkalkwerke. 1998 haben sich Schotterwerksbetreiber aus der Region zusammengeschlossen und die Stiftung begründet, die sich seither – ganz im Sinne ihres Namenspatrons – für die Erforschung der Trias einsetzt und alle zwei Jahre europaweit den Alberti-Preis für herausragende Leistungen auf dem Gebiet der Paläontologie verleiht. Maßgabe ist dabei Exzellenz, von Profis gleichermaßen wie von Amateuren, denn der Preis wird im Wechsel an Berufspaläontologen und Privatpaläontologen verliehen, wie man hochspezialisierte Fossiliensammler am passendsten nennt. Wenn im Herbst eine Preisverleihung ansteht, wird Ingelfingen für einen Abend zum Mittelpunkt der Paläontologie im Lande, und von hier strahlt der Preis mit den Preisträgern weit aus.

Ich möchte nun das Bild von der Mitte nicht länger strapazieren, doch sei mir noch eine persönliche Note gestattet. Wovon ich geschrieben habe, ist mir selbst zum Lebensmittelpunkt geworden, über den engeren Zirkelschlag von Familie, Freunden, Beruf, und über die Teilhabe an der bürgerlichen Zivilgesellschaft hinaus. Es ist Berufung geworden, Lebenselixier und Lebenswerk. Geologie und Paläontologie, die Kontakte mit Triasforschern aus aller Welt waren und sind meine Antennen, auf Empfang und Sendung gestellt, über das enge Kochertal hinaus. Doch dieses ist die Mitte geblieben.

*Februar 2016, Hans Hagdorn*

**,, Ein gutes Gefühl. "**

**Harry Weber** ist der Bassist und junggebliebene Senior der Hohenloher Mundartband Annâweech. Der Finanzbeamte und Personalratsvorsitzende lebt mit seiner Frau in Künzelsau.

# Das Erkennen meiner „Mitten"

Ja, was ist denn „Mitte" für mich? Eine Frage, die ich mir bis dato eigentlich noch nie so gestellt habe.

Also, ein Punkt, der von mindestens zwei anderen Punkten
exakt gleich weit entfernt ist.
Egal ob links oder rechts davon,
oben oder unten,
von schräg hinten nach schräg vorne
und so weiter ...
Immer gleich weit weg.
Das ist die eine Mitte, streng geometrisch gesehen.

Da gibt es aber noch meine persönliche ...

Urlaubsende, Ende einer Dienstreise.
Ich fahre in Kupferzell von der Autobahn ab, die Kupfersenke durch,
an Gaisbach vorbei hinunter ins Kochertal.
Nach der dritten Kurve wird der Blick frei auf Künzelsau.
Hier merke ich immer wieder, dass ich jetzt wieder ankomme,
in meiner geografischen Mitte,
meinem Hohenlohe, meinem Kochertal, meinem Künzelsau.
Ein gutes Gefühl.
Jedes Mal ein wunderschöner Augenblick.

Heiliger Abend,
in der übervollen Johanneskirche ist die Christvesper zu Ende.
Man wünscht sich fröhlich und festlich gestimmt,
wie seit ewiger Zeit,
„Frohe Weihnachten".
Ich mache mich mit meinen Söhnen Alex und Andi,
wie seit ewiger Zeit,
zu Fuß auf den Heimweg, hoch zum Südhang.
Meine Frau Ingrid und meine Tochter Anna sind bereits vorgefahren
und treffen die letzten Vorbereitungen für den Heiligen Abend.
Kurz bevor wir ankommen, beginnt,

wie seit ewiger Zeit,
das „Engelesblasen" auf dem Turm der Johanneskirche.
Wir drei halten inne, lauschen den Tönen von „Stille Nacht, heilige Nacht".
Schauen hinunter auf die festlich beleuchtete Stadt, es schneit leicht.
Wir gehen gedankenverloren die letzten Schritte nach Hause.
Mittlerweile ist der Rest der Familie eingetroffen:
meine Mutter, die Schwiegereltern, die Schwägerin Dorothee und Anton, ihr Hund.
Alle sitzen wir um den Weihnachtsbaum und singen, außer Anton,
wie seit ewiger Zeit,
Weihnachtslieder.
Und jetzt erkenne ich, wieder einmal mehr, meine familiäre Mitte.
Ein gutes Gefühl.
Und auch jetzt ein wunderschöner Augenblick.

Neuenstadt, Sommer Open Air mit Annâweech im Rahmen der Freilichtspiele.
Molle und ich bauen auf. Boutsch, Gassi und Frett kommen nach und nach.
Noch ist kein Publikum da.
Der Blick nach oben in die noch leeren Zuschauerränge macht doch Lampenfieber.
Ausverkauft.
Wie wird wohl die Stimmung werden? Hält das Wetter? Wird der berühmte Funke
überspringen?

Schlussphase.
Über 700 Kinder, Frauen und Männer stehen, in die Hände klatschend
und singen aus voller Kehle zusammen mit uns „Hohenloher Land".
Unglaublich! Wie der ganze Abend.
Der Funke ist, glaube ich, schon beim ersten Lied gesprungen.
Ein Beispiel für viele erfolgreiche Konzerte in der Vergangenheit und weitere sind
bis heute gefolgt.
Da auf der Bühne,
inmitten meiner Freunde und Bandkollegen,
erkenne ich, wieder einmal, meine musikalische, ja, in diesem Fall auch
ganz besonders meine emotionale Mitte.
Wieder ein gutes Gefühl.
Und auch dieses Mal ein wunderschöner Augenblick.

Viele dieser Augenblicke, dieses Erkennen meiner „Mitten" fallen mir,
wenn ich jetzt darüber nachdenke, wieder ein.
Jedoch fehlt mir meistens in dem Augenblick, in dem sie stattfinden,

dieses ganz bewusste, gegenwärtige Erleben.
Es findet meistens erst so richtig in der Erinnerung statt.
Eigentlich schade.
Beides, die Erinnerung, aber auch der Augenblick ist so wichtig.
Ich werde daran arbeiten.

*Februar 2016, Harry Weber*

**„ Ich bin eine Suchende. "**

**Hiltrud Müller** wurde 1942 in Völklingen geboren und ist seit 1947 Vollwaise. Seit 15 Jahren ist sie Dozentin an der Evangelischen Fachschule für Sozialpädagogik Schwäbisch Hall und ist ehrenamtlich aktiv.

# Die Mitte meines Lebens

Denke ich über den Begriff „Mitte" nach, so muss ich feststellen, dass dieses Wort so gar nicht so recht in meine Entwicklung und Erfahrung passt. Warum?

Meine Kindheit war durch Armut (Vollwaise) geprägt. In der Nachkriegszeit stellte ich schon früh fest, dass es gutmeinende und hilfsbereite Menschen gab und solche, die nur ihr eigenes Wohl im Auge hatten. Meine zwei Brüder, meine Zwillingsschwester und ich meisterten den Alltag auf unsere Art. Hier fängt für mich – ab etwa dem sechsten Lebensjahr – die bewusste Sozialisation an. Mit meiner fröhlichen Art und einem Auf-die-Leute-Zugehen fiel es mir leichter, Menschen für mich und meine Interessen zu gewinnen. Meiner Schwester fiel dies viel schwerer. Obwohl wir Zwillinge bis ins Teenager-Alter die fast gleiche Sozialisation durchliefen, entwickelten wir uns im Wesen doch sehr unterschiedlich. Hinzu kam, dass für unsere Großmutter als Flüchtling aus Schlesien das Saarland sehr fremd war. Noch heute höre ich den von ihr immer wiederkehrenden Satz: „Ihr müsst selbstständig werden!" Das schien das oberste Gebot zu sein. Nicht auf Kosten Anderer, sondern selbstständig, eigenverantwortlich – auch als Kind – zu leben. Dies war als Flüchtlinge für uns Kinder im Nachkriegsdeutschland nicht immer einfach. Als Kind hatte ich wohl doch ein gutes Gefühl für Menschen, die mir behilflich waren. Entwicklung hieß für mich, im Nachhinein betrachtet, sich an Menschen zu orientieren, die mich in meiner Meinung, meinem Denken weiterbrachten. Ich habe mich zwar an ihnen orientiert, aber ich wollte nicht unbedingt so werden wie sie. Es war ein „existenzielles Suchen". Aber was bedeutet für ein heranwachsendes Kind Existenz? Zunächst „Sattwerden". Warum werden andere Menschen satt, hatten Wohnung, Auto, einen selbstgewählten Beruf? Da wurde mit schon früh klar, dass ich aus meiner Situation herauskommen wollte. Aber wie?

Jetzt kam die evangelische Kirchengemeinde ins Spiel. Großmutter setzte auf diese große Hoffnung, wurde aber enttäuscht. Einer alten Frau mit vier Kindern zu helfen, war wohl vielen Menschen nicht möglich – man hatte mit sich genug zu tun. Flüchtlinge kamen zudem in der Rangordnung erst weit unten. Es kam aber Hilfe von einer anderen Glaubensrichtung. Mitglieder einer Neuapostolischen Gemeinde aus einem vier Kilometer entfernten Ort luden uns in ihre Kirche ein und versorgten uns am Sonntag mit Mittagessen. Wir wurden satt! Also lief unsere Kleinfamilie den weiten Weg in diese Kirche. Was der Großmutter dort inhaltlich nicht gefiel, sagte sie uns auch. So ließ sie uns zum Beispiel trotz neuapostolischem Verbot in die Tanzstunde gehen, weil „Tanzen zum Leben gehört". Auch an anderen Stellen war Großmutter sehr pragmatisch; von „Wohlgefallen" der Gemeinde gegenüber war keine Spur. Sie war nicht undankbar, aber realistisch. Die Einstellung, den Leuten nach dem Munde zu reden oder dieses und jenes zu tun, weil das so erwartet wurde, hat sie uns nicht vorgelebt! Ihr Motto „eigene Wege gehen" hat mir früh gefallen und ich habe dies auch immer wieder ausprobiert. Ich verließ oft den Pfad des Gehorsams und des Wohlverhaltens, obwohl dies erwartet wurde. Brauchte ich eine „Mitte", um anderen zu gefallen? NEIN! Ich wollte mich in meiner Entwicklung nicht einschränken lassen. Schnell begriff ich, dass unsere Jungs einen anderen Status in der Gesellschaft hatten als wir Mädchen. Dem setzte ich entgegen, dass ich zum Beispiel auch Fahrrad fahren und nicht nur auf Rollschuhe beschränkt sein wollte. Ich habe alles, bei dem, in meinen Augen, geschlechtliche Unterschiede gemacht wurden, infrage gestellt und anderes ausprobiert.

Auch gegen Oben und Unten in der gesellschaftlichen Ordnung ging ich an. So wurde ich als Banklehrling von einem Abteilungsleiter zum Kaffeeholen in die Cafeteria geschickt. Dies lehnte ich kategorisch ab, da ich nicht als Kaffeeholerin eingestellt sei und er doch bitte, wie alle Kollegen, selbst in die Cafeteria gehen sollte. Trotz großer Aufregung ging ich gestärkt aus dieser Situation heraus und verbuchte diesen Vorfall unter „sich rechtzeitig wehren, gegen Dinge, die ich so nicht will". Auch diese Lehrzeit war nicht geprägt durch „Mitte" und „Wohlverhalten". Trotzdem wurde ich bei einer internen Umfrage der Bank als beliebtester Lehrling benannt.

Ich glaube schon, dass im allgemeinen die Gesetze und Regeln eingehalten werden sollten, um Konflikte zu vermeiden. Wenn aber die eigene Sozialisation zeigt, dass man seine Interessen auch auf eigenen Wegen verfolgen kann, ohne auf große Nachteile oder Schaden zu stoßen, dann sollte dies auch möglich sein. Hier kommt nun eine weitere Komponente hinzu: WIE setze ich mich für meine Belange ein? War eine Situation oder ein Vorhaben noch so schwierig, konnte ich feststellen, dass nicht Zank, Streit oder gar Gewalt zum Erfolg führten, sondern dass mir mein wohl freundliches Wesen immer wieder half, meine Meinung zu vertreten und gegebenenfalls auch durchzusetzen. So habe ich mich als erwachsener Mensch im kirchlichen und politischen Bereich engagiert.

In meinem gesamten Leben sah ich meinen Platz nicht in einer diffusen Mitte, sondern links davon. Es war im Beruf und nach einem späteren Studium der Sozialpädagogik (3. Bildungsweg) selbstverständlich, dass ich die Interessen derer vertrat, die – wie ich – aus einer Situation kamen, wo ihnen nichts in den Schoss gelegt oder durch Beziehungen der Lebensweg geebnet wurde. Ich lernte bald, dass es großer und permanenter Anstrengungen bedarf. Mit der sogenannten Mitte nach dem Motto „allen Recht und niemandem Weh" mitzulaufen genügt nicht. Ich ließ mich nicht beirren und freute mich an den Rückmeldungen der Klienten, denen ich in der Beratungsstelle ein Stück weiter helfen konnte. Auch bei den Anstellungsträgern spielte zunehmend die Evangelische Kirche eine Rolle, zu der wir als Familie noch vor unserer Konfirmation zurückgekehrt waren. Die Enge und lebensfremde Verbote in der neuapostolischen Religionsgemeinschaft führten nicht zu einer Entwicklung, die förderlich war. Aber für das gute Essen bin ich heute noch dankbar …

Die Pfarrfamilie in einer kleinen Kirchengemeinde wurde mein Vorbild. Mir gefiel am Pfarrer, meinem Chef als Kindergartenleiterin, seine kritische Haltung zur konservativen Politik in Deutschland. War das die Mitte? Er musste sich gegenüber seiner Landeskirche zurückhalten und pendelte sich so doch in der Mitte ein. Ich merkte, dass diese Haltung nicht mein Weg war. So habe ich mich politisch weiter links orientiert. Später lernte ich in der Diakonie eine andere Seite kennen. Die Diakonie, die immer für die Nöte der Menschen Ansprechpartner war und ist, konnte und musste auch als Institution innerhalb der Landeskirche – aus meiner Sicht – eine andere Position vertreten. Dies gefiel mir. Hier fand ich in zwei Landeskirchen Heimat und sah meine Mitte auf der linken Seite der Kirche. Ein Umzug nach Württemberg zeigte mir dann, dass es in der dortigen Landeskirche drei Richtungen gab, die letztlich als Rechts, Links und eben als Mitte gelten konnten. Ich zog nach einer Kirchenwahl als Vertreterin des linken Flügels, der „Offenen Kirche", in die Landessynode in Stuttgart ein. Dort vertrat ich drei Bezirke, die noch nie von der „Offenen Kirche" vertreten wurden. Diese zwei Legislaturperioden – also zwölf Jahre – zeigten mir sehr deutlich, wie hier Positionen vertreten werden. Schnell lernte ich, dass es bei der Suche nach Unterstützung eigener Anliegen und Anträge in der Synode bei anderen Gruppierungen zunächst voraussehbare Positionen gab.

Die sogenannte „Lebendige Gemeinde", die sehr pietistisch geprägt ist, sagte Ja oder Nein zu den Anliegen (Diskussionen fruchteten nicht, aber es gab klare Antworten).

Die Gruppierung der Mitte, Evangelium und Kirche, war genau das, was mich das Leben lehrte: Nicht Fisch und nicht Fleisch. Dieses Lavieren machten sie zum schwierigen Diskussionspartner. Bei dieser Gruppierung konnte man sehen, dass sie es sich mit der Landeskirche nicht verscherzen wollte. Man hielt sich vielfach bedeckt und versprach sich, auf der Karriereleiter weiterzukommen. So stand mir die linke Gruppierung, die „Offene Kirche" nahe. Sie entsprach meinem Lebens- und Glaubensstandpunkt.

Nun wurde ich in ein übergeordnetes Gremium gewählt – das der Evangelischen Kirche in Deutschland (EKD). Jede Landeskirche entsendet ihre gewählten Vertreter in die EKD-Synode, die einmal im Jahr acht Tage tagt. Hier erfuhr ich, dass außer Württemberg keine andere Landeskirche – zu meiner Zeit – solche Gruppierungen besaß. Bei Diskussionen und Entscheidungen suchte man Kontakte zu solchen Synodalen, die der eigenen Meinung am nächsten standen. Dies verlief allerdings nicht anders als in der Württembergischen Landessynode. Man versuchte, auf diesem Weg zu einem Kompromiss zu kommen, der noch akzeptabel war. Es war oft so wie im politischen Leben: Gebe ich Dir, gibst Du mir – ein regelrechter Kuhhandel. Die Rolle der „Mitte" hatte sich für mich nicht verändert – sie blieb ihrem „Wischi-Waschi-Prinzip" treu.

Meine Erfahrungen in kirchlichen Gremien hat kaum jemand treffender formuliert als der berühmte Theologe Karl Barth während eines Vortrags am 5. Dezember 1938 in Zürich Wipkingen: „Eine Kirche, die aus lauter Angst, nur ja nicht in den Schein zu kommen, Partei zu ergreifen, nie und nimmer Partei zu sein sich getraut, sehe wohl zu, ob sie sich nicht notwendig kompromittiere: mit dem Teufel nämlich, der keinen lieberen Bundesgenossen kennt als eine um ihren guten Ruf und sauberen Mantel ewig schweigende, ewig meditierende, ewig neutrale Kirche: eine Kirche, die allzu bekümmert um die doch wirklich nicht so leicht zu bedrohende Transzendenz des Reiches Gottes – zum stummen Hund geworden ist." Letztlich ist diese Aussage auch über die Kirche hinaus anwendbar. In vielen Fragen gilt es, Partei zu ergreifen – etwa für die Unterdrückten und Verfolgten unsere Tage. Neutral zu sein – in der Mitte zu stehen – kann für mich in vielen Situationen keine akzeptable Haltung sein.

Als Fazit meiner kurz gefassten Lebensgeschichte will ich versuchen, den Mittelpunkt – die Mitte – für mich zu reflektieren. „Mitte" heißt für mich, letztlich einem klaren Standpunkt auszuweichen. Dies soll nicht heißen, Kompromisse immer und überall abzulehnen. Aber dann gilt es, von einer eigenen klaren Position abzuwägen, ob jener Kompromiss für mich tragbar ist. Natürlich war die Kindheit und Jugend geprägt davon, Beachtung zu finden oder gar im Mittelpunkt zu stehen. Es galt, sich aus der Masse durch sich selbst hervor zu heben. Allein die Person galt. Hinzu kamen die Träume von einem anderen, besseren Leben. Im Nachkriegsdeutschland und besonders als Mensch der Unterschicht war der Traum da, es einmal besser zu haben und weiter oben auf der Leiter zu stehen. Vielleicht war dies ein zentraler Gedanke, Wunsch und Traum (und wenn es nur der Traum war, endlich genug zum Essen haben)! Dieses Gedankengut konnte aber so nicht isoliert bleiben. Es bedarf des politischen Kampfes um eine höhere Lebensqualität, die ich in meiner Situation mit linken Einsichten und Erkenntnissen verband. 1969, mit der Wahl von Willy Brandt, war für mich ein Traum erreicht.

Im beruflichen Umfeld zog ich mit 17 Jahren die Reißleine. Meine Beschwerde während meiner Lehrzeit bei der Sparkasse in Saarbrücken rief Erstaunen und Unverständnis hervor. Ich monierte in der Kredit- und Darlehensabteilung die hohen Zinsen, die die Kunden und Darlehensnehmer zu zahlen hatten. Bei der Berechnung von Zins und Zinseszins fand ich es schon in den 1960er Jahren ungerecht, den Menschen soviel Geld „abzuknöpfen". Da ich kein Verständnis bei den Kollegen fand, zog ich mich aus diesem System heraus. Es sollte durch meine Arbeitskraft nicht noch unterstützt werden. Eine Veränderung habe ich damals sicher nicht bewirken können. Ich hatte und habe jedoch bis heute ein gutes Gefühl, diese Entscheidung getroffen zu haben. Auch hier sehe ich mein Handeln „nicht aus der Mitte heraus". Ich wollte dahin, wo Veränderung möglich war. Mein Traum hatte nie den Anspruch, die Welt zu verändern. Doch vielen Menschen in der Beratungszeit bei der Diakonie Hilfe zu geben, war ein konkretes Ziel. Eine fremde Frau kam eines Tages auf der Straße auf mich zu, umarmte mich und gratulierte mir zum runden Geburtstag (es stand in der Zeitung). Sie fügte hinzu: „Wenn es mehr Menschen wie sie gäbe, sähe die Welt anders aus!" Diese Aussage war mir Antriebskraft, meinen eingeschlagenen Weg fortzuführen. Welche Rolle spielte dabei die Evangelische Kirche oder die Religion?

Je tiefer ich in das System „Kirche" einstieg, umso mehr bewegte ich mich aus ihrer Mitte heraus zu meinem kritischen Standpunkt. Zudem teile ich die Überzeugung des Dalai Lama: „Ethik ist wichtiger als Religion." Zum Schluss möchte ich noch einmal betonen, dass „Mitte" für mich weder in den Kulturen, noch bei dem Individuum notwendig ist. Die Mitte, der Mittelpunkt, ist bei dem Menschen selbst, wo er steht und agiert zum Wohle aller. So möchte ich als Frau in dieser Männer-betonten Welt auch der Kirche sagen können und dürfen: „Ich bin eine Suchende" – auch wenn ich, wie geschehen, die Antwort erhalte „Schade"!

*Januar 2016, Hiltrud Müller*

## 99 Was wollen wir aussagen? 66

**Ingrid Richter-Wendel** wurde 1933 in Radensdorf (Spreewald) geboren. Sie steht seit ihrem zwanzigsten Lebensjahr auf der Bühne und ist seit 1969 Esemblemitglied im Theater Heilbronn.

# Das Leben ändert sich – die eigene Mitte auch

Es gibt Menschen auf dieser Welt, die mich sofort in ihren Bann ziehen. Von denen ich die Augen einfach nicht abwenden kann. Menschen, die mich mit all jenem, was sie tun und sagen, faszinieren.

Genau so ein Mensch ist Ingrid Richter-Wendel.

Ich treffe die Schauspielerin, die seit weit über vierzig Jahren am Theater Heilbronn spielt, an einem kalten Freitag im Februar. Wir haben uns in einem kleinen Heilbronner Café verabredet, in dem der Kuchen noch selbst gebacken wird. Es ist ihr Vorschlag, sich dort zu treffen. Und mir gefällt er. Der Raum duftet nach frischem Kaffee, bunte Macarons liegen in der Auslage, die Bedienung grüßt freundlich. Es verspricht, ein angenehmer Morgen zu werden. Ich suche einen Platz in einem hinteren Winkel des Hauses, um in Ruhe mit Ingrid Richter-Wendel sprechen zu können.

Und da kommt sie. Warm eingepackt, eine Baskenmütze auf dem Kopf, ein dicker Schal um den Hals – der Kälte trotzend. Die Person, die da plötzlich vor mir steht, verkörpert all das, was ich nicht unmittelbar mit einer 83-jährigen Schauspielerin in Verbindung bringe: Elan, Bodenhaftung, Nähe, Jugend. Ihre Augen strahlen freundlich, ein warmes Lächeln und ein sanfter Händedruck, verbunden mit den Worten: „Sind wir zum Interview verabredet?". Ingrid Richter-Wendel bestellt einen Latte Macchiato und ehe wir uns versehen, sprechen wir über ihre Kindheit, den Krieg, ihre Jugend, ihren Weg zum Theater, über ihr Leben.

„Als der Krieg anfing, kam ich in die Schule – ich war sechs Jahre alt. Und man spürte die Unruhe der Erwachsenen. Daran kann ich mich noch gut erinnern", sagt Richter-Wendel und ich merke, dass sie in diesem Moment ganz bei sich ist. Das Thema scheint ihr – auch heute, so viele Jahre nach Kriegsende – noch immer sehr nahe zu gehen. Doch das war nicht immer so. „Als Kinder haben wir natürlich nicht verstanden, was Krieg ist. Bevor er kam, hat man von den Erwachsenen immer nur gehört ‚Wenn bloß kein Krieg kommt'". Ingrid Richter-Wendel selbst fand die Vorstellung zunächst spannend. Für sie und ihre Geschwister klang das alles nach einem großen Abenteuer, erzählt sie und lächelt wehmütig. „Dann wurde mein Vater eingezogen, nach Russland als Sanitäter. Das fand ich nicht so toll."

Ihre Mutter, so erinnert sich Ingrid Richter-Wendel, habe zu dieser Zeit viel geweint – und dennoch: Den drei Kindern gegenüber versuchte sie stets, Ruhe auszustrahlen, stark zu sein, den Kindern Sicherheit zu geben. „Das Radio lief zu dieser Zeit immer. Der Krieg war überall." Und dann war er auch in Deutschland, in Berlin und in der näheren Umgebung – dort, wo Ingrid Richter-Wendel aufgewachsen ist. „Mit ihm kamen die Bomben und die Zerstörung", erinnert sie sich und wird immer leiser.

Plötzlich ist Ingrid Richter-Wendel ganz ruhig, nahezu verstummt. Ihre Augen füllen sich mit Tränen, die sie aber zurückhalten kann. Sie kämpft mit sich – so scheint es mir zumindest. Ich bin unsicher und weiß nicht, ob ich mit dem Thema Krieg alte Wunden in ihr geweckt habe. Doch das allein ist es nicht. Im nächsten Moment schaut sie mich klar an und sagt einen Satz, den ich so schnell nicht wieder vergessen werde: „Die Mitte, die bröckelt gerade in Heilbronn."

> **Die Mitte, die bröckelt gerade in Heilbronn.**

Was meint sie damit, frage ich mich – und sie. Die Erklärung folgt prompt. Es ist die Flüchtlingskrise, die sie umtreibt, die ihre Mitte – und die ihrer geliebten Stadt – ins Wanken zu bringen scheint. Ingrid Richter-Wendel ist eine jener wenigen Zeitgenossen, die den Zweiten Weltkrieg miterlebt haben. Es werden immer weniger Menschen, die aus erster Hand die Ereignisse von damals schildern können. Diese Zeit hat sie geprägt, sehr sogar. Das merkt man auch, wenn man mit ihr über die aktuelle politische Lage spricht. „Es treibt mich um, dass immer mehr Menschen nach Europa strömen und dass es hier welche gibt, die ihnen die Hilfe verweigern wollen." Sie ist nachdenklich. Sie ist wütend. „Viele sagen, jetzt kommen die zu uns und wollen alles von uns. Ich sage das nicht. Denn so ist es nicht." Auch hier zieht sie Rückschlüsse zum damaligen Krieg in Deutschland. Dennoch erkennt sie einen Unterschied zu früher. „Im Zweiten Weltkrieg waren die Fronten klar, alles war viel klarer. Jetzt ist alles so komplex. Und viele suchen die Schuld bei anderen. Bei Angela Merkel etwa. Das ist aber nicht so." Es schockiert sie, dass es auch Menschen in ihrem Umfeld gibt, die so denken, die so reden. Davon, so meint sie, will sie sich distanzieren. „Jetzt wollen manchen Mauern bauen – um Europa, um Deutschland", sagt sie kopfschüttelnd. Auch ein Bekannter vertrete diese Meinung. Ihm habe sie erwidert: „Lasst uns doch die alten Stadtmauern wieder errichten, wie damals im Mittelalter. Dann bleiben bestimmt die Menschen draußen." Auf diese Antwort sei sie nur schräg angesehen worden.

Dennoch, Ingrid Richter-Wendel steht dazu – und das beeindruckt mich. Sie ist keine Frau, die mit dem Strom schwimmt oder versucht, den leichteren Weg zu gehen, wenn es einmal ungemütlich wird – das merke ich an diesem Vormittag schnell. Vielmehr ist sie eine Frau mit einer Meinung. Eine Frau, die nicht müde wird, hinter dem zu stehen, was sie sagt, was sie denkt, was ihr Halt im Leben gibt. „Im Leben ist es so, dass man hinter die Kulissen schauen muss. Man braucht Hintergrundwissen, um manches zu verstehen. Man muss auch unter die Oberfläche blicken. Geschichte hört nie auf – umso wichtiger ist, dass man sich damit auseinandersetzt. Damals wie heute."

Diese Einstellung scheint bei Ingrid Richter-Wendel in allen Lebenslagen Gültigkeit zu haben – auch, oder vor allem in der Schauspielerei. „Man muss sich immer die Frage stellen: Was wollen wir aussagen? Mit dem Theaterstück an sich? Mit den einzelnen Rollen? Wie wollen wir beim Publikum ankommen? Soll das Publikum nachdenken müssen oder nicht?" Dann, so glaubt sie, stellen sich auch Emotionen ein und das Geschehen auf der Bühne wird greifbar. Der Erfolg gibt ihr recht. Seit über sechs Jahrzehnten steht die Frau, deren Markenzeichen ihr feuerrotes Haar ist, inzwischen auf der Bühne. Es gibt kaum eine Rolle, die sie noch nicht mit Leben gefüllt hat. Sie war Puffmutter und Geliebte, Mutter und Tochter, Königin und Untergebene, hart und herzlich.

> **„ Wie wollen wir beim Publikum ankommen? Soll das Publikum nachdenken müssen oder nicht? "**

Wichtig, so verrät sie mir, war ihr immer, sich mit ihrer Rolle zu identifizieren. Auch wenn das nicht immer einfach war. „Es gab auch Stücke, die ich anfangs nicht verstanden habe", gibt sie zu und schaut verschmitzt. Lessings Emilia Galotti etwa sei zunächst so ein Stück gewesen. „Emilia wird vom Prinzen begehrt. Und ich habe einfach nicht verstehen können, warum sie das so derartig umtreibt und verwirrt macht. Ich habe versucht, mich in die Rolle hineinzuversetzen, mich mit der damaligen Erziehung und den Traditionen zu identifizieren." In Teilen, sagt Richter-Wendel lachend, sei das auch gelungen. Dennoch: Bei der Premiere habe sie mit so viel Elan gespielt, dass sie bäuchlings auf die Bühne gefallen sei. „Ich stand so unter Schock und war irritiert – dann wusste ich, wie sich Emilia gefühlt haben muss."

Auf meine Frage, wie sie ihre Mitte beschreiben würde, gibt sie mir eine knappe Antwort, aber eine, bei der ich spüre, dass sie von Herzen kommt, dass sie echt ist: „Mein familiäres, mein berufliches und mein kulturelles Umfeld. Das ist meine persönliche Mitte." Doch auch bei einer Frau, wie Ingrid Richter-Wendel eine ist, musste das erst reifen. Es war ein Prozess. „Früher hätte ich meine Mitte vielleicht anders beschrieben. Das liegt daran, dass sich alles im Leben ändert, entwickelt. Die Menschen selbst, aber auch – und das war bei mir wichtig – das Theater um mich herum. Heute ist mir meine Mitte sehr viel bewusster als früher und ich schätze sie noch mehr. In der Jugend habe ich vieles genommen, wie es gekommen ist und habe nicht vieles hinterfragt."

Und auch bei Ingrid Richter-Wendel kam es vor, dass ihre innere Mitte wieder und wieder auf die Probe gestellt wurde. Ihr erster Ehemann, ein Intendant aus West-berlin, starb 1968. Mit nur 35 Jahren und als Mutter dreier kleiner Kinder wurde Ingrid Richter-Wendel zur Witwe. „Ich habe einen Kondolenzbrief vom damaligen Heilbronner Intendanten Walter Bison erhalten – mit dem Angebot, vorzuspre-chen", erinnert sich die heute 83-Jährige an diese schwere Zeit. Sie erzählt mir, wie sie das Angebot wahrgenommen habe, wie sie nach Heilbronn gekommen sei. In der Spielsaison 1969/70 wurde sie fester Bestandteil des Heilbronner Theaters. Richter-Wendel erinnert sich, wie liebevoll sie in Heilbronn aufgenommen wurden – von den Menschen im Beruf, im Haus, einfach überall. „Mich haben so viele Leu-te unterstützt. Ohne sie hätte ich das damals wahrscheinlich gar nicht geschafft. Die Herzlichkeit war groß."

Herzlichkeit, Unterstützung, Hilfe – auch bei diesen Stichworten springt Ingrid Richter-Wendel von der Vergangenheit in die Gegenwart. Wie aus dem Nichts fragt sie mich: „Es reden alle immer von ihren Werten. Ich frage mich, wo sind sie denn? Wo? Die Herzen der Menschen verhärten sich mehr und mehr. Das verstehe ich nicht", sagt sie voller Wehmut in der Stimme. Ihre Frage zielt wieder auf die Situation der Flüchtlinge ab. Ich merke, wie sehr sie dieses Thema umtreibt. Doch die Schauspielerin scheint nicht bereit zu sein, all das, was derzeit passiert, zu ak-zeptieren. „Mich macht diese Entwicklung sehr traurig." Von manchen Menschen in ihrem ehemaligen Umfeld hat sie deswegen Abstand genommen. „Ich kann doch nicht so denken, nur weil ein anderer so denkt. Da müsste ich meine Mitte anpassen – und das kann und möchte ich nicht." Wie sie das so sagt, habe ich fast das Gefühl, mir säße plötzlich eine andere Person gegenüber: Die jugendliche Frau voller Lebenslust und Frohsinn, die mich zuvor mit der Neugier eines Kindes ansah, wird dann ganz ruhig, ihr Blick wirkt, als würde er ins Leere gleiten. „Wenn ich die zerstörten Städte in der Welt sehe, dann denke ich automatisch wieder an meine Kindheit und an Berlin zurück. An die Zeit, an den Krieg. Wir leben in einer Zeit, die nicht lustig ist, sondern sehr schwer. Für mich ist das alles nur auszuhalten, weil ich meine Mitte im Leben gefunden habe."

*Februar 2016, Interview: Lydia-Kathrin Hilpert, PROMAGAZIN*

**Sprache fungiert als Vermittler.**

**Jonathan Müller** wurde 1996 geboren. Er besuchte die Realschule, um nach der Mittleren Reife das Abitur zu absolvieren. Der 20-Jährige lebt heute in Tübingen, wo er Evangelische Theologie studiert.

# Ein guter Vermittler schafft sich selbst ab

Mitte – was besagt dieser Begriff eigentlich? Tatsächlich sind es gerade die Alltagsworte, welche eine besondere Betrachtung verdienen, da sie sich im Lauf ihrer Rezeptionsgeschichte mit einer Vielzahl von Bedeutungen aufladen, die im Zuge ihres Alltagsgebrauchs allerdings oftmals untergehen. Auch bei „Mitte" ist dies der Fall: Auffällig ist zunächst die Vielzahl der Nebenbedeutungen. So bedeutet sie für einen Politikwissenschaftler etwas anderes als für einen Mathematiker. Ersterer mag an Parteikonstellationen denken, eine, wie der Duden formuliert, politische „Gruppierung zwischen links und rechts." Der Mathematiker dagegen verwendet den Begriff „Mitte" auf den ersten Blick ungleich abstrakter. Man denkt hier unwillkürlich an den Durchschnitt, welcher auch als arithmetisches Mittel bezeichnet und als Hochpunkt $\mu$ der gaußschen Glockenkurve dargestellt wird. Das mit $\mu$ chiffrierte Ereignis ist dementsprechend dasjenige, dessen Eintreten im Schnitt am wahrscheinlichsten ist. Oder, um es mit dem Arzt und Kabarettist Dr. Eckart von Hirschhausen zu zitieren: „Die Glockenkurve entsteht, weil die meisten eben so wie die meisten sind. Oder anders gesagt: Häufiges kommt öfter vor als Seltenes."

Einen ganz ähnlichen Gedanken findet man in der Literaturtheorie des 18. Jahrhunderts. So spricht der aufklärerische Autor und Literaturtheoretiker Gotthold Ephraim Lessing in einem Brief von einem sogenannten Mittelcharakter, der sowohl positive als auch negative Eigenschaften besitzen soll. Wenn sich jeder mit dem Held eines Dramas identifizieren könne, sei es einfacher, das Theaterpublikum anzusprechen. Um es mathematisch zu formulieren: Der Held entspricht dem emotionalen Durchschnitt des Publikums. Eine empathische Reaktion der Zuschauer ist damit wahrscheinlicher. Der Begriff „Mitte" scheint also das Häufige zu bezeichnen, welches von selteneren Gegebenheiten unterschieden werden kann. Was sich hier abzeichnet, ist eine Definition durch Negation: „Mitte" ist zunächst all das, was es nicht ist. Weder die abflachenden Enden der Gaußschen Glockenkurve sind der Erwartungswert, noch – um auf das Eingangsbeispiel zurückzukommen – ist die Mitte links oder rechts, sondern eben das Nicht-Linke, gleichzeitig aber paradoxerweise auch das Nicht-Rechte. Mitte bezeichnet also einen Zustand des Dazwischen-Stehens, einen Zwischenstand.

In der deutschen Sprache gibt es auch eine Vielzahl an Beispielen, die „Mitte" in einen zeitlichen Kontext setzen: „Mittag", „Mitternacht" oder auch „Mittsommer".

Die Liste ließe sich fortführen. Das eigentlich Verblüffende hier ist, dass „Mitte", ein Begriff aus der räumlichen Dimension, verwendet wird, um einen Zeitpunkt anzuzeigen. Zu dieser Darstellung der Zeit durch den Raum finden sich zahlreiche weitere Beispiele in der Sprache wie „Zeitraum", „Zeitspanne" oder „Zeitfenster", man spricht davon, dass Zeit „vergehe" und in der „Mitte des Lebens" wird „voraus-" oder „zurückgeblickt". Alle diese Begriffe haben eine räumliche Konnotation. Da sich der Begriff der Zeit der unmittelbaren menschlichen Wahrnehmung entzieht, muss die haptische Erfahrung eines Raumes offenbar herangezogen werden, um überhaupt eine Beschreibung zu ermöglichen. Hier zeigt sich zweierlei. Einerseits scheint der menschliche Verstand zu limitiert, um Zeit als Ding zu erfassen, weshalb sie durch einen sprachlich konstruierten Raum gestützt werden muss. Andererseits wird die menschliche Kreativität deutlich: Die schwer verständliche Idee der Zeit wird sprachlich so bezeichnet, dass sie begreiflich wird. Sprache fungiert hier als Vermittler zwischen dem menschlichen Geist und den Dingen, die über die unmittelbare Wahrnehmung hinausgehen.

Das Wort „Vermittler" ist nun auch mit Mitte verwandt. Latinisiert man letzteres, so wird die Funktion der Sprache auf den Punkt gebracht: Sie ist ein „Medium". Auch hier wird ein abstrakter Gedanke durch die räumliche Konnotation des Wortes zu konkretisieren versucht. Vielleicht ist es möglich, diesen Sachverhalt folgendermaßen zu visualisieren: Zwei Menschen stehen einander gegenüber. Damit ein Gespräch stattfinden kann, muss Sprache in Form von Lauten oder Gesten ausgetauscht werden. In Graphic Novels oder Comicbüchern würde dieser Vorgang durch zwei separate Sprechblasen dargestellt werden, um den jeweiligen Redebeitrag einem Dialogpartner eindeutig zuzuordnen. Um Kommunikation als solche darzustellen, ist dieses Modell zwar unzureichend, da die Botschaft nicht nur gesendet, sondern auch empfangen wird, dennoch kann die räumliche Vorstellung, welche einem Medium anhaftet, hiermit gut dargestellt werden. Denn: Der Text befindet sich zumeist in der Mitte, also zwischen den Sprechenden. Damit wird die Vermittlung dargestellt, die nötig für die Herstellung des Kontakts ist. Im Bereich der Sprachen zeigt sich dies neben dem mündlich Erzeugten auch durch Schrift, welche ebenfalls vermittelnde Funktion hat. Interessanterweise muss diese Vermittlung gar nicht zwischen zwei Personen stattfinden. Nimmt man die schriftliche Dimension hinzu, genügt ein einzelner Mensch, der sich beispielsweise eine Einkaufsliste schreibt, um sich im Supermarkt daran zu erinnern, was er braucht. Sprache ermöglicht es hier, die Zeit zu überwinden: So kommuniziert das vergangene Selbst durch die Notiz mit dem gegenwärtigen. Generell lässt sich also sagen, dass „Vermittlung" und „Medium" Konstanten sind, die jeden Kommunikationsprozess bedingen und beeinflussen.

In der Geschichte lassen sich wichtige Vermittlerfiguren finden. So war es in den vordemokratischen Poleis der griechischen Antike im sechsten Jahrhundert vor Christus bei Spannungen üblich, einen sogenannten „Aisymneten" – einen Vermittler zwischen den verfeindeten Parteien – zu ernennen. Einer der bekanntesten ist Solon von Athen, welcher, um den Konflikt zwischen adeliger Elite und Kleinbauern zu lösen, die damalige Verfassung reformierte. Damit begründete er die spätere attische Demokratie entscheidend mit. Diese gesellschaftliche Dimension von „Mitte" zeigte sich in der attischen Demokratie auch räumlich: So war das Versammlungszentrum für alle Bürger häufig an einem zentralen Ort gelegen. Diese architektonische Tradition lässt sich bis ins Mittelalter, teilweise auch bis ins Heute verfolgen: Das Versammlungszentrum des Dorfes war die Kirche, um welche sich die Häuser gruppierten. Neben der Vermittlung der Menschen untereinander war die Kirche des Mittelalters allerdings eine weitere vermittelnde Instanz, zwischen dem Spirituellen und dem Weltlichen nämlich.

Aktuell ist es allerdings weniger die räumliche Mitte, welche gesellschaftliche Zusammenkünfte konstituiert. Stattdessen ist die heutige Kultur durch das Internet verbunden, also nicht mehr an einen Ort gebunden. Dennoch spricht man von den sogenannten „sozialen Medien", die auch vermittelnde Instanzen darstellen. Dies ist allerdings eher auf die bereits beleuchtete abstrakte, sprachliche Ebene bezogen: Das Austauschen von Kurznachrichten und Mails ist nur eine weitere Form von Kommunikation, die ebenfalls medial bedingt ist.

Trotz seiner Wichtigkeit für diese Verständigungen ist ein isolierter Mediator allerdings selbstverständlich sinnlos. Während ein Gespräch erst durch das Medium Sprache ermöglicht wird, würde es die Sprache ohne das Bedürfnis nach gegenseitiger Kommunikation ebenso wenig geben. Ohne eine Gemeinde ist eine Kirche nur ein leeres und auch sinnentleertes Gebäude. Ebenso ist eine Internetplattform abhängig von ihren Nutzern. Was den politischen Mediator im Sinne Solons betrifft, lässt sich jedoch der gegenteilige Effekt beobachten: Leben die ehemaligen Konfliktparteien friedlich zusammen, wird auch seine Funktion obsolet. Nichts weniger aber ist das Ziel eines jeden Vermittlers. Ein guter Vermittler zwischen Konfliktparteien arbeitet also immer daran, sich selbst abzuschaffen.

Da sich unsere Gesellschaft verstärkt mit anderen Kulturen auseinandersetzen muss und müssen wird, wünsche ich mir fähige Vermittler, durch welche eine Verständigung beider Parteien möglich wird – solange, bis sie nicht mehr nötig ist.

*Januar 2016, Jonathan Müller*

**„ Alles woor um d´Kerch rum! "**

**Karl Mündlein** wurde 1942 in Weikersheim geboren und arbeitete viele Jahre als Lehrer. Heute ist er als Lyriker aktiv und schreibt in Hohenloher Mundart. Er lebt in Ammertsweiler, Mainhardt.

# Houlz und Schdooner

## Eiche

Eiche im Brichlinger Wald
finfhunderd Joohr!

Hunger Joohr,
druggene Joohr,
koolde Joohr,
nasse Joohr,
guude Joohr,
schlechde Joohr,
finfhunderd Joohr. –

Rauhe Rinde,
finfhunderd Mool
uffgrisse und
widder zugwachse.

Lecher im Schdamm,
abgschdorbene Eschd –
awwer ned gschdorwe
in finfhunderd Joohr!

Sou schdehe se
heid noo doo,
schdolz, weddergerbd,
mechdich und schdarg
und mole e feins Bild
in d´helle Himmel!

Sou mechd ih
ah omohl
schdehe kenne!

Finfhunderd Joohr –
wer held des schoo aus!


## D´Midde

D´Midde vom Schdädle wor d´Kerch mid em Margdbladz.
Wenn d´ uff em Margdbladz gschdande bischd
und haschd zum hohe Kerchdure nuff guggd,
noo haschd in d´Himml guggd.

Um d´Kerch hads alles gewwe wos d´zum Lewe brauchd haschd:

En Begger,
en Mezger,
en Lebensmiddelloode mid selwergmachdem Eis,
en Milchloode,
en Schusder,
der ah Gedichdli gschriewe had,
en Schmied,
en Haushaldswooreloode,
en Saafeloode,
en Uhrmacher,
en verschdeggde Buchloode –
und zwaa Werdschafde.

Alles woor um d´Kerch rum!

Do wor ah no d´Kindergarde. –
Und dohinder s´Schlouß,
awwer des wor scho e andre Weld.

D´mechdiche Kerch mid seine drei Dure wor in d´Midde!

Do had mer d´ Kiind dafd,
do is mer konfermierd worde,
do had mer gheierd.

Und weid drauße
wor d´Fabrig,
wor d´Bohnhouf,
wor d´Friedhouf.

Awwer d´Kerch im Schdädle wor en bsundere Ord.

Do is mer sunndichs nou gange,
do is mer ruhich worde,
do had mer sei Sorche nou drooche,
do had mer beded,
do had mer d´Orchel glauschd,
do had mer gsunge,
do had mer dem Pfarrer zugherd,
do is sou manche miide Seel ah emohl eigschloofe. –

Do is mer no gschdergd in d´neie Wuche gange.
Ja, d´Kerch
wor domols
d´ Midde.

*November 2015 - März 2016, Karl Mündlein*

## ,, Ganz bei sich sein. ''

**Kurt W. Schatz** wurde 1955 in Stuttgart geboren. Der zweifache Vater ist Evangelischer Schuldekan der Kirchenbezirke Gaildorf, Künzelsau und Schwäbisch Hall und Mitglied der Landessynode Württemberg.

# Gottes hohle Hand – Mitte und tragender Grund
## der Welt und unseres Lebens

Martin Luther wird der Satz zugeschrieben, den er in Worms vor Kaiser und Reich gesagt haben soll: „Hier stehe ich. Ich kann nicht anders. Gott helfe mir! Amen." Ein Mensch, der für sich eine klare Entscheidung getroffen hat; ein Mensch, der weiß, was für ihn wichtig ist; ein Mensch, der bereit ist, die daraus folgenden Konsequenzen zu tragen. In Worms kann man eine Tafel finden, die an den Ort dieses Geschehens erinnert.

Heute würden viele Menschen diesen Satz vielleicht anders formulieren: „Hier stehe ich. Ich kann auch anders. Gott helfe mir. Amen."

> **Hier stehe ich.**
> **Ich kann auch anders.**

In unserer Zeit und in unserer Welt heute gibt es für viele von uns immer ganz viele Möglichkeiten zur Entscheidung. Im Großen wie im Kleinen. Jeder Tag zwingt uns zu Entscheidungen. Und oft wissen wir bei der Fülle aller Möglichkeiten nicht, was wir zuerst tun sollen. Ganz schön anstrengend kann das werden. Ganz schön verwirrend. Ganz schön verunsichernd. Die Gefahr ist gegeben, dass wir uns verirren; dass wir das wirklich Wichtige nicht mehr vom Unwichtigen oder Nebensächlichen unterscheiden können.

### Wo stehe ich in dieser Welt? Wo ist mein Ort?
### Wo ist meine Mitte?

Oft habe ich das Bedürfnis, ganz bei mir zu sein. Zeit für mich zu haben, zum Wahrnehmen und zum Genießen. Bei einem Gläschen Wein, bei einem guten Buch, bei schöner Musik. Das können Glücksmomente sein, Momente der Zufriedenheit, Momente des Eins sein mit sich und der Welt. „Heißa, kann das Leben schön sein!", hat in solchen Situationen mein verehrter Hochschullehrer Hans-Martin Decker-Hauff ausgerufen. Momente des „Ganz-bei-sich-Seins" können aber auch schwere Momente der Trauer und des Leids sein, die auch zum Leben gehören und denen man sich auch stellen muss. Sie sind wichtig für eine Ausgewogenheit der Gefühle.

Wahrnehmen. Zulassen. Aushalten. Wichtige Grunderfahrungen des Lebens. Momente erfüllten Lebens in Freude und Traurigkeit. Und das Grundvertrauen, dass auch die Augenblicke der dunklen Gedanken vorübergehen und Augenblicken der Fröhlichkeit weichen.

Zum Gelingen des Lebens gehören aber auch die Momente des „Ganz-aus-sich-Herausgehens". Es sind die beglückenden Erfahrungen von Gemeinschaft, von Begegnung, von Verständnis und Freundschaft. Die Welt begegnet mir in anderen – gerade oft auch fremden – Menschen. Die Welt begegnet mir in der Natur, beim Betrachten einer Blume oder eines phantastischen Sternenhimmels. Weite. Reichtum an Leben, an Zeit, an erfüllenden Erlebnissen und Erfahrungen.

„Ganz bei sich sein" und „ganz aus sich herausgehen" in einem Wechselspiel. So sollte das Leben sein.

Und all das umschlossen von der Gewissheit – oder von der Hoffnung – , dass diese Welt und unser aller Leben umschlossen ist von Gott und seiner Liebe zu allen Geschöpfen dieser Welt. Vom Ich zum Du, vom Du zum Wir. Im Ich und Wir zum Lob Gottes, der uns alles geschenkt hat. Gott als vertrauensvolles Gegenüber, das uns in Jesus Christus als Mensch und Bruder begegnet – und in jedem Geschöpf dieser Welt. Das als Mitte allen Denkens und Erlebens. Das als Mitte all unseres Seins. Golgatha – Ort von Kreuzestod und Auferstehung. Mitte der Welt. Mitte des Lebens.

> **Vom Ich zum Du, vom Du zum Wir.**

Von diesem festen Vertrauensgrund aus kann jeder Mensch seine Verantwortung in dieser Welt wahrnehmen, für sich, für die Mitmenschen und unsere Mit-Welt. Dazu helfe uns Gottes Geist und Gottes Kraft. Ein Mensch, der aus einer solchen Mitte heraus leben kann, der kann mit den Worten eines bekannten Kanons für sich und andere so singen:

„Dass Erde und Himmel Dir Blühen,
dass Freude sei größer als Mühen,
dass Zeit auch für Wunder, für Wunder Dir bleib
und Frieden für Seele und Leib."

Und mit einem Segensspruch aus Irland:

„Möge dein Weg dir freundlich entgegenkommen,
Wind dir den Rücken stärken,
Sonnenschein deinem Gesicht viel Glanz und Wärme geben.
Der Regen möge deine Felder tränken
und bis wir beide, du und ich, uns wiedersehen,
halte Gott schützend dich in seiner hohlen Hand."

*März 2016, Kurt Wolfgang Schatz*

> ## Ein Bild als Vorsehung. 66

**Margarete Schmidt** wurde am 11. März 1945 in Untersteinbach gebo-ren. Sie lebt in Schwäbisch Hall und in Andalusien. Ihr Leben ist geprägt von der Liebe zu ihrer Familie, zur Natur und zu ihren Mitmenschen.

# Margarita, die Perle

Die folgende Geschichte gibt eine Erinnerung wieder, die mir bei dem Gedanken an das Thema „Mitte" als Erstes in den Sinn kam. Sie ist nicht das Ergebnis einer konkreten Reflexion über das Thema und entspringt auch keinem „Brainstorming". Daher habe ich lange mit mir gerungen, ob ich diese Geschichte überhaupt im Rahmen dieses Buches weitergeben möchte. Weil sie mir aber viel bedeutet und für mich das Intensivste ist, was ich mit dem Thema „Mitte" verbinde, habe ich mich dafür entschieden.

Im Jahr 2006, während der Passionszeit bei abnehmendem Mond, erlebte ich meine eindrucksvollste Heilfastenzeit nach Dr. Otto Buchinger. Warum? Das möchte ich nun erzählen.

Von 2002 bis 2006 fungierte ich unter anderem als Fastenleiterin für die Arbeitsgemeinschaft für gesunde Lebensweise in Schwäbisch Hall. „Das Fasten ist so alt wie die Völker der Erde. Und soweit wir bis in das erste Dämmern der Geschichte der Völker blicken können, finden wir auch immer die zwei Formen des Fastens: Das eigentliche Heilfasten und das kultische oder religiöse Fasten. Im tiefsten Grunde sind diese zwei ja dasselbe. Das religiöse wie das gesundheitliche Fasten gingen beim alten Kulturmenschen ineinander über." Dies sind die ersten Sätze von Dr. Otto Buchingers Buch „Das Heilfasten".

Meine Aufgabe war es, das Heilfasten nach Dr. Otto Buchinger zu organisieren und zu betreuen. Es gab Vorträge von Heilpraktikerinnen zur Einführung ins Fasten, Informationen über die Aufbautage sowie über die Darmsanierung; Aktivitäten in Schwäbisch Hall im Solebad sowie im Haus der Vereine (Augentraining, Meditation). Zwölf Teilnehmer/innen unterschiedlichen Alters nahmen am Heilfasten teil. Einen Teil unserer Fastenzeit verbrachten wir gemeinsam im anthroposophischen Landhaus „Der Quellhof" in Kirchberg an der Jagst, Mistlau. Durch Besinnung und Stille, Begegnungen und Gespräche, Eurythmie, Ausdrucksbewegung, Wanderungen in der Natur und einen Gottesdienst am Sonntag in der Dorfkirche konnten wir uns gut vom Alltag lösen und dem widmen, was uns gut tat. Wir verstanden uns gut und ergaben eine ideale Fastengruppe.

Nun gab es im Quellhof eine Besonderheit. Eine Sandschale mit Pendel. Man konnte das Pendel ansetzen und es zeichnete. Alle ließen sich was zeichnen. Nur ich nicht. Und warum? Weil ich keine Zeit dafür fand. Aber meine Neugierde plagte mich dann doch. Nach unserem sehr guten Fasten-Feedback setzte ich das Pendel an:

Da ich als Organisatorin im Mittelpunkt gestanden und mich inmitten unserer Gruppe sehr wohl gefühlt hatte, setzte ich es in die Mitte. Es fing an zu zeichnen. Es zeichnete kein Gekritzel, es zeichnete unentwegt Kreise. Ingrid, die die Bilder auswerten konnte, meinte, Kreise würden Harmonie bedeuten. Dann kam das Pendel wieder zur Mitte und zeichnete von oben nach unten eine schlauchförmige Muschel mit Bauch, so exakt und strukturell so feingliedrig, wie man sie im Meer finden kann, kam zur Mitte dieser Muschel und zeichnete eine kreisrunde, perlmuttfarbene, strahlende Perle. Dann stand das Pendel still. Es bewegte sich nicht mehr. Bewegt, regungslos verfolgte ich dieses wunderbare Unfassbare.

Ich brauchte keine Deutung des Gezeichneten, alles war klar zu erkennen. Gezeichnet im Sand war eine Muschel mit einer leuchtenden Perle.

> **99 Ich heiße Margarete und Margarete ist abgeleitet vom altgriechischen „margarites" und bedeutet „die Perle". 66**

Ich heiße Margarete und Margarete ist abgeleitet vom altgriechischen „margarites" und bedeutet „die Perle". Über das Lateinische „margarita" kam der Name in den deutschen Sprachraum. Neben dem Griechischen hat das Wort in einer Reihe anderer Sprachen ebenfalls die Bedeutung „Perle". Persisch „Morvarid" genauer "Kind des Lichts", da in der persischen Mythologie die Perle durch die Umwandlung eines Tautropfens durch das Mondlicht entsteht. Georgisch „Margalie" und Sanskrit „ Mañjarí", eigentlich Blütenkranz.

Doch letztendlich sollte Helena, eine Mitfastende und Bekannte, diese wunderbare Zeichnung sehen. Sie kam. Sie kam an das Pendel und das Pendel fing wieder an zu zeichnen. Von rechts nach links zerstörte dieses Pendel mit einem Längsstrich dieses im Sand gezeichnete unfassbare Bild. Ich konnte mir diese Zerstörung nicht ansehen und lief davon.

Tage später gab ich sämtliche Arbeiten, die ich bei der Arbeitsgemeinschaft für gesunde Lebensweise Schwäbisch Hall getätigt hatte, wegen Meinungsverschiedenheiten ab. Helena hatte damit jedoch nichts zu tun.

Dieses Bild zeigte mir meinen Weg. Im Nachhinein habe ich dieses Bild als Vorsehung empfunden. Die leuchtend strahlende Perle war der Mittelpunkt unserer gemeinsamen Fastenzeit und der zerstörerische Längsstrich stellte meinen Austritt aus der Arbeitsgemeinschaft dar.

*Januar 2016, Margarete Schmidt mit Tochter Christiane Schmidt*

„ **Ich helfe heute gerne.** “

**Marleen Härtel** stammt aus der Stadt Wurzen in der Nähe von Leipzig. 2008 kam die 33-Jährige nach Schwäbisch Hall und arbeitet heute als Hausmeisterin in einer Notunterkunft.

# Meine Mitte ist kein Mittelpunkt

Ich bin 1983 in Sachsen geboren. Im Landkreis Muldental in der Nähe von Leipzig. Die Stadt heißt Wurzen. Ich habe noch drei Brüder. In einem Heim bin ich groß geworden. Ich hab eine Kochlehre gemacht und bin Fachkraft im Gastgewerbe – ein anderes Wort für Kellner, eine Vorstufe zur Restaurantfachfrau. Ich lebe hier in Schwäbisch Hall und unternehme sehr gerne etwas mit meinen Freunden. Mein Mann, der einen Minijob hat, und ich leben sehr sparsam. Wir haben zwei Söhne, vier und sechs Jahre alt. Ich fühle mich hier integriert. Hall ist eine schöne Stadt. Ein wenig stört mich, dass Hall klein ist, ich bin größeres gewöhnt – zum Beispiel Leipzig.

2008 bin ich von Sachsen hierher gezogen. Der Arbeitsvermittlung habe ich erzählt, dass ich gerne etwas Soziales machen würde. Durch die Vermittlung bin ich dann in die Schuppachburg gekommen. Seit April 2009 arbeite ich dort ehrenamtlich. Auch in den Freundeskreis Bürger ohne Wohnung bin ich eingetreten.

In Leipzig erlebte ich damals eine schwierige Lebensphase. Ich war nicht mehr in der Lage, meine Miete zu zahlen. Kein Geld für Essen war da. Es drohte, dass ich meine Wohnung verliere. In Leipzig habe ich dann eine Tafel kennengelernt. In einem alten Schulgebäude mit Kantine und Kleiderausgabe war die. Und mit Lebensmittlausgabe. Für einen Euro gab es Mittagessen. Das war so zwischen 2007 und 2008. Ich hab mich selbst abgegrenzt. Meine Freunde haben sich von mir abgegrenzt. In der Zeit war ich auch arbeitslos. Ich fand es toll, wie die Leute in der Tafel sich um mich gekümmert haben. Mit welcher Hingabe sie mich unterstützt haben. Ich habe viele verschiedene Leute kennen gelernt. Wenn man bedenkt... einige von denen waren einmal ganz oben. Das hat mir doch die Augen geöffnet. Wenn es mir heute schlecht geht, helfe ich einfach anderen, das macht mich glücklich. Zum Glück hatte ich in Leipzig einen guten Freund, der mich sehr gut unterstützte – finanziell und seelisch. Aber ich stand kurz davor, auf der Straße zu leben. Mein Vermieter hatte mir eine Räumungsklage angekündigt, sollte ich die Miete nicht bis zu einem bestimmten Zeitpunkt nachzahlen. Im wirklich letzten Moment konnte ich 1.500 Euro auftreiben. In der Zeit habe ich angefangen, sehr

> ,, **Wenn es mir heute schlecht geht, helfe ich einfach anderen.** ‚‚

viel Alkohol zu trinken. Ich war zuvor drogenabhängig. Diese Sucht habe ich mit der Alkoholsucht ausgetauscht. Ich wusste, dass ich auf der Straße landen werde, wenn ich nichts unternehme. Von der Tafel hat mir jemand eine Notunterkunft gezeigt. Das hat mich schockiert, aber auch wachgerüttelt. Es hat mich angetrieben, was zu unternehmen. Es waren am Ende gerade mal fünf Tage bis zum Termin der Räumungsklage. In letzter Sekunde. Ich habe damals Hartz IV bekommen, womit ich Strom- und Telefonrechnungen, aber auch Altlasten abzuzahlen hatte. Ich wusste nicht, was ich als erstes zahlen sollte. Die Miete habe ich anfangs für nicht so wichtig gehalten. Ich war mit meinem Vermieter per Du. Da glaubte ich mich in Sicherheit. Hartz IV – das betrug damals so 200 - 250 Euro. So viel war das nicht. 500 Euro hatte ich insgesamt zum Leben, für Miete und den Strom.

Ich habe gelernt, extrem sparsam zu leben. Das ist heute noch in meinem Kopf. Ich bin stolz auf mich. Sehr stolz bin ich auf mich. Was ich geschafft habe! Meinen Mann habe ich in der Schuppachburg kennengelernt. Von ihm habe ich die Hausmeistertätigkeit in der Notunterkunft hier in Schwäbisch Hall übernommen. 13 Plätze gibt es da. Die Menschen, die hierher kommen, sind froh, wenn sie ein Dach über dem Kopf haben. Manche sind gar nicht in der Lage, zu sprechen. Sie sind froh, wenn sie jemanden sehen, der ihnen die Türe öffnet. Der für sie da ist. Ich unterstütze die Leute auch. Durch Ratschläge. Es gibt aber auch Leute, die sich nicht an die Regeln in der Notunterkunft halten, dann kann es passieren, dass sie wieder im Freien sitzen, aber das sind Ausnahmen. Es ist eine schöne, wichtige, aber auch eine schwere Arbeit.

Unsere Gesellschaft ist ungerecht. Unsere Reichen werden immer reicher und die Armen immer ärmer. Die Mieten, der Unterhalt, alles wird teurer. Auf die Armen wird nicht geachtet. Wie soll sich ein Obdachloser eine Wohnung von 700 Euro leisten, wenn ihm das Amt nur 400 gibt? Es wird versucht, Sozialwohnungen zu bauen. Die sind aber zu schnell weg. Sie reichen nicht aus. Viele Vermieter – Makler schon gar nicht – wollen keine Hartz IV-Empfänger als Mieter. Der Staat sollte da mehr tun. Unsere Gesellschaft sollte die Augen aufmachen. Es sind Handwerker ohne Wohnungen. Sie haben keine Arbeit. Ohne Arbeit keine Wohnung. Ich habe in den letzten Jahren viele Menschen kennengelernt, habe Leute in der Notunterkunft gesehen, die von den Ämtern im Stich gelassen wurden. Die Ämter sollten diese Menschen unterstützen, die Anträge schneller bearbeiten und auf ihre persönlichen Bedürfnisse eingehen. Denn es kann nicht sein, dass es Menschen gibt, die nichts zu essen haben oder die psychisch krank in der Notunterkunft leben sollen.

Ich bin froh, dass ich eine Familie habe. Wenn ich mich ehrenamtlich beschäftige, fühle ich mich in der Mitte. Da gebe ich Hilfe. Da bekomme ich viel zurück. Es ist ein Geben und ein Nehmen. Ich muss nicht im Mittelpunkt stehen. Aber als Ehrenamtliche bin ich in der Mitte. Und das ist genau richtig. Ich helfe heute gerne. Ich werde mir nie ein eigenes Haus kaufen, um mir meine Unabhängigkeit zu bewahren. Meine Kinder und mein Mann kann ich überall mitnehmen, ein Haus nicht. Und wohin ich auch gehen werde: Ich wünsche mir und meiner Familie Zufriedenheit. Dass wir Arbeit haben und uns das leisten können, was wir brauchen. Aber vor allem wünsche ich mir Gesundheit.

*Februar 2016, Marleen Härtel*

> **Tante Frieda war Näherin.**

**Martin Herrlich**, geboren 1968, leitet die Evangelische Fachschule für Heilerziehungspflege in Schwäbisch Hall. Der zweifache Vater ist außerdem Redakteur der Zeitschrift Orientierung, Forum Behindertenhilfe.

## „Wenn die Pyramide sich um ihre Mitte dreht …"

Ich sitze in der kleinen Wohnung von Tante Frieda. Vor mir Pappschachteln aus einer Pappe, die es heute gar nicht mehr gibt. Sie kommen aus einer längst vergangenen Zeit. „Das Wichtigste an einer Pyramide ist die Mitte, die Spindel. Es kommt immer darauf an, dass die sich frei drehen kann. Seit fast fünfzig Jahren begleitet mich die Pyramide jetzt schon. Vorm ersten Advent habe ich sie immer aufgebaut. Dann lief sie und lief sie und lief sie bis zum Dreikönigstag. Da sind immer jede Menge Kerzen verbrannt."

Sommer. Rückkehr vom Urlaub. Bei der Ankunft blinkt der Anrufbeantworter. Zu hören die ungewohnt brüchige Stimme von Tante Frieda. „Martin, kannst du mich mal zurückrufen. Ich muss etwas mit dir besprechen."

Mein Rückruf am nächsten Morgen lässt mich kurz innehalten. Gut, Tante Frieda ist mit fast neunzig Jahren nicht mehr die Jüngste. Aber im Vergleich zum letzten Treffen kommt mir ihre Stimme und Stimmung gealtert vor. „Martin, mir geht es nicht so gut. Ich bin in letzter Zeit mehrfach gestürzt. Ich brauche jetzt immer den Rollator, wenn ich rausgehe. Ich habe das Gefühl, nicht mehr lange zu leben. Ich merke, wie mich meine Kräfte verlassen. Nachts schlafe ich kaum noch. Ich will im Advent keine Kerzen mehr anmachen. Ich habe Sorge, dass ich daran hängen bleibe und dann das ganze Haus brennt. Hast du noch Interesse an der Pyramide? Die hat dir als kleiner Junge immer so gefallen. Ich möchte sie dir gerne übergeben."

Jetzt sitzen wir in Tante Friedas Zweizimmerappartement im Betreuten Wohnen. Vor uns lauter filigran gesägte Holzteile und verschiedene Figuren. All das wird am Ende die Pyramide ergeben, die mir als kleiner Junge immer mindestens 1,80 Meter groß vorkam. „Man fängt mit dem unteren Stockwerk an. Wenn das steht, wird da die Spindel eingesetzt. Vorher kommt ein kleiner Tropfen Öl unten in die winzige Metallschale. Das Öl sorgt dafür, dass sich die Mitte immer leicht drehen kann. Hier, siehst du die Markierung, die ich mal mit dem Kuli gemacht habe. Hier muss die zweite Etage angesetzt werden. Und pass ja auf. Die Holzteile sind so empfindlich. Die brechen schnell ab."

Tante Frieda war Näherin. Sie war es, die mir mein geliebtes Kuschelkissen – kurz Kissi – genäht hat, das mich viele Jahre lang überallhin begleitet hat. Unvergessen auch der echte Nikolausmantel, den mir Tante Frieda mal genäht hat, oder die Außenhülle vom Zirkuszelt, in dem ich stundenlang mit meinem Holztraktor, Holzzirkusanhängern, mit Stofftieren und Playmobil Zirkus gespielt habe.

Sie kam aus dem Osten – so hieß es immer in unserer Familie. Aus einem kleinen Ort im Erzgebirge. Stand plötzlich in dem Dorf, in dem wir lebten und in dem meine Eltern arbeiteten vor der Bürotür meines Vaters auf der Suche nach einem Job. „Ja, damals habe ich gleich gesagt, dass ich mich vor Arbeit nicht scheue, aber dass ich es gar nicht vertrage, wenn mir jemand in mein Tun reinredet. Das hatte ich immer wieder im Leben, da bin ich dann gegangen." Und schon ist Tante Frieda mitten drin im Früher, in Erinnerungen an ihre Kindheit. An ihre Zeit in Berlin.

„Mit zehn habe ich mein erstes Kostüm genäht. Meine Mutter hatte eine Nähmaschine. Als sie weg war, habe ich mir einen Stoff genommen und angefangen, zu nähen. Als meine Mutter wiederkam, hat sie sich fürchterlich aufgeregt, dass ich einfach den wertvollen Stoff genommen habe. Ich hätte den ja total vernähen und ruinieren können. Hatte ich aber nicht. Gelobt hat sie mich nicht, meine Mutter. Ich war dennoch stolz!"

Als ledige Frau war es manchmal gar nicht so einfach, sich in Berlin durchzuschlagen. Ein Berlin der 1940er Jahre. Sie, die zwar mal eine Ausbildung zur Schneiderin begonnen hatte, diese aber abbrach, weil sie im ersten Lehrjahr zu viele Handlangertätigkeiten machen musste und zu wenig Neues lernen konnte, fand Lohn und Brot in einer Nähfabrik. Was wir heute nur noch aus Bangladesch kennen, gab es damals auch mitten in der Hauptstadt. Hunderte Näherinnen in einem großen Saal, die im Akkord Mäntel, Hemden, Jacken, Hosen nähten. „Mal gab es viel zu tun, dann wieder wenig. Dann wurde man halt entlassen. Und hat nach einem neuen Job gesucht. Manchmal wurde auch entlassen, damit Jüngere, Billigere die Arbeit übernehmen konnten. Bei einem Vorstellungsgespräch bin ich mal deutlich geworden, als mir klar wurde, dass, wenn ich komme, eine andere gehen muss. Das mache ich nicht mit, habe ich dem Chef gesagt." In den Nähfabriken wurde man immer wieder auf ihre präzise Arbeit aufmerksam. Während viele andere die Stoffbahnen, die nicht immer optimal zugeschnitten waren, einfach zusammennähten, schaute Frieda vorher und korrigierte wo notwendig.

So schaffte sie es in eine echte Schneiderei. Unter lauter ausgebildeten männlichen Kollegen war sie die einzige Frau und wurde misstrauisch beäugt. Immer wieder musste sie beweisen, dass sie es drauf hat. Geschenkt wurde ihr nichts. Und, wenn ihr reingeredet wurde, ging sie wieder, machte sich auf zu neuen Ufern.

So arbeitete sie eine Zeit als Haushälterin. „Da hat man viel erlebt. Bei einer Ärztin war ich, die hat mich nur ausgenutzt. Da musste ich von morgens früh bis abends spät schuften. Ein freundliches Wort gab es selten." Weggerannt ist Frieda nicht, aber als es dann auch noch Kritik an ihrer Arbeit gab, ist sie weiter gezogen. Nicht heimlich und leise, nein. Deutlich hat sie gesagt, was los ist, sich nicht einschüchtern lassen und ist dann aufrecht gegangen.

Die nächste Stelle in einer Fabrikantenfamilie war schnell gefunden. Hier konnte Frieda viel lernen. Wie serviere ich richtig, wie verhalte ich mich Gästen gegenüber korrekt. Als Dienstkleidung trug sie ein schwarzes Kostüm. Mit Schürze. Die verwitwete Fabrikantengattin führte sie in alle Themen des „Gastgebens" ein. Die beiden Frauen schlossen sich ins Herz, auch wenn sie von der sozialen Stellung meilenweit voneinander entfernt waren. Auch der Sohn und jetzige Vorstand der Fabrik behandelte Frieda respektvoll. „Das war eine gute Zeit. Aber leider wurde es mir auf Dauer zu langweilig. Ich hatte eigentlich nichts zu tun. Ich habe oft mit der Fabrikantenwitwe gesprochen. Bin mit ihr zum Einkaufen gegangen, habe ihr assistiert. Die Lebensmittel ließ man sich dann nach Hause bringen."

So zog es Frieda wieder in die Welt, heraus aus dem gemachten Nest. Eine Verwandte mit einem kleinen Handwerksbetrieb erwartete ein Baby. Der Familienbetrieb brauchte aber dringend die Arbeitskraft der jungen Mutter. Was tun mit dem Baby? Viele Jahre war es Frieda, die die Betreuung und Erziehung übernahm. Noch heute hört man Stolz in der Stimme. Das Kind ließ sich von der Mutter kaum beruhigen. Von ihr jederzeit.

Ja, und dann war da mal dieser „schneidige Offizier". Ja, der sah gut aus, der hat mir imponiert. Was – und was nicht – damals war, verhüllt Frieda in Schweigen. Auch der Krieg taucht nicht auf in ihren Erinnerungen.

„Martin, unten kommt immer die Krippe hin. Wenn alle Etagen stehen, fängt man an, die Figuren hineinzusetzen. Dabei muss man darauf achten, dass die Figuren nach außen schauen. Sonst hat man das Gefühl, sie rennen ohne Unterlass im Kreis. Drehen sich pausenlos um die eigene Achse. Wenn sie nach außen schauen, wirken sie wunderbar mittig, in sich ruhend."

Maria, Josef, das Jesuskind, vier Schafe, ein Schäfer und zuletzt die Heiligen Drei Könige finden ihren Platz um die Mitte der Pyramide herum. Die Figuren sind sehr realistisch und ganz unromantisch aus Kunststoff gestaltet. Ganz anders die drei eher symbolisierten echt Seiffener Kurrendesänger, eine Kirche und zwei Häuser, die die zweite Etage lebendig machen. Zwei in filigraner erzgebirgischer Handarbeit geschnitzte Bäume runden das Sängerensemble ab.

In der obersten Etage sind es vier bunt bemalte Engel in rot, weiß, hellblau und rosa, die eine Kapelle bilden. Sie scheinen gut genährt, erinnern ein wenig an grell geschminkte Putten. Mit Flöte, Trommel, Zimbel und Dirigentenstab stehen sie auf kleinen roten Podesten. Man hört förmlich das Lied, das sie anstimmen. Ganz oben, sozusagen auf der Empore, gesellt sich ein Trompete spielender Olivenholzengel dazu. Man meint, die Oberstimme zu hören.

Beeindruckt hat mich immer Friedas Geradlinigkeit und Vorausschau. Als alleinstehende Frau hat sie nichts dem Zufall überlassen. So versprach sie mir, dass sie, wenn sie 65 ist, den Führerschein abgeben würde. „Im Alter lassen die Reaktionen nach. Du bist dann 18. Du kriegst dann meinen alten Golf zum Fahren lernen." Oder als es Schwierigkeiten mit dem Vermieter gab. Frieda war damals noch weit entfernt von Gebrechlichkeit. Ihre Entscheidung bei der Suche nach neuem Wohnraum war ganz deutlich. „Ich suche mir heute schon was, wo ich im Alter wohnen bleiben kann und auch im Notfall gepflegt werde."

Lange lebte Frieda mit uns in einem Haus in einer Art Einliegerwohnung. Sie war neu und fremd in meinem Heimatdorf und aufgeschlossen und nett. Das waren wohl die Gründe, warum meine Eltern Frieda fragten, ob sie nicht Patentante von mir und für mich werden wolle. Frieda war für mich immer eine moderne Frau. Sie kam mit dem elfenbeinfarbenen VW Käfer vorgefahren, mit dem sie regelmäßig Ausflüge am Wochenende unternahm. Als Patenjunge durfte ich im Käfer „Auto" spielen. „Du darfst alles machen, nur nicht

> **99 Frieda war für mich immer eine moderne Frau. 66**

an der Handbremse ziehen und auf die Pedale drücken. Sonst säuft er ab." Stundenlang saß ich Motorgeräusche brummend am Steuer. Und dann, zum Geburtstag, wurde mein Dreirad von Frieda in Elfenbeinweiß gestrichen. Später kam dann einer der ersten Golfs und ersetzte den knatternden Käfer. Sie war es, zur großen Freude von mir und meinen Geschwistern, die nicht nur einen Fernseher hatte, sondern diesen auch die meiste Zeit laufen ließ. Unvergessen viele Daktari-Nachmittage bei ihr. Ja und dann in der Adventszeit immer die Pyramide. Mit großen Augen stand ich davor. Hier war Friedas Strenge zu spüren. „Geh ja nicht zu nah ran. Pass mit den Kerzen auf. Nichts anfassen!"

„Martin, wenn ich bald sterbe, wünsche ich mir eine Seebestattung. Das ist am billigsten und passt gut zu mir. Ihr könnt dann ja eine Hand voll Asche von mir ins Meer werfen."

Jetzt sitze ich wieder im Auto. Vor mir rund 500 Kilometer Fahrt. Hinter mir Pappschachteln mit Pyramidenetagen. Meine Gedanken kreisen nochmals um diesen besonderen Nachmittag. Ich freue mich schon auf den Advent, auf das Aufbauen der Pyramide, überlege, wo sie einen geeigneten Platz zu Hause finden wird, erinnere mich an früher, als ich staunend vor der riesigen Pyramide stand, die jetzt auf echte einhundertzehn Zentimeter geschrumpft ist. Immer wenn die Pyramide sich um ihre Mitte dreht, werde ich in Gedanken bei Tante Frieda sein.

*Januar 2016, Martin Herrlich*

> **Der Zustand war beinahe berauschend.**

**Michael Wohlleben** wurde 1990 geboren und stammt aus Künzelsau. Mit 17 Jahren bezwang er die Eiger-Nordwand und ist heute unter anderem als Bergführer, Alpinkletterer und Sportkletterer aktiv.

# Die Mitte im „Flow"

Was ich spontan mit dem Wort „Mitte" assoziiere, mag so manchem Leser vielleicht kurios erscheinen. Trotzdem möchte ich es hier erzählen.

Ich bin Bergsteiger. Als solcher habe ich oft mit Gefahren und daraus resultierenden Ängsten zu tun. Gefühle der Furcht, des Zweifels kennt jeder Mensch. Dieses dumpfe Ziehen im Magen, das diffuse Unwohlsein, das den ganzen Körper erfüllt. Merkwürdigerweise verbinde ich genau diesen Zustand mit dem Begriff der Mitte: in seiner Mitte sein. Ist für mich dieses schwer greifbare Wort „Mitte" vielleicht der Inbegriff von Leben beziehungsweise streng genommen sogar von Überleben?

Vor sieben Jahren erlebte ich in Pakistan eine Situation, die sehr viel – meine ich jedenfalls im Rückblick – damit zu tun hat. Ich war damals 17 Jahre alt. Meine erste Expedition im Himalaya. Auf 6 500 Metern legten wir in unserem dritten Lager einen Ruhetag ein. Das Wetter war schlecht. Für den darauffolgenden Tag war ein Gipfelversuch geplant. Um die Mittagszeit kam eine österreichische Expedition bestehend aus acht Teilnehmern an unserem Zelt vorbei. Sie wollten etwa 200 Meter über uns ihr Lager errichten. Dazu kam es nicht. Die Österreicher wurden von einem Schneebrett erfasst. Fünf konnten sich selbst aus den Schneemassen befreien, drei Teilnehmer fehlten. In einer gemeinschaftlichen Rettungsaktion konnten wir schließlich alle Personen finden und bergen. Ein Österreicher war allerdings schwer verletzt. Ihn talwärts zu transportieren, war in diesem Gelände unmöglich. Wir brauchten einen Helikopter. Da das Wetter aber so schlecht war, dauerte es zwei Tage, bis Rettung aus der Luft kam. Wir mussten zu viert in einem Notbiwak, das wir unmittelbar an der Unfallstelle errichteten, ausharren. Vier Mann in einem Zweimann-Zelt. Zwei Isomatten. Zwei Schlafsäcke.

Dem Verletzten ging es zunehmend schlechter. Er klagte über fürchterliche Schmerzen. Uns setzten die Höhe, die psychische Angespanntheit und die Sorgen allerdings auch zu. Wir sprachen nicht darüber, hatten aber unsere Zweifel, ob wir je aus dieser Situation wieder heil rauskommen würden.

Als sich das Wetter endlich besserte, landeten hintereinander zwei Helis. Logische Rangordnung beim Abtransport: erst der Verletzte, dann wir Bergsteiger. Der Hubschrauber, in dem ich saß, konnte nicht starten, weil wir zu schwer waren. Der Pilot brüllte über den Motorlärm hinweg: „One person out!" Für mich, der ich unmittelbar an der Tür saß, war das ein Schock. Es war klar, dass ich aussteigen musste. Als der Helikopter abdrehte, blieb ich alleine zurück.

Alleine auf 6 500 Metern. In einem lawinengefährdeten Hang unter einem zwanzig Meter hohen Serac, einem Turm aus Eis.

Als der Lärm nachließ und Stille einkehrte, überkam mich erst ein schlimmes Gefühl der Angst, aber auch der totalen Stille und Leere. Der Tod, das Ende waren plötzlich so nah und doch so ungreifbar wie das Material, das wir vor der Landung der Helikopter in eine Gletscherspalte versenkt hatten, damit es nicht in die Rotorblätter gewirbelt wird. Ich hatte meine Daunenjacke, eine Hose und lediglich die Innenschuhe meiner Bergstiefel an. Ich hatte sie vorsorglich ausgezogen, um Gewicht zu sparen.

Ich wurde panisch, schrie laut, war verzweifelt und zugleich wütend.

Bald aber wurde es ruhig. Um mich herum. Aber auch in mir. Wie ferngesteuert saß ich da und schaute den Berg hinunter und blickte auf die Kilometer langen Gletscher.

Die Mitte, auch wenn das jetzt vielleicht absurd klingen mag, kam förmlich in mir hoch. Ich erinnere mich an keinen Moment meines Lebens, an dem ich mich so extrem spürte, an dem ich so nah an mir selbst dran war und mich selbst so intensiv, so existenziell wahrnahm. Ich war total in meiner Mitte. Der Zustand war beinahe berauschend. Ich – ganz alleine. In 6 500 Metern Höhe. Ausgesetzt, isoliert, nicht wissend, wie es nun genau weitergeht. Völlig ausgeliefert. In diesem Gefühlszustand zwischen Hoffnung und Machtlosigkeit vergingen vier Stunden wie Sekunden. Als ich schließlich die Motorengeräusche des Helikopters in der Ferne hörte, hatte ich Gänsehaut am ganzen Körper.

Warum mich gerade diese extreme Situation in meine Mitte gebracht hat? Im Alltag kann man seine Mitte kaum finden. Ich jedenfalls tue mich mitunter schwer damit. Richtig ausgeglichen bin ich daher selten. Befinden wir uns nicht ständig in „Bewegung"? Sind wir nicht permanent abgelenkt? Heute hier. Morgen da. Schubsen wir im täglichen Einerlei nicht unsere Mitte ständig dorthin, wo sie uns gerade am wenigsten Probleme bereitet?

Seine innere Mitte zu erreichen, ist sicherlich ein erstrebenswerter Zustand und als Begriff für mich auch durchaus positiv besetzt. Ein tibetanischer Mönch, der Zeit seines Lebens meditiert, wird diesen Zustand im Idealfall irgendwann erreichen. Uns Normalsterblichen fällt dies sicher deutlich schwerer.

In meinem Sport allerdings, speziell beim Klettern, finde ich gelegentlich eine Möglichkeit, mich diesem Zustand zumindest anzunähern. Man verwendet im psychologischen Kontext oftmals den Begriff „Flow" und meint damit einen Zustand extremer Konzentration auf sein Handeln mit der Folge, dass man alles andere ausblendet, völlig von seinem Tun absorbiert wird. Nur im Jetzt zu sein, total im Moment aufzugehen und dabei einen rauschähnlichen mentalen Zustand zu erreichen, gelingt mir beim Klettern tatsächlich manchmal.

Natürlich nur dann, wenn mich eine Route zwar fordert, ich höchst konzentriert bin, aber dabei niemals an meine Grenze gehen muss. Mein Körper funktioniert dann wie ein Uhrwerk. Es läuft also bei extremer Fokussierung wie von selbst: von einem kleinen Griff am Felsen zum nächsten. Auch wenn es für einen Außenstehenden verrückt klingen mag – man wird tatsächlich eins mit der Wand! Es zählen dann nur die paar Quadratmeter Fläche am Felsen, in denen man sich gerade bewegt. In der extremen Konzentration bleibt schlicht kein Platz für irgendeine Befindlichkeit. Kein Raum mehr für einen Gedanken oder ein Gefühl. Man ist in seiner Mitte! Losgelöst von allem anderen. Beim Gleitschirmfliegen ergeht es mir übrigens ähnlich. Sobald ich in der Luft bin, gibt es nur noch mich und den Schirm. Alles andere ist unwichtig und ganz weit weg.

Bin ich auf Expedition und versuche ich, ein langfristiges Projekt zu realisieren, ist also ein Gipfel das finale Ziel, bedeutet sein Erreichen – rein räumlich gesehen – groteskerweise nur die Mitte, im Sinne von der „Hälfte". Erst beim Erreichen des Basislagers hat man es geschafft, ist man in Sicherheit und kann von einem Erfolg sprechen.

Mein Zuhause, und damit meine ich vor allem meine kleine Familie, definiere ich nicht wirklich als meine Mitte. Obwohl mein zweieinhalbjähriger Sohn und meine Lebenspartnerin natürlich eine Art Mittelpunkt in meinem Leben darstellen. Dennoch erscheint mir das Wort „Anker" in diesem Fall passender. Meine eigene kleine Familie, meine Eltern, Geschwister und meine Freunde geben mir Halt. Womit ich bei einem weiteren Begriff aus demselben Wortstamm wäre: „Inmitten".

Zu Hause fühle ich mich wohl, bin aber als Vater, Sohn, Lebenspartner, Bruder oder Freund auch gefordert, weil ich gebraucht werde. Inmitten all dieser Menschen, mit denen ich in engem Kontakt stehe, empfinde ich ein tiefes Gefühl der

Geborgenheit und Privatheit. Dieses Gefühl bedeutet für mich mehr Heimat als die geografische Definition dieses Begriffes.

Mein Zuhause ist jener Ort, an den ich immer zurückkehre. Als Bergsteiger definiert sich mein Leben ja als ständiges Aufbrechen, aber eben auch permanentes Heimkehren. Das eine bedingt bei mir das andere. Hätte ich keinen Anker in meinem Leben, würde bei mir auch sportlich – da bin ich mir ganz sicher – weniger laufen. Obwohl ich als Bergsteiger in gewissem Maße sicher ein Egoist bin, meiner Partnerin, meinem Umfeld einiges zumute, wenn ich zu einer Expedition aufbreche oder ein schwieriges und zugleich gefährliches Projekt vorhabe, hoffe ich dennoch, ein guter Partner und Vater zu sein. Mein Privatleben ist mir sehr wichtig und stellt eine wichtige Säule in meinem Leben dar.

Im Übrigen bin ich als „Sandwich-Kind" zwischen meinem Bruder und meiner Schwester geboren. Ich muss sagen, auch in dieser Mitte fühlte ich mich pudelwohl. Ich war weder der Thronfolger noch das Nesthäkchen. Ich war einfach nur „ich". Eine schöne, sehr bequeme Position, wie ich finde.

Man kann „Mitte" aber auch als Durchschnitt, im Sinne von Mittelmaß, definieren. Und schon bekommt der Begriff einen eher negativen Touch. Viele Menschen glauben von einem Profisportler sicher, er gäbe sich mit Durchschnitt nicht zufrieden und versuche, sich ständig an der Spitze zu behaupten. Das mag in Sportarten zutreffen, bei denen es um Bestzeiten oder andere Rekorde geht. Im Bergsport, der weder von Funktionären noch Wettbewerben geprägt wird, ist das anders. Und das gefällt mir persönlich sehr gut. Mir geht es in meinem Sport vielmehr um meine ganz persönliche Grenze. An mein Limit zu gehen, es eventuell von Zeit zu Zeit zu verschieben, meine eigenen Grenzen auszuloten, das ist vielmehr mein Antrieb.

Ich messe mich so gesehen gar nicht an anderen Sportlern. Sollte ich über meine Unternehmungen zufällig in der Rangliste ganz vorne mitspielen, ist das eher Glück, aber weder meine Triebfeder noch Ansinnen.

Ein Beispiel, das meine Motivation vielleicht besser verdeutlicht: Kürzlich bestieg ich als Traverse fünf Gipfel in der Silvrettagruppe am Stück und legte dabei 65 Kilometer und 5 600 Höhenmeter in 15 Stunden zu Fuß und auf Ski zurück. Auf einer rein sportlichen Ebene ist diese Leistung nichts weiter als Mittelmaß. Ein Profi-Skibergsteiger hätte das Projekt sicherlich in deutlich kürzerer Zeit abgeschlossen. Trotzdem hat mich die Realisierung meines Vorhabens enorm befriedigt. Es war mein persönliches Ziel, ohne meine Leistung in Relation zur Leistungsfähigkeit eines anderen zu setzen. Und ich habe es geschafft! Würde ich dieses Projekt aber – wie bereits erwähnt – mit der Weltspitze der Skibergsteiger messen, wäre es bedeutungslos. Insofern orientiere beziehungsweise messe ich mich im Sport nicht an anderen.

Natürlich verbinde ich das Wort „Mitte" auch mit gesellschaftlicher Mitte. Ich fühle mich dieser Mitte zugehörig. Mir und meiner Familie geht es gut, wir haben unser Auskommen und sind mit unserem Leben zufrieden. Ich orientiere mich nicht an Menschen, die ein scheinbar leichteres, besseres Leben führen oder vordergründig mehr Geld verdienen. Es lebt sich gut in dieser Mitte. Außerdem – und das hab ich meinem Beruf, dem Bergsteigen zu verdanken, – bin ich grundsätzlich sehr dankbar, nachdem ich auf meinen Reisen und Expeditionen die Armut in vielen Ländern, ob nun in Nepal, Pakistan oder Peru gesehen habe. Mittlerweile muss ich auch gar nicht mehr weit reisen, um mit Mittel-, Hoffnungslosigkeit oder prekären Lebenssituationen konfrontiert zu werden. Armut und Perspektivlosigkeit gibt es auch in Deutschland. Alleine die Flüchtlingswelle, die unser Land erreicht hat, also vor unser aller Haustüre real angekommen ist, beweist, wie üppig im Vergleich dazu mein Leben in der Mitte der Gesellschaft ist.

Dass ich mich heute mit meinem bescheidenen Textbeitrag inmitten anderer Menschen aus meiner Heimatregion wiederfinde, die ihre Gedanken zum Thema formulieren, macht mich ein klein wenig stolz. Dankeschön, dass ich als Bergsportler in diesem Kollektiv mitmachen durfte!

PS.: Der Platz in der Mitte ist oftmals durchaus erstrebenswert. Nicht zuletzt auch in einem Helikopter.

*April 2016, Michael Wohlleben*

**99 Mitte ist kein fixer Zustand. 66**

**Milenko Kaukler**, geboren 1935, war Fremdsprachenlehrer an der Freien Waldorfschule Schwäbisch Hall von 1984 bis 2002. Er ist Gründungslehrer dieser Schule.

# Das „ICH" als Ursprung meiner Mitten

Wie erlebe ich meine Mitte? Meine leibliche Mitte macht mir gleich morgens merkliche Mühe. Beim Aufstehen ringe ich um mein physisches Gleichgewicht (Geburtsjahr 1935!). Noch im Bett versuche ich zunächst, mich aufzusetzen.

Mein Oberkörper kommt nur hoch, wenn ich die Beine voll ausstrecke und seitlich mit einem Ruck nach unten führe, so dass mein Gesäß die Rolle des gestützten wie auch stützenden Drehpunktes, eben meiner physischen Mitte, übernimmt. Meistens muss ich dabei das Gewicht meiner Beine etwas erhöhen, indem ich sie ein wenig anhebe und ihnen dann einen leichten Schwung nach unten verleihe. Hier sitze ich – ich kann noch anders: Nun heißt es, das Gewicht des Oberkörpers so nach vorne zu verlagern, dass der Schwerpunkt des ganzen Körpers sich senkrecht über beiden auf den Boden gestellten Füßen befindet. Die Beine durchdrücken, und schon stehe ich aufrecht, fühle mich als Vollmensch. Der beschriebene Vorgang ist eine klitzekleine und doch unermesslich große Leistung:

> **Der beschriebene Vorgang ist eine klitzekleine und doch unermesslich große Leistung.**

Einerseits setze ich die Masse meines Körpers zur Massenanziehungskraft der gesamten Erde, modifiziert durch jene des gesamten Kosmos, mit Sonne, Mond und Sternen, in eine stetig sich ändernde Beziehung.

Dabei bringe ich obendrein das Trägheitsgesetz der Materie als Fliehkraft durch die Körperbewegung mit ins Spiel, ferner meine biologischen Lebensvorgänge. Andererseits benütze ich eine Anzahl wesentlicher Sinne zur Steuerung dieser äußerst komplexen Tätigkeit: Gleichgewichtssinn, Eigenbewegungssinn (Muskelsinn), Tastsinn und andere.

Drittens sorgt meine Seele samt zugehörigem Geist dafür, dass ich überhaupt aufstehen will und kann. Letztlich bin ich subjektiv, ist mein Ich objektiv, die Mitte des geschilderten Vorgangs. Ist es nicht höchst erstaunlich, dass ich so täglich aus dem Bett finde?

Wesentliches Merkmal des nur flüchtig skizzierten Wirkungsgefüges ist es, dass es keinen festen Ort im Raum hat, keine feste Form, sondern variabel ist und immer wandern kann. Bewege ich auch nur den kleinen Finger, verformt und verschiebt sich die physische Mitte, wenn auch geringfügig. Diese Mitte ist kein fixer Zustand, sondern ein sich ständig wandelndes Ergebnis eines Vorgangs in der Zeit. Die zu betrachtenden Faktoren sind vor dem Frühstück andere als danach.

## Der Tag geht ja weiter

Mein Gebet vor dem Frühstück endet folgendermaßen: „Du, meine Seele, sei tüchtig zur Tat!" Aber, um die eine Tat zu tun, muss ich tausend andere mögliche Tätigkeiten unterlassen. Teils aus Neigung, teils aus Pflichtgefühl oder der

> **99 Du, meine Seele, sei tüchtig zur Tat! 66**

Nützlichkeit wegen treffe ich, willkürlich oder unwillkürlich, Entscheidungen: Spüle ich alles benutzte Geschirr oder nur einen Teil desselben oder nichts, gleich oder erst später? Immer stehe ich in der Mitte all dieser Entscheidungen.

Im Lauf des Tages muss ich zur Schule fahren, mehrmals pro Woche. Zum Beispiel um einigen Eltern Kurse in Anthroposophie zu erteilen, auch abends. Dabei begegne ich vielen Menschen. Ich versuche immer mehr, echter Mitmensch zu sein und über meinen Sympathien und Antipathien zu stehen, ohne sie zu unterdrücken, sondern den anderen Interesse und Empathie entgegen zu bringen. Dabei entsteht seelisches Gleichgewicht, seelische Mitte. In den Kurs- und sonstigen Gesprächen versuche ich, wenn möglich, eine spirituelle Mitte herzustellen, Vermittler zu sein zwischen uns Menschen und den vom Geistesforscher Rudolf Steiner dargestellten, geistigen Wesenheiten, die ununterbrochen für uns und mit uns, in uns und außer uns tätig sind.

## Ursprung, Initialzündung und Kraftquelle

Keine Woche, ja kein Tag vergeht, ohne dass wir uns inmitten von Weltereignissen erleben, unser globales Bewusstsein und Gefühl erweitern und verstärken, ja, sogar ins globale Tun kommen, vor allem im Konsumverhalten. Bei alledem bildet sich meine moralische Mitte, die über meine seelische Mitte hinausreicht und eine wenigstens anfängliche geistige Mitte entwickelt.

Unter anderen Gesichtspunkten ließen sich bei jedem Menschen zahlreiche andere Mitten erkennen, die alle ihren Ursprung, ihre Initialzündung und Kraftquelle in dem haben, was wir mit dem klitzekleinen, unermesslich großen Wort „ich" oder „ICH" meinen.

November 2015, Milenko Kaukler

**,, Alles ist und bleibt einzigartig. ''**

**Natalie Scheerle-Walz** ist gebürtige Heilbronnerin und leitet das Deutsche Zweirad- und NSU-Museum sowie das Stadtmuseum Neckarsulm. Die Kunsthistorikerin ist außerdem Dozentin für Kunstgeschichte.

# Die Mitte – eine Reise, die immer wieder zurückführt

Nichts verändert sich auffallender und radikaler als die stetige Suche des Menschen nach seiner Mitte. Nichts wechselt so sehr und nach nichts sucht der Mensch so herausfordernd wie nach seiner Mitte. Das Denken und das Empfinden der Mitte wird von ihm immer wieder neu definiert. Und doch gibt es nichts, dass einen Menschen so authentisch, kontinuierlich und ursprünglich macht, als seinen Erfahrungen und Wahrnehmungen mit seinem persönlichen Zentrum. Dies prägt seine Identität und sein Bewusstsein.

Die Mitte ist ein Instrument der eigenen Wahrnehmung, kein abgeschlossener, privilegierter Ort, sondern der Raum der inneren Wahrnehmung, der nach außen reflektiert wird. Bereits in der Renaissance suchte der Mensch seine Mitte. Wer kennt es nicht, das vitruv'sche Bild des Künstlergenies Leonardo da Vinci. Er stellt einen nackten, geradezu perfekt wirkenden männlichen Körper in seinen Proportionsstudien in den Mittelpunkt eines Kreises und eines Quadrats. Der Mensch im Mittelpunkt seiner selbst. Neu vermessen, perfekt in den Proportionen, alles konzentriert sich auf ihn selbst. Seine Mitte, der Bauch, von dessen Gefühl wir uns so sehr leiten lassen, bildet das Zentrum der genialen Zeichnung.

> **Die Mitte ist ein Instrument der eigenen Wahrnehmung.**

Doch zeigt gerade dieses berühmte Kunstwerk der Kunstgeschichte genau das, was uns mit der Mitte verbindet. Wir sind von allen anderen Punkten gleich weit entfernt, zentriert, auf uns bezogen. In diesem Sinne ist die Mitte Konzentration, das Streben nach Halt, nach Verbundenheit, nach einem Sinn.

Ist jemand nicht mehr in unserer Mitte, so ist er noch in unserem Herzen, in unseren Gedanken und die sind nicht mehr im Zentrum unserer eigenen Welt. Nein, dann befinden wir uns im Bereich eines weiteren Phänomens der Kunstgeschichte, das andererseits wesentlich mehr Spannung mit sich bringt, dem „goldenen Schnitt". Zur Seite gerückt erscheint dann das Wesentliche im Gemälde, der Fotografie oder jeglich anderem Kunstwerk spannender. Die Harmonie wird neu definiert, der Schwerpunkt ist verlagert, die Konzentration findet an einem aus der Mitte geschobenen Ort statt. Daraus erkennen wir, dass wir unsere Mitte nur finden können, wenn wir sie zuvor verlassen haben. Den Blickwinkel ab und an ändern und wie im „goldenen Schnitt" einen Schritt oder mehr zur Seite tun.

Ist es nicht so, dass wir unsere Mitte nur finden können, wenn wir sie auch mal verlassen? Wenn wir das Geborgene, das Stete, das Vorhandene, das Immergleiche von einer anderen Seite betrachten? Dinge neu definieren, neue Schwerpunkte herstellen, unseren Geist erweitern? Und wenn sich dadurch auch die Entfernungen zu unserer Mitte verändern.

Als Kunsthistorikerin ist es mir immer wichtig, Fremdes kennenzulernen, um dabei festzustellen, dass man erst in der Ferne auch die Nähe und damit die eigene Mitte zu schätzen weiß.

Gleich nach dem Abitur habe ich mich auf eine lange Reise begeben. Mir war nicht so ganz klar, wo mein Zentrum ist, das mir Sinn gibt, das mich leitet und mein Tun beeinflusst. Es hatten sich so viele neue Möglichkeiten und Wege ergeben, die mich von der vertrauten Mitte wegführten. So viele Richtungen standen offen, so viele Ziele waren in weiter Ferne vom Zentrum meines kleinen Kosmos entfernt zu sehen.

So griff ich mutig und neugierig zu meinem Rucksack und meinem Fahrrad und reise ein ganzes Jahr quer durch Asien. Spätestens jeden zweiten Tag wurde der Rucksack neu geschnürt, eine weitere kulturelle Station oder ein landschaftliches Highlight angestrebt. Völlig neue Kulturen, eine andere Ausdrucksform der Kunst, Sprachen und Eindrücke warteten jeden Tag auf mich. Nichts konnte geplant werden, das Geregelte wurde verlassen und ich entdecke den Spaß am Spontanen, Ungeplanten, ein Leben weit fernab der gewohnten Welt. Es eröffnete sich mir eine neue Welt. Weit vor der Zeit, die heute als globale, digitale Welt bezeichnet wird, erweiterte sich mein Horizont. Meine Mitte wurde offener und verschob sich zum ersten Mal in meinem Leben ganz bewusst.

Zurück in Deutschland fand ich das Zentrum meines Lebens im Studium der Kunst- und Baugeschichte sowie der Technikgeschichte. Fortan studierte ich Menschen, die sich in ihrem historischen Umfeld mit ihrer Zeit auseinandersetzten, ihr Inneres auf die Leinwand oder in dreidimensionale Objekte bannten. Sie zogen mich in ihren Bann. Wollte ich die Vergangenheit und die Gegenwart verstehen, die Reise zum Zentrum der eigenen Herkunft sinnvoll gestalten, so musste ich meine Kultur und deren Entwicklung erforschen.

Schnell entwickelte ich ein Gespür dafür, Künstler in ihrem Kontext zu entdecken und sie in ihrem Umfeld zu sehen. Aus diesen (Seh-)Erfahrungen entwickelte sich mein Bewusstsein, dass das Umfeld eines Menschen der prägendste Bereich seines Lebens ist. Viele Künstler, die ich auch persönlich kennenlernte, waren auf der Suche, andere hatten ihr Zentrum schon gefunden und dienten als Gedankenanregungen, das eigene Ich zu entwickeln. Meine Reise war nun eine andere, eine geistige in der Auseinandersetzung mit der europäischen Kunst- und Kulturgeschichte.

Immer wieder besuchte ich während meines Studiums die Kilianskirche meiner Heimatstadt Heilbronn. Dort stand diese faszinierende Madonna mit dem Christuskind in ihren Händen, ganz zentral in der Mitte des großen, holzsichtigen Flügelaltars aus dem späten 15. Jahrhunderts von Hans Seyfer. Die Madonna trägt ihr Kind gleich einer Sonne vor ihrer Mitte, um es den Gläubigen zu zeigen. Ein Symbol, das bis in die heutige Zeit seine Wirkung nicht verfehlt. Immer wieder besuche ich mit meinen Grafikdesignschülern im Fach der Kunstgeschichte diesen Altar und schnell entdecken wir gemeinsam dieses Symbol der Liebe und Gemeinschaft. Seit nunmehr über 500 Jahren gibt dieses Kunstwerk den Menschen einen Halt, eine Verlässlichkeit und Geborgenheit, zu der wir gerne zurückkehren.

Die Mitte im Leben zu finden, hat auch mit Leidenschaft zu tun, mit dem Finden des Feuers, das einen auf dem eigenen Weg begleitet, das andere und uns selbst entflammt, begeistert und prägt. Für mich ist die Leidenschaft an der Vermittlung kultureller und kunsthistorischer Werte eine dieser Leidenschaften, für die ich brenne. Es ist der Kern des eigenen beruflichen und privaten Tuns. Ich hatte das Glück, am Beginn meiner beruflichen Laufbahn einen Mentor gehabt zu haben, welcher die Fähigkeit besaß, Schwächen zuzulassen, aber auch die Stärken eines Menschen zu entdecken und diese zu fördern. So entdeckte ich die Dinge, die mir das Herz aufgehen ließen und heute noch aufgehen lassen und eine Methode, die Stärken anderer in meinem Umfeld zu fördern.

Die Arbeit mit Kunst und Kultur gibt mir Orientierung und zusätzlich zu den unabdingbaren, leidenschaftlichen Reisen in die Ferne, neue Sichtweisen frei, veranschaulicht Verhaltensweisen und bringt die nötige Leichtigkeit in das Leben. Vermeintliche gesellschaftliche Gepflogenheiten werden in der Kunst und Kultur hinterfragt, politische Positionen neu beleuchtet, Urteile neu gefällt und die Auseinandersetzung damit lässt den Radius um die eigene Mitte immer größer und gedanklich weiter werden.

So komme ich immer wieder zu meiner Mitte. Sei es die Leidenschaft für die Kunst, die Kultur. Jede Begegnung mit diesen Themen verändert mein Sein und trägt zu meiner Entwicklung bei, Gedankenanstöße weiterzugeben, Mut zu machen, gewohnte Pfade zu verlassen. Dafür ist die Kunst ein perfekter Ratgeber.

Kunst und Kultur haben Wirkung auf den Menschen. Beides inspiriert mit seinen Formen und Farben, den Tönen und Worten, den genialen Konstruktionen und Erfindungen und bildet die Grundlage für seine Mitte. Die Kunst ist ebenso wie die Natur, die fremden Länder und Städte, die ich bereise, der Quell meiner Lebensmitte, aber natürlich auch die Menschen, die Begegnungen und Diskussionen. Es braucht die Vertrautheit der eigenen Umgebung, der Menschen im unmittelbaren Umfeld, um die Wege weg von der Mitte zu wagen.

> **„ Kunst und Kultur haben Wirkung auf den Menschen. „**

Hin zur Mitte des Lebens beginnt sich das Zentrum meines Seins erneut zu verschieben. Viele Verantwortlichkeiten für Familie, Kinder, Hierarchien und die Rolle als Frau in der Gesellschaft prägen das Tun. Der Spagat zwischen Familie und Beruf prägt diese Jahre. Das soziale Netzwerk gewinnt an Bedeutung. Insbesondere durch die Geburt eigener Kinder verlagert sich das Zentrum des Menschen, Werte verschieben sich und werden neu definiert, der Schritt zur Seite wird ganz automatisch gewagt. Es wird für eine Zeit ein anderes Bild. Nicht das auf das eigene Ich konzentrierte, sondern das eingangs erwähnte Lebenskunstwerk im goldenen Schnitt. Mein eigenes Kind verlagert den Mittelpunkt immer wieder aufs Neue. Täglich entdecke ich Neues, Unbekanntes, Unkontrolliertes, Schönes und Prägendes. Die Reise verändert sich, macht neue Wege auf, die zuvor nicht zu sehen waren, und führt doch wieder an den Ursprung zurück.

Begegnungen in der unmittelbaren Nähe, der Familie, aber auch in der Fremde mit Unbekannten, Gespräche und Momente mit nahestehenden Freunden, Kollegen, privat als auch geschäftlich, verändern uns jeden Tag aufs Neue. Sie geben Gedankenspielen eine neue Richtung, neue Impulse und führen auf andere Wege. Wege, die manchmal am Beginn schwer und undurchdringlich scheinen, lassen sich bei der Kenntnis um die eigene Stärke und das Zentrum des eigenen Tuns unverzagt und mit Mut begehen. Vielleicht sogar begleitet von einer Prise Leichtigkeit, damit wir letztendlich aufrecht und stark durch das Leben gehen können. Es ist die Haltung und das Handeln, das unser Selbstverständnis und damit auch unsere Mitte finden lässt. Immer wieder hinterfragen wir dabei unser eigenes Ich in der

Gesellschaft, prüfen soziale und politische Themen auf ihr Gleichgewicht. Loyalität und Gerechtigkeit, insbesondere der Geschlechterrollen, spielen privat und im beruflichen Umfeld für mich eine zentrale Rolle.

Die Bilder, die Stimmungen und Situationen, die Berührungen und die berührenden Momente, die Poesie bestimmter Augenblicke gehen auf unserer Lebensreise nicht spurlos an uns vorbei. Doch letztendlich führen sie alle immer in unser Zentrum, in das eigene Ich zurück. Die eigene Mitte zu finden, diese zum Vorschein und dann auch zum Strahlen zu bringen, ist das Ziel der Reise. Von diesem Ort der inneren Zuversicht können wir nichts zurückholen. Alles ist und bleibt einzigartig.

*April 2016, Natalie Scheerle-Walz*

> **Du bist wertvoll.** 〝

**Nermin Kaya** wurde in Künzelsau als Kind türkischer Einwanderer geboren. Sie brach mit ihrer Tochter aus einer gewalttätigen Zwangsehe aus und fand Zuflucht und neue Hoffnung im christlichen Glauben.

# Mein Glaube ist mein Zentrum

Als das Jahr 2014 anbrach, war mir nicht bewusst, was für eine große Wende dieses Jahr mit sich bringen sollte. Es war der 2. Januar 2014 und ich hatte zu diesem Zeitpunkt eine Arbeitsstelle als Kaufmännische Angestellte in einer Brennerei, dessen Hauptgeschäft die Weihnachtszeit war. Ich betreute die Firmenkunden und hatte eine 55 Stunden Woche von Oktober bis Dezember zu bewältigen. Meine Tochter war zu dieser Zeit 15 Jahre alt. Ich musste sie lange Zeiten alleine auf sich gestellt zurücklassen, wie schon so oft in unserem Leben, da ich alleinerziehend war und wir auch keinen Kontakt mehr zu unseren Familienangehörigen hatten. Schon immer hatte ich deshalb Schuldgefühle, doch da ich auf die Arbeitsstelle angewiesen war, hatte ich Ängste, mich zu wehren. Da ich aus einem Elternhaus komme, in der Unterdrückung einer Frau das erste Gebot war, fügte ich mich. Meine Arbeitgeber kamen dem oft schnell auf die Schliche und erhöhten ihren Druck. So wurde ich strategisch in Richtungen gelenkt, in die ich als Mensch und Mutter überhaupt nicht wollte. Meine Seele weinte erbarmungslos. Ich befand mich in einem Kampf, wo es um existenzielle Nöte ging und ich schon immer meiner Lebensträume beraubt wurde. Ich wurde als Muslimin geboren. Das hieß in meiner Familie, sehr viel Verantwortung in jungen Jahren auf sich nehmen zu müssen und immer auf die Familienehre zu achten, damit keine Schande für die Familie entstehen konnte – ob nun als Kind, Mädchen oder Frau. In meinem Leben verbreitete sich zunehmend ein Perfektionismus. Doch tief in mir war diese ständige und dunkle Leere, die Sinnlosigkeit über das Leben. Die Frage, die sich aus meinen Gedanken nicht entfernen ließ: Was ist der Sinn meines Lebens?

Die allergrößte Frage, die sich mir in meinem Leben immer wieder stellte, war: Wer bin ich eigentlich? In Künzelsau geboren, doch in eine türkischen Familie mit alten Traditionen aufgewachsen und hinein gezwängt. Da ich nach zehn Jahren aus meiner Zwangsehe ausgebrochen war, mit meiner damals dreijährigen Tochter, weil Gewalt im Spiel war, musste ich den Kampf gegen meine Familie alleine aufnehmen. Plötzlich fiel mir ein, dass meine Mutter, wenn wir Besuch hatten, immer wieder erzählte, wie sie mit sechs Kindern nach Deutschland kam und mit mir schwanger war und mich abtreiben wollte, da die Last sehr groß für sie war. Ein fremdes Land, keine Sprachkenntnisse, viele Kinder, finanzielle Probleme und weitere Gründe. Doch der damalige Arzt sagte nach der Untersuchung, dass er das Leben, das in ihr entstanden war, keinesfalls zunichtemachen würde und wenn sie das unbedingt wolle, sollte sie das bitte in ihrem Herkunftsland tun.

Bewusst war mir das in meinem Heranwachsen nicht, was sich dadurch in meinem Gedächtnis für immer verankert hatte. Es wurde der Hauptverursacher meiner Problematik im Leben, ob nun auf privater oder beruflicher Ebene.

In dieser Zeit kam ich in eine christliche Gemeinde durch einen Arbeitskollegen. Zutiefst schockiert von der Anbetung dieser Menschen zu Gott durch rockige Musik, sah ich gleichzeitig auch die Liebe und Freude in den Gesichtern dieser Menschen. Kurze Zeit später besuchte ich die Gemeinde regelmäßig. Ich weinte neun Jahre lang jeden Sonntag. Man sprach von einer persönlichen Beziehung zu diesem Gott. Und am stärksten traf es mich immer, wenn ich hörte oder las, dass dieser Gott mich liebt. Und dass Gott die Liebe ist. Er hätte unsere Schuld auf sich genommen am Kreuz? Unglaublich! Ich sollte bei diesem Gott auch Fehler machen dürfen! Scheitern war erlaubt! Was für ein Gott, der sich selbst gibt, weil er uns liebt? Er würde Gnade schenken, jeden Tag neu. Vergebung ist bei ihm groß geschrieben. Auch wenn ich nichts tue, sei ich wertvoll in seinen Augen.

An einem ganz besonderen Abend 2008, der sich Thomas-Messe nannte, war ein Kreuz aufgestellt und alles drum herum war herrlich ausgeschmückt. Zu diesem Zeitpunkt war ich in einer meiner tiefsten Krisen in meinem Leben und hatte keinerlei Lebenswillen mehr. An diesem Abend gab ich mein Leben diesem Gott, der so wundervolle Worte in seinem Buch verheißen hatte. Er sollte meine Lebensmitte werden. Wie das gehen sollte, wusste ich nicht. Ich tat es einfach aus meinem Herzen heraus. Ich machte meine ersten Versuche im Gebet und meinen Glauben im Alltag zu leben. Ich verwechselte Nächstenliebe mit Aufopferung, da meine Prägung große Spuren hinterlassen hatte und meine Persönlichkeit gefüllt davon war. Sehr schnell stieß ich an meine Grenzen. Der Verstand sagte mir, dass mein Leben immer noch auf der Suche nach dem Sinn war und alles noch schlimmer wurde. Selbstverständlich hatte ich völlig außer Acht gelassen, dass Gott an einer persönlichen Beziehung mit mir interessiert ist. Ihm war es wichtig, meine Prägungen loszulassen und mich von meiner immer währenden Schuld und meinen Schamgefühlen zu befreien, sowie von vielen anderen Lasten, die mich geprägt hatten durch Kultur und Religion. Der Hilferuf nach Freiheit in meinem Herzen war ihm nicht unbekannt sowie meine tiefe Sehnsucht nach der Sinnhaftigkeit.

Aus diesem Standpunkt heraus konnte ich mich als Königskind aufstellen vor den Menschen, die mich immer wieder versuchten, strategisch in Richtungen zu lenken. Jede Faser meiner Seele schrie nach Gerechtigkeit und Freiheit. Prägung und freier Wille und die Tatsache, Königskind zu sein, stritten sich um ihren Platz in meiner Seele. Die Prägungen und Wurzeln in mir wollten die neuen Wege meines suchenden Ichs nicht anerkennen. Die Tatsache, dass Gott mir den freien Willen geschenkt hatte, bedeutete für mich, in Freiheit meine Wurzeln zu verlassen und meinen Selbstwert zu definieren. Doch wie?

Am 2. Januar 2014 fing mein damaliger Arbeitgeber an, mich in Richtungen zu drängen, die nicht abgesprochen waren und da ich alleinerziehend bin und dadurch Hauptverdiener, wagten sie einfach, über mich zu bestimmen. Es war an einem schönen Frühlingstag in Schwäbisch Hall am Kocher. Ich hing in meinen Gedanken fest und es traf mich wie ein Geistesblitz. Die Zeit war nun gekommen, um nach meiner wahren Identität zu suchen. Unbedingt wollte ich ein echtes „Ich" besitzen und sollte mich mit meiner Vergangenheit beschäftigen, aber gleichzeitig Veränderungen in meinem Leben vornehmen. Was sollte mich hindern dabei? Die Finanzen? Das, was die Leute sagen? Jeglicher Mut ergriff mich und ich einigte mich am nächsten Tag mit meinem Arbeitgeber auf eine Kündigung. Meine Suche nach meiner Identität begann.

Nun hatte ich endlich Zeit für meine geliebte Tochter, die inmitten ihrer Abschlussprüfungen steckte und körperliche Schwächen durch seelische Störungen wegen unserer Geschichte aufzeigte. Zu diesem Zeitpunkt merkte ich schon, wie sehr sie mich brauchte und es sich alles zum richtigen Zeitpunkt ergab. Da ich alles in die Hände Gottes gelegt hatte, übernahm er auch die Führung und ich wollte die Schritte gehen. Ich änderte meinen Nachnamen und nahm meinen Mädchennamen wieder an. Mein Bekanntenkreis wurde sortiert, da ich sehr viele Kontakte angehäuft hatte, um dadurch auch Anerkennung zu bekommen. Doch diese extrem vielen Kontakte zu pflegen, brachten mich immer mehr in Zeitnot und ich bemerkte, wie sehr ich mich aufrieb und mich im Kreis drehte. Es hinderte mich alles daran, nach meinem wahren Ich zu suchen. Die Reise nach Innen hatte unmerklich begonnen und nahm sich jegliche Freiheit, diesen Weg bis ans Ende gehen zu wollen.

Ein schmerzhaftes aber auch positives Jahr war angebrochen. Keine Arbeitsstelle, finanzielle Schwierigkeiten, Freunde und Bekannte waren weg gefallen durch den Veränderungsprozess. Die mühsame Arbeitssuche kam zu der momentan schweren Situation meiner Tochter hinzu und wie sollte es eigentlich weitergehen als Sachbearbeiterin, worauf ich eigentlich absolut keine Lust mehr verspürte, doch meinen Lebensunterhalt irgendwie bestreiten musste?

Sehr verzweifelt rief ich zu Gott; erst rufst du mich und jetzt das. So dachte ich. Ich war erschüttert und habe mich vollkommen in seine Hände gelegt und ihn intensiv gesucht mit Hilferufen. Gott wollte mir doch ein Leben schenken, nach dem ich mich immer lang gesehnt hatte? Er hatte einen Plan, hieß es. Hatte er ausgerechnet meinen verlegt?

Insgeheim wusste ich, dass mein Hirte mich führte, wie es in Psalm 23 heißt. Er öffnete Türen und ich lief hindurch. Bis ich einen neuen Arbeitsplatz hatte. Ich nahm die Stelle an und merkte sehr schnell, wie die alten Gefühle wieder ihren Platz einnahmen. Eine Person wurde eingestellt und sollte die Arbeit für zwei bewältigen. Der Druck von außen und innen war extrem hoch.

Die Zeit ließ es zu, dass es mich seelisch wieder in dieselben Gedankenkreisläufe hineinzog. Die Arbeitsstelle hatte ich schließlich angenommen, damit ich unseren Lebensunterhalt bestreiten konnte, um nicht als Sozialhilfe-Empfänger dazustehen. Meine eigenen Träume vom Leben würden somit nie erfüllt. Ich musste. Dieses Wort „muss" ... So gerne würde ich es aus meinem Wortschatz streichen.

Ich musste mich verloben, ich musste zwangsverheiratet werden, ich musste Kinder bekommen, ich musste schon immer Verantwortung auch als Kind für mein Leben übernehmen. Ich musste immer für meine Eltern und meinen Ehemann sorgen, ich musste es allen Verwandten und Bekannten recht machen wegen unserer Familienehre. Dieses „muss", diese vielen Zwänge! Freiheit, das war ein Fremdwort für mich, doch die Sehnsucht nach ihr hatte Gott in mich hineingelegt, als er mich schuf.

Sehr schnell stellte sich heraus, dass es einer weiteren Übung meiner Persönlichkeit bedarf. Da der liebe Gott immer noch an einer persönlichen Beziehung mit mir interessiert war, wollte er mich schließlich auch formen, um sein Werk mit mir zur vollkommenen Vollendung zu bringen.

In dieser Zeit, in der es mir körperlich wie seelisch wieder sehr schlecht ging, bekam ich ein Buch geschenkt. Dies sollte mein Leben gravierend verändern, doch wusste ich das zu diesem Zeitpunkt noch nicht.

So ein Buch hatte ich zuvor nie besessen. Es war anders als die bisherigen Bücher, die ich besaß. Das Cover war bunt und mit knalligen Farben und die Seiten des Buches waren zum größten Teil genauso bedruckt und mit außergewöhnlicher Feinheit des Autors beschrieben. Ich fühlte mich, als wenn man mir neues Leben einhauchte. Heute weiß ich, dass der Autor sicher dafür gebetet hat, dass die Menschen dadurch berührt werden, weil ich heute mit ihm zusammenarbeite. Nach einigen Monaten, nachdem ich das Buch gelesen hatte, nahm ich Kontakt mit dem Autor auf. Ich schilderte ihm meine Begeisterung, wie sehr dieses Buch mich immer wieder ins Leben zurückgeholt hatte. In keinster Weise erwartete ich eine Antwort von ihm. Überraschenderweise kam am darauf folgenden Tag eine Antwort von David Kadel, dem Buchautor, Inspirationstrainer, Kabarettisten, Regisseur und Produzenten. Er wollte mit mir telefonieren!

Am Ende erkannte ich, dass ich tatsächlich gewollt war. Ich konnte es voll und ganz annehmen. Ich bin kein Unfall. Gott hat jeden einzelnen Tag meines Lebens in sein Buch geschrieben. Er sagt zu mir: Du bist WERTVOLL und ich liebe dich so sehr.

Die Würde hat er mir zurückgegeben. An tiefster Stelle meines Zerbruchs bekam ich eine Identität. Nicht aus Geld, Arbeit oder anderen Umständen – sondern als sein geliebtes Kind.

In der Stille meines Gebetslebens sagte er mir irgendwann:

Meine geliebte Tochter, heute bis du mir ganz nah und ich sehe dein Herz ist voll über und über mit mir. Ich möchte, dass du weißt, dass das mein Weg mit dir ist. Ich möchte dich beschenken mit meiner Liebe. Ich werde dich heil machen und ich werde dir eine Zukunft schenken. Für die Heilung anderer Menschen. Genieße die Liebe und die Zeit, die ich dir schenke.

*März 2016, Nermin Kaya*

## „ Mittelpunkt, das sind wir nie! "

**Peter Botsch**, auch „Boudsch" genannt, ist Sänger und Gitarrist der Band Annâweech, die 1995 gegründet wurde. Er und seine vier Bandkollegen aus dem Kochertal singen in Hohenloher Mundart.

# Die Mitte

Bei Menschen ist es stark die Sitte –
Die meisten drängen sich zur Mitte.
Woran das liegt, es ist zu lesen:
Der Mensch ist ein soziales Wesen.
Spinnt man diesen Faden weiter –
Kaum einer ist gern Außenseiter.
Ob rechts, ob links – ob unten, oben,
die Mitte erst ist ausgewogen.
Bist du ein Freund der Harmonie –
Im Reich der Mitte suche sie.
Finden kannst Du sie in Dir,
doch eins ist sicher, glaube mir:
Den Mittelpunkt der ganzen Welt,
den hat man jetzt noch nicht entdeckt,
auch wenns der Menschheit nicht gefällt,
wir sind davon schon sehr weit weg.
Am Rande einer Galaxie –
Milchstraße nennt man sie,
kreisen wir um einen Stern –
bedeutend wären wir schon gern,
doch Mittelpunkt, das sind wir nie!

*Dezember 2015, Peter Botsch*

99 **Wir sind mitten in Europa.** 66

**Fürst Philipp zu Hohenlohe-Langenburg** ist in der Region fest verwurzelt. Nach dem Tod seines Vaters übernahm er den Langenburger Besitz, wo er heute mit seiner Frau und seinen drei Kindern lebt.

# Das Mittelfeld ist der kreative Motor

*Was bedeutet für Sie „Mitte"?*

Fürst zu Hohenlohe-Langenburg: Da gibt es viele Ausprägungen. Die Mitte der Gesellschaft ist ein Ausdruck, den viele kennen. Das ist gerade in der jetzigen Phase der schwierigen Diskussionen, die wir über Flüchtlinge, Integration und Solidarität führen, ein hochbrisantes Thema. Ein weiteres Thema, das auch für die Region steht, ist Europa. Wir sind mitten in Europa. Und Europa ist in meinen Augen ein wunderbarer Gedanke und ich bin ein großer Fan von gleichen Werten, gleicher Währung und Freihandelszonen. Das ist ein Traum. Und ich bin traurig und erschrocken, wie dieser Traum gerade zerbröselt und da stellt sich mir die Frage, ob wir in der Mitte Europas mit unseren Freiheiten und Werten ein erstrebenswertes Vorbild für andere Länder Europas sein können. Wie wir jetzt in dem einen oder anderen Land sehen, offensichtlich nicht. Vielleicht bedeuten „mitteleuropäische Werte" für manche Länder Europas unsere finanzielle Unterstützung. Deswegen macht es mir schon Sorge, dass dieser Europa-Gedanke auseinanderbricht. Wenn die jetzige Struktur der EU zerbricht, muss man Europa neu definieren und neue Allianzen finden, die man sicherlich in der Mitte Europas leichter zusammenbringen kann, als in den Peripheriestaaten. Aber ich fand gerade die Integration der Peripheriestaaten gut. Eine weitere Interpretation wäre die Leichtigkeit meines Hobbys. Das ist der Fußball, den ich sehr gerne verfolge. Da gibt es natürlich den Mittelkreis und ein Mittelfeld. Das Mittelfeld ist der kreative Motor des Fußballs. Von dort aus wird das Spiel in seiner Schönheit und seiner Verzweiflung gewonnen und verloren. Da spielt die Mitte also auch eine große Rolle.

*Bei welchem Verein fiebern Sie denn mit?*

Fürst zu Hohenlohe-Langenburg: Ich habe das große Glück, als Kind oft in München gewesen zu sein. Und mit den Bayern habe ich eine erfreuliche Zeit. Aber natürlich habe ich auch fürchterlich gelitten, wenn die Bayern ein Champions-League-Finale verloren haben und meistens war ich sogar live dabei. Das war traurig. Aber immer, wenn sie ein Finale gewonnen haben, war ich nicht dabei. Deswegen habe ich jetzt auch ein offizielles Stadionverbot, wenn es ums Finale geht – persönlich ausgesprochen von Herrn Rummenigge.

*Wie sehr belastet es Sie als Fußballfan, wenn man die Skandale in den Fußballorganisationen verfolgt? Nervt das?*

Fürst zu Hohenlohe-Langenburg: Der Fan will nur das Spiel sehen und genießen. Fußball soll Freude machen und aus der Faszination ist Kommerz entstanden. Bevor ich hier im Schloss tätig war, habe ich selbst in der Sportvermarktung gearbeitet. Wir haben im Weltfußballverband FIFA eine Konstruktion, bei der jeder eine Stimme hat, ob er jetzt auf einer kleinen Karibikinsel sitzt oder den größten Sportverband wie den DFB leitet. Jede Stimme entscheidet über die Struktur der Entscheidungen und damit über die WM-Vergaben, und da ist natürlich die Möglichkeit, persönlichen Nutzen aus der eigenen Position zu ziehen, teilweise gang und gäbe und ein Teil der einzelnen Länderkulturen. Es gibt eben weltweit unterschiedliche Werte. Bestechung ist natürlich nicht das, was wir als richtiges Mittel sehen. Aber wenn man weltweit agiert und das woanders erwartet wird, weil die Wertvorstellung eine andere ist, dann muss man schauen, wie man damit umgeht. Sollen die anderen unsere Werte akzeptieren oder müssen wir für unsere Ziele deren Praktiken und Vorstellungen akzeptieren?

*Glauben Sie, dass es möglich sein wird, dass wir irgendwann weltweit die gleichen Werte haben?*

Fürst zu Hohenlohe-Langenburg: Nein, ich bin felsenfest davon überzeugt, dass das nicht geht. Es gibt Länder, die haben eine bedeutende Vergangenheit, in der das Thema Demokratie noch nie vorgekommen ist. Das hängt aber auch mit Religionen zusammen. Bei allem Respekt den islamischen Gläubigen gegenüber: Die gelebten Wertvorstellungen sind einfach andere. Das wird sicher auch eine Herausforderung bei der Integration. Es gibt andere Religionen und Kulturkreise – wie den Buddhismus –, da gibt es Rollen und Wertvorstellungen, die deutlich einfacher in Einklang mit unserem christlichen Glauben zu bringen sind.

*Denken Sie, dass Sie mit anderen Werten aufgewachsen sind als ein typischer Bürger Hohenlohes?*

Fürst zu Hohenlohe-Langenburg: Das kann ich mir vorstellen, nachdem ich in einem Haus lebe und aus einer Familie stamme, die sehr durch ihre Historie und durch die Leistung der vorherigen Generationen geprägt ist. Ich kann anhand von Gebäuden, Mauern und Bildern sehen, was hier geschaffen worden ist und diese Leistung gilt es zu bewahren. Allein durch den Erhalt der historischen Denkmäler nimmt man etwas ganz anderes wahr. Für mich ist es einfach zu wissen, wer meine Familie und meine Vorfahren sind, weil sie einfach an Wand gemalte oder in Stein gemeißelte Persönlichkeiten sind. Deswegen habe ich sicher einen großen Generationsgedanken in mir verwurzelt. Der Begriff der Nachhaltigkeit ist bei einem Familienbetrieb, der seit 700 Jahren am selben Ort wirtschaftet, leicht zu kommunizieren.

*Wollen Sie diese Leidenschaft zur Historie auch an Ihre Kinder weitergeben?*

Fürst zu Hohenlohe-Langenburg: Wir können unsere Zukunft besser verstehen, wenn wir unsere Geschichte kennen und schätzen. Meine Kinder wachsen im gleichen Umfeld auf wie ich damals. Sie sehen und erleben dasselbe, was ich als Kind gesehen und erlebt habe. Wenn wir von Räumlichkeiten sprechen, hat das ja oft einen Bezug zu den Menschen, die darin wohnen. Ich versuche, es spielerisch zu machen, so lässt sich Interesse wecken. Ich hoffe, dass uns das gelingt. Mein Vater hat bei mir ein ziemlich dickes Brett durchbohren müssen, aber mittlerweile ist mein Interesse deutlich gewachsen. Ich glaube, Geschichtsinteresse wächst im Alter. Da will ich meine Kinder auch nicht überfordern.

> **„ Wir können unsere Zukunft besser verstehen, wenn wir unsere Geschichte kennen und schätzen. „**

Das kommt irgendwann. Das sehe ich ganz entspannt. Aber ich glaube schon, dass wir Familien Werte vermitteln, die auf Generationsvertrauen aufbauen. Denn natürlich stelle ich mir häufig die Frage, wie geht es für die nächste Generation weiter? Wie kann ich eine historische Immobilie, mit der man inzwischen auch viel Last und nicht nur Freude hat, in einen modern zu nutzenden Betrieb wandeln?

*Sie sagen selbst: Mit der Immobilie hat man auch mal Last?*

Fürst zu Hohenlohe-Langenburg: Wir haben allein 100 000 Liter Öl pro Jahr gebraucht. Jetzt sind es 400 Festmeter Holz in Hackschnitzeln. Das Schloss hat über einen Kilometer Heizungsrohre, 476 Fenster und vier Hektar Dach.

Wenn mal eine Stützmauer anfängt, sich zu bewegen, dann gehen die Kosten gleich in die Hunderttausende.

*Dadurch auch der Tourismus?*

Fürst zu Hohenlohe-Langenburg: Langenburg soll für die Leute ein schönes Ausflugsziel sein, das sich lohnt, anzufahren. Es ergibt sich aus verschiedenen Angeboten ein Gesamtbild. Dazu gehören der Kletterpark, das Automuseum, Schlossführungen und natürlich die Events.

*Ist es nicht komisch, dass die Besucher sich in Ihrem Zuhause umschauen?*

Fürst zu Hohenlohe-Langenburg: Ich bin so aufgewachsen und früher gab es hier viel mehr Tourismus. Deswegen herrscht hier jetzt schon fast eine traurige Ruhe. Ich kann grundsätzlich damit gut leben und freue mich über Besucher im Schloss. Meine Kinder finden es etwas mühsamer. Kinder wollen einfach Kinder sein und nicht die kleinen Prinzen. Aber irgendwann gehört das mit dazu, dass man im Innenhof stündlich Touristen treffen kann. Der Renaissance-Innenhof ist übrigens auch die Mitte des Schlosses und gilt gleichzeitig als besonders schön.

*Gab es Momente, in denen Sie gedacht haben, dass Sie die Verpflichtung und die Verantwortung nicht mehr haben möchten?*

Fürst zu Hohenlohe-Langenburg: In der Vergangenheit und meiner Kindheit war ich immer glücklich in Langenburg. Seitdem ich das Schloss erhalten und die täglichen Probleme bewältigen muss, denkt man sich schon manchmal: „Hätte die Bude nicht ein bisschen kleiner sein können?" Dass ich ganz auswandere oder völlig andere Dinge machen wollte – die Gedanken hatte ich nicht. Mein Vater hat immer gesagt: „Bursche, versuch, deine Schule und Ausbildung gut zu machen und arbeite danach einige Jahre in der freien Wirtschaft." Dadurch hatte ich eine gewisse Freiheit. Ich habe eine Banklehre gemacht und BWL studiert . Die Fähigkeit, wirtschaftlich und innovativ zu denken, ist so entstanden. Das brauchen wir hier. Ich hätte mir als Lebensalternative auch weiterhin einen Job im Bereich der Sportvermarktung vorstellen können, aber das ist jetzt meine Aufgabe und die versuchen wir zu lösen und hoffen, dass wir den Wandel schaffen. Es ist eben nicht mehr ein klassisches Fürstenhaus, wo sich die Aufgaben nur um die Familie und die Rolle der Fürsten drehen. Inzwischen sind wir Bürger wie jeder andere mit einem komplizierteren Nachnamen. Natürlich haben wir mit den Schlössern die Aufgabe, einen Teil der regionalen Identität und Geschichte zu bewahren und zu vermitteln. Da geht es dann wieder um das historische Verständnis: Wo kommen wir her? Wie spielt die Herkunft in das heutige Leben mit rein?

*Zum Abschluss: Was würden Sie denn als Ihre persönliche Mitte bezeichnen?*

Fürst zu Hohenlohe-Langenburg: Wir leben in einer aufgeregten Zeit. Daher bin ich gottfroh, dass ich meine Frau und meine Kinder habe. Meine persönliche Mitte ist eindeutig meine Familie. Sie ist ein Rückzugsort für mich – mit ihr fühle ich mich wohl.

*März 2016, Interview: Anja Gladisch, PROMAGAZIN*

**99 Eine glückliche Zukunft in Toleranz. 66**

**Reinhold Würth**, 1935 in Öhringen geboren, übernahm 1954 die Adolf Würth GmbH & Co. KG, die weltweit 70 000 Mitarbeiter beschäftigt. Der dreifache Vater ist verheiratet und ist als Kunstförderer aktiv.

# Die Mitte – eine Region zeigt Gesicht

Mein ganzes achtzigjähriges Leben habe ich meine Heimat in Hohenlohe-Franken und konnte nicht nur die politische und wirtschaftliche Entwicklung des Gebiets beobachten, sondern habe auch über die Ausübung meines Wahlrechts die Region mitgestaltet.

Mit dem Ende des Zweiten Weltkriegs habe ich als zehnjähriges Kind auch das Ende des Nationalsozialismus erlebt. Politische Strukturen wurden aufgelöst, die Bevölkerung atmete auf, vor allem, weil plötzlich Frieden war, die Sorge um den Verlust weiterer Familienmitglieder durch Kriegseinwirkung war beendet. Nur zögerlich wagte die Bevölkerung nach der Diktatur die ersten Versuche, eine Demokratie aufzubauen.

Weder mein Vater noch der Großvater waren Mitglied der NSDAP, unsere Familie ist geprägt vom Liberalismus des deutschen Südwestens. Somit ist die politische „Mitte" das Umfeld, in dem auch ich groß geworden bin. Lange Jahre war ich Mitglied in der Freien Demokratischen Partei, einfach weil mir extreme Positionen immer fremd geblieben sind.

Natürlich hatte die FDP ob ihrer freiheitlichen Wahl der Koalitionspartner in der Bonner und Berliner Republik immer wieder das Prädikat, die Partei hänge ihr Mäntelchen nach dem Wind.

> ” **Liberalismus verhindert, dass in der Bevölkerung Gräben entstehen und Standpunkte fanatisiert werden.** „

Diesen Thesen habe ich immer widersprochen: Liberalismus ist die Mitte der Gesellschaft, einfach weil ohne Ansehen der Person der Schutz der Bürgerrechte, die Freiheitlichkeit der Presse absoluten Vorrang haben vor den Herrschaftsansprüchen des Staates.

Liberalismus zeichnet sich aus durch faire Kompromissbereitschaft, durch intensiven Austausch von Argumenten, um optimale Kompromisse zu schließen und die Interessen oft widerstreitender Bürgerbewegungen am Ende unter einen Hut zu bekommen. Liberalismus verhindert, dass in der Bevölkerung Gräben entstehen und Standpunkte fanatisiert werden; Liberalismus sorgt dafür, die Argumente Andersdenkender nicht nur zu hören und zu analysieren, sondern auch bereit zu sein, ein Stück auf die Andersdenkenden zuzugehen.

## Auf Toleranz und Ausgleich bedacht

Wie passen nun diese generalistischen Aussagen und Thesen auf die Region Heilbronn-Franken? Sparen wir uns, die Wurzeln der Region Heilbronn-Franken (Franken = die Freien) ab 720 als Fränkische Königsprovinz zu verfolgen, gleichwohl haben sich über die politischen Veränderungen des Wiener Kongresses hinaus gewisse Eigenarten erhalten, die es der Weisheit Stuttgarter Nachkriegs-Ministerialbürokratie geraten erscheinen ließen, innerhalb Baden-Württembergs eine Region Heilbronn-Franken weiterleben zu lassen. So werden ja zum Beispiel die Sprachdialekte an Kocher und Jagst als ziemlich unverfälschte Bauernsprache des Spätmittelalters beschrieben.

Tradition und heimatverbundene Obrigkeitshörigkeit der Bürger sind nicht übertrieben ausgeprägt – der Stoff des von Goethe so meisterlich erarbeiteten „Götz von Berlichingen" passt in deutschen Landen nirgends besser als in Hohenlohe-Franken: Das seit 67 Jahren als jährliche Neuinszenierung in der Götzenburg in Jagsthausen bei den Freilichtspielen aufgeführte Stück findet auch heute ungebrochen großen Zuspruch.

Was heißt dies nun alles für uns heutige Bürger der Region Heilbronn-Franken? Als Bürger der Region seit mehr als siebzig Jahren darf ich eines in Dankbarkeit feststellen: Die Bürger sind auf Toleranz und Ausgleich bedacht – auch wenn die Ergebnisse der letzten Landtagswahl Extremismus nicht ausschließen! Ich

> **„ Die Bürger sind auf Toleranz und Ausgleich bedacht – auch wenn die Ergebnisse der letzten Landtagswahl Extremismus nicht ausschließen! "**

persönlich vertrete die These, dass die Wähler am rechten Rand der Aufmüpfigkeit der Franken folgend Protest anmelden wollten, im Ernstfall aber die Demokratie aus der Mitte heraus mit glühendem Nachdruck schützen werden.

Immerhin beobachte ich, dass die Ökumene der Religionen in den letzten siebzig Jahren gute Fortschritte gemacht hat, die Toleranz zwischen evangelischen und katholischen Christen hat seit den 1950er Jahren des letzten Jahrhunderts enorm zugenommen – kleine Bürger-Fehden, die man hier und dort pflegte, also wie zum Beispiel zwischen Künzelsau und Ingelfingen, sind verschwunden. Als besonderen Ausdruck gegenseitigen Respekts empfinde ich, dass im Hohenlohekreis nie einer der vielen jüdischen Friedhöfe beschädigt oder gar geschändet worden wäre.

Dieser Aufsatz entsteht unter dem Eindruck des Brexit vom Donnerstag, 23. Juni 2016, als eine kleine Mehrheit der EU-Gegner in Großbritannien durch ihre Entscheidung, die Europäische Union zu verlassen, der Weltwirtschaft einen schon jetzt absehbaren riesigen wirtschaftlichen Schaden hinterlassen hat in der Größenordnung von etwa fünf Billionen US-Dollar vernichtetem Börsenwert, das entspricht dem Doppelten der gesamten Wirtschaftsleistung Großbritanniens und 17 Prozent der Wirtschaftsleistung der G7 Staaten im Jahr 2015. Auch im DAX lösten sich mehr als 65 Milliarden Euro in Luft auf (n-tv) – ein echter Irrsinn! Ursache ist das Versäumnis der Politik, die Bürger mitzunehmen auf Ausgleich und Kompromissbereitschaft.

Meine Wahrnehmung als Bürger der Region Heilbronn-Franken zeigt, dass wir uns auf einem guten Weg in der gesellschaftlichen Mitte bewegen. Der allgemeine Wohlstand hat zugenommen, der Zusammenhalt innerhalb der Städte und Gemeinden ist intakt, wenn ich die mir besonders nahestehenden Städte Niedernhall, Künzelsau und Schwäbisch Hall beobachte. Die Arbeitslosigkeit – im Hohenlohekreis gerade noch drei Prozent – liegt weit unter dem Bundesdurchschnitt, die Wirtschaft investiert und gedeiht.

> **Wer wollte da noch behaupten, die Region sei nicht in der Mitte angekommen!**

Als Reverenz an meine liebe Frau sei ein persönlicher Hinweis gestattet anlässlich unseres in Kürze bevorstehenden sechzigjährigen Ehejubiläums und dem achtzigsten Geburtstag meiner Frau: Wie sich Carmen Würth aufopfert zugunsten von Behinderten und Schwachen, empfinde ich als vorbildlich – wer wollte da noch behaupten, die Region sei nicht in der Mitte angekommen!

Als Mitbegründer der Bürgerinitiative pro Region Heilbronn-Franken war das Anliegen von Frank Stroh und von mir, die zunächst artifizielle Region Heilbronn-Franken mit Bürgerleben zu erfüllen. In den 19 Jahren seit Bestehen der Institution waren wir nicht ganz erfolglos, wofür ich allen Wohlwollenden herzlich danke.

## Europa muss vierte Großmacht sein

Gegen Ende meines Lebenswegs erlaube ich mir einen Hinweis, eine Empfehlung an die Jugend: Lauft nicht den EU-Separatisten vom rechten Rand hinterher! Was eure Eltern und Großeltern mit der Europäischen Union aufgebaut haben, ist ein einzigartiger wunderbarer Schatz: Europa in Frieden, in Freiheit reisen und Wohnen innerhalb der Schengenstaaten ohne Limitierung, mit der Einheitswährung Euro in Helsinki, Dublin, Lissabon, Madrid und Palermo zahlen zu können – welches Glück!! Frankreich, Italien und Deutschland als engste Freunde auch in der Not:

Ihr Jungbürger, schaut euch die grausamen Todesäcker von Verdun, vom Hartmannsweilerkopf oder die unsinnigen Befestigungsanlagen aus dem Ersten Weltkrieg in den Alpen an!! Wollt ihr das alles gefährden und aufs Spiel setzen nur wegen einiger rechtsgerichteter Parolen und Bundespräsident Gauck bei seinem Auftritt am Deutschen Wandertag in Sebnitz mit Parolen wie „Hau ab" demütigen? Ich selbst habe noch die Schrecken des Krieges, des Todesgeruchs wenige Tage nach dem Angriff vom 4. Dezember 1944 auf Heilbronn miterlebt. Dieses Grauen hat mich mein Leben lang begleitet. Eine starke Europäische Union verhindert kleinkarierten Rassismus und sichert unsere politische und wirtschaftliche Stärke in der Welt.

> **Eine starke Europäische Union verhindert kleinkarierten Rassismus.**

Die geostrategische Lage ist heute unsicher und instabil, trotzdem bestehen außerhalb Europas drei große Wirtschaftsblöcke, nämlich die USA, Russland und China.

Gegen diese geballte Macht können wir Europäer nur bestehen, wenn wir eng zusammenhalten und gemeinsam als Vierte, vor allem wirtschaftliche Großmacht (Europa) unseren Platz in der Welt erhalten. Als normaler Bürger appelliere ich an die Jugend:

Schaut trotz Brexit mit Zuversicht in die Zukunft und baut die Vereinigten Staaten von Europa – damit allein sichern wir Frieden, Freiheit und Wohlstand unter Wahrung der Mehrsprachigkeit bis hin zur Esskultur. Als Beispiel gilt die deutsche Reichsgründung 1871: Ich mag heute noch keinen süßen Kartoffelsalat der Hamburger und doch stellt heute kein Mensch die Weiterexistenz der Bundesrepublik Deutschland in Frage. Dieses Primitivbeispiel lässt sich heute 1:1 auf Europa übertragen.

Allen Bürgern der Region Heilbronn-Franken wünsche ich eine glückliche Zukunft in Toleranz, in Frieden und Freiheit, mit einem Dreh- und Angelpunkt um die politische Mitte.

*Juni 2016, Reinhold Würth*

99 **Zeit ist mitten in uns.** 66

**Renate S. Deck** ist Künstlerin aus Langenburg. Wichtigstes Element ihrer Arbeit sind seit über 25 Jahren die Geschwister Scholl. Für ihr Engagement erhielt sie 2015 das Bundesverdienstkreuz am Bande.

# Zeit ist mitten in uns.
## Gedächtniswanderung „Hans Scholl" 1994 nach Ulm

Zwei Seiten sind es, die zu meiner Mitte wurden. Rosenkunst führte mich zu den Scholls und wieder zur Rose und zur Kunst!

„Vom Duft und Sinn der Rose begleitet, kreisen die Gedanken von verschiedensten Seiten her, immer wieder um das Symbol des Kreises und seines Mittelpunktes, bekannt als Zeichen der Sonne." Das Zitat ist eine Zeile aus einem Gedicht, das entstanden ist, als wir 1994 nach acht Tagen Gedächtniswanderung „Hans Scholl" von Ingersheim nach Ulm kamen und im Fischerviertel verweilten. Von da aus fuhren einst meine Vorfahren mit den „Ulmer Schachteln" gen Osten, um neu zu siedeln. Bei dieser Gedächtniswanderung verteilten wir unterwegs die Briefe und Tagebücher der Scholls (Fischerverlag) und suchten in Ulm nach Erinnerungsspuren.

Als ich vor mehr als 25 Jahren die Denkarbeit „Scholl" in Hohenlohe begann, war ich selbst mitten im Leben, vom Alter her und auch gesellschaftlich als Künstlerin und Mutter zweier heranwachsender Kinder. Der zentrale Mittelpunkt, durch Kunst etwas auszudrücken, die bis dahin Zentrum meines Schaffens war, verlagerte sich mit dem Blick auf die Scholls, auf ihre Geschichte und jene Zeit im letzten Jahrhundert. Kindheit – Jugend – Widerstand! 1918 ist Hans Scholl geboren, 1921 Sophie. Sie starben im Februar 1943. Die Auswirkungen des Nationalsozialismus zu erforschen, zu durchdringen und den Versuch, sie zu begreifen, wurde eine zentrale Fragestellung für mich. Ereignisse im Umfeld rückten deutlicher in meine Sicht. Zum Beispiel wurden Anfang der 1990er-Jahre am jüdischen Friedhof die Grabsteine umgeworfen. Kaum einer scherte sich darum. Wir standen Abend für Abend mit Kerzen auf dem Friedhof, bis man die geschändeten Grabsteine wieder aufstellt. Eine rechte Gesinnung wurde damals unterschätzt und verharmlost. Wir verteilten 1991 mitten im Winter in Hall sechzig weiße Rosen an Passanten. „Gegen den Krieg." Dafür wurden wir jedoch angefeindet! Mitten in unserer Demokratie dachte man nicht überall gut über den Widerstand und auch nicht über die Scholls. Durch kontinuierlich konsequente Erinnerungsarbeit konnten wir fünfzehn Jahre später einen Hans und Sophie Scholl-Pfad eröffnen. Heute ist er nicht wegzudenken aus Hohenlohe und damit die Geschichte des Widerstandes. Die Geschwister Scholl gehören zum Besten unserer Region, unseres Landes.

Zeit ist mitten in uns und es liegt auch an uns, wie sie sich bewegt! Unser Denken und Handeln bestimmt den Zeitgeist mit. Die Flüchtlinge heute sind Ausdruck unserer Zeit, wie es die Flüchtlinge nach 1945 waren oder die „Ulmer Schachteln", die vor mehr als 250 Jahren auszogen, weil es hier im Lande Hunger und keine Arbeit gab. Die Geschichte meiner Vorfahren gehört zu meiner Betrachtungsmitte dazu. Mitten in der derzeitigen Diskussion, die oft beschämend und egoistisch ist, platzte die klare Ansage meiner Mutter: „Hier am Tisch sitzt nur eine, die weiß, was es heißt, Flüchtling sein zu müssen!" Die sonst politisch eher Zurückhaltende, die Familie als absoluten Mittelpunkt des Lebens zelebriert, hatte gesprochen. Ich war stolz auf sie!

Zeit ist mitten in uns! Das Losungswort der Geschwister Scholl, die mit diesem Ruf starben, war FREIHEIT. Mitten in der dunkelsten Zeit waren sie Lichtpunkte, die Mitte für das „andere" Deutschland, auch nach 1945. Hans und Sophie Scholl schöpften ihre Kraft des Handelns zuerst aus ihrer Familie. Den Mittelpunkt bildete die Mutter, ehemalige Diakonisse mit ihrer liebevoll christlich motivierten Erziehung und der liberal politisch denkende und handelnde Vater, 1920 - 1930 Schultheiß von Forchtenberg. Beide Eltern waren der Rahmen, die Bedingung, dass man politisch und christlich, liberal und frei gelernt hatte, seine Gedanken auszudrücken und seine Gefühle nicht verstecken zu müssen! Über alles wurde frei gesprochen.

Die Familie, Hans, Sophie und die drei andern Geschwister mussten Forchtenberg 1930 verlassen, herausgerissen aus unbeschwerter Kindheit und ihrer ersten Heimat „holperten sie mit der Bahn" ins Ungewisse. Mit der Bahn, für die sich der Vater so eingesetzt hatte und die durch seine Unermüdlichkeit im Kochertal gebaut wurde, festlich eröffnet in den noch guten Tagen 1924. Zeit ist mitten in uns! Was sie wohl dachten auf jener Eisenbahnfahrt? Hans und Sophie, die anfänglich die Hitlerjugend begrüßten, mit dem Vater stritten, der ein großer Gegner des Nationalsozialismus war, erkannten nach und nach durch eigenes Erleben, Erfahren und durch klare Begegnungen mit religiösen Publizisten, Theologen und Philosophen, die anders dachten, ihr Gewissen. Dieses führte zum Handeln und dem Verfassen und Verteilen der Flugblätter gegen das Unrechtregime. Wir wissen heute, dass in jener Zeit die Menschheit als Gesamtgesellschaft ihre Mitte verloren hatte. Gott wurde für die Scholls der Maßstab, ihre Mitte, ihre Waage. Ihr Halt. Dort, wo jede Menschlichkeit verloren schien, richteten sie den Blick auf ihr Herz, ihr Mitgefühl und ihren Verstand. Wie Sophie es ausdrückte: „Der Mensch muss ein weiches Herz, aber einen klaren harten Geist haben." Die Mitte ist der danach handelnde und liebende Mensch. Die Mitte und der Maßstab war für sie Gott. Gott und kein Führer, der die Menschheit ins Verderben führte. Dafür nahmen sie selbst ihren Tod in Kauf. Der Kopf wurde vom Leib getrennt. Das Todeswerkzeug war das Schafott. Der Verstand, der Kopf, wurde vom Herz getrennt. Sie lebten und sie starben. Sie starben jung, aber liest man aus ihren Gedanken, so spüren wir eine große Zentriertheit um das Geschehen, das sie umgibt. Eine Mitte, die das Innen zulässt, das Fragen, das Ringen, das Bewegen wollen, aber auch die Freude am Leben, an Gesprächen mit Freunden. Nicht Welt abgekehrt waren sie, aber sie waren außerhalb der damaligen politischen Norm, Gegner des Nationalsozialismus.

Hans Scholl wünschte, den bekannten Korintherbrief laut zu sprechen. Er wartete auf den Tod in einer ärmlichen Todeszelle in München-Stadelheim. Gefängnispfarrer Alt erinnert sich, wie ihn diese Stunde berührte. „Die Liebe ist das Größte ...", so war Hans in seiner letzten Stunde ganz nah bei sich, in seiner Mitte und bei seiner Liebe und er sagte: „Ich habe alles unter mir, keinen Hass ..." Pfarrer Alt: „Wer so stirbt, stirbt wohl." Oft höre ich die Frage, wäre Hans zum Katholizismus übergetreten, wenn er weiter gelebt hätte? Andere höre ich sagen, er habe bewusst mit dem evangelischen Pfarrer das letzte Abendmahl eingenommen. Ist es nicht müßig und führen uns solche Diskussionen nicht eher weg vom Zentrum? Die Mitte ist die Liebe, die Hans und Sophie ihrem Volk schenkten, weil sie wegen ihres Gewissens nicht anders konnten und wie Sophie es ausdrückte, dass endlich ein Mensch dagegen fällt, fallen muss gegen das menschenverachtende Regime, das jegliche Mitte zerstört.

Zeit ist mitten in uns! Als ich 1990 mit der Denkerinnerung begann, war es die Rose, die mich leitete. Durch eine Rosenausstellung wurde ich direkt hineingezogen in dieses Thema. Wie konnte es anders sein, die Rose war die Mittlerin! Die Rosenmitte selbst ist eines der schönsten Symbole für die Mitte des Menschen und hat seit alters her diese Bedeutung als Herzblume, als Heilpflanze für das Herz. Die Weiße Rose und die Rose der Kunst trafen sich 1990 in unseren Räumen unterhalb des Diakberges in Schwäbisch Hall. Dort fand ich viel später die Spur zur Mutter Magdalena Scholl, dem Mutterhaus, dem Gottlobweiserhaus, den abtransportierten „Behinderten" nach Grafeneck und die zur Schwester Elisabeth Scholl, die hier 1939 ein Praktikum im Kindersolbad absolvierte. Und die Rose? Michael der Erzengel ist im Stadtwappen von Forchtenberg, dem Geburtsort von Sophie. Mitten hinein stößt Michael den Stab. Mitten in den Ungeist jener Zeit stießen Hans und Sophie Scholl mit ihrer Flugblattaktion in München in das Zeitgeschehen. Eine Rose war ihr Symbol! In Forchtenberg haben wir Rosen, Sophie Scholl-Rosen, gepflanzt und zeigen dieses Symbol auf dem Platz der Kleinkinderschule. Zwölf Stationen erinnern heute an die Kindheitsspuren in Forchtenberg. Auf diesen zwölf Stationen kann man mit einem Begleitflyer den Spuren der Geschwister Scholl folgen. Eine Station ist die Gedenkstätte oder das Kernmuseum mit einer Schollecke oder das Rathaus mit der Büste von Sophie Scholl, die Michaelskirche mit dem Taufstein, die Kernkanzel oder gar die Besteigung des Schlossberges. Das Interesse an der Herkunft der Scholls wuchs und zieht viele Interessens- und Altersgruppen seither an. So folgten bereits tausende Spurensucher diesem Geschichtspfad oder erlebten eine Weiße Rose-Stadtführung. 2006 konnte dieser Geschichtsweg mit der Stadt Forchtenberg eröffnet werden. Er führt unmittelbar in die Mitte der Kindheit.

Zeit ist mitten in uns. Auch in künstlerischer und persönlicher Sichtung! Während der letzten Jahre sind wir drei Mal umgezogen. Drei Zeitepochen. Unterhalb des Diakberges erlebten unsere Kinder ihre Kindheit. Der Umzug auf einen kleinen Weiler brachte Veränderung. Der nahe See und die Wiesen und Felder ließen einen weiten Blick zu. Dort verbrachten unsere Kinder ihre Jugend und zogen als Erwachsene hinaus. Der dritte große Umzug, längst jenseits unserer Lebensmitte angelangt, führte in das Herz von Hohenlohe nach Langenburg. Veränderungen! Dennoch bleibt die Seele, es bleibt das Essenzielle, die Erkenntnis, dass sich Räumliches ändern kann, doch ist der Mensch in sich, bleibt er bei sich. Es ist deshalb nicht verwunderlich, dass sich meine räumliche Position zum Thema Scholl – Forchtenberg dreimal änderte. Doch im Grunde hat es die Mitte nicht verloren! So wechselseitig mein persönliches Leben war, so ist doch dieser Blick auf höchste Art dadurch potenziert. Das Thema Scholl im Zentrum, nur ich habe mich bewegt. Dass wir nun in Langenburg gelandet sind, erscheint uns als Schicksal, denn hier hatte ich 2013 begonnen, die Spuren der Sophie Scholl mit ihrer lebenslangen Freundschaft mit Lisa Remppis zu erforschen. Die Forschungsarbeit hat sich nicht nach Langenburg verlagert, sondern den Mittelpunkt erweitert. Diese neuen Spuren werfen den Blick auf die Verhältnisse und Freundschaften, auch zur Jugendliebe von Hans. Die Biographien erzählen, wo sie Menschen waren und keine Helden auf einem Sockel. Der Pfad in Forchtenberg führt jetzt auch nach Langenburg. Unsere neue Mitte ist das Sophianeum in der alten Hofapotheke als Ergänzung. Im Grunde ist alles, was wir tun, verbunden, wenn wir nicht Zerrissene sind. Es ist so wichtig, unsere Mitte in uns zu tragen. So können Ortswechsel die Sicht verändern, aber nicht zerstören, was in uns Wirklichkeit ist.

Bei Beginn der Denkarbeit agierte ich von der Michaelsstadt Schwäbisch Hall aus. Michael der Erzengel wurde eines der Leitmotive. Bereits 1986 besuchten wir das erste Mal die Michaelsstätten im Gargano, Apulien. Die Schollarbeit führte mich direkt wieder an einen Michaelsort. Die Rosen, die Michaelskultur ... die soziale Plastik bildeten mein künstlerisches Rückgrat. Nach der Säulenspirale 1990 in der

Johanniterhalle mit 33 Erden von deutschen Botschaften weltweit erhalten, gab es immer verwandte Themen. 2002 installierte ich in der romanischen Kleinkomburg ein Erden-Labyrinth. In 49 Porzellanschalen waren Erden aus dem Umkreis von circa 35 Kilometern um die Michaelskirche in Hall gesammelt. Die äußersten Orte waren die Geburtsorte von Hans und Sophie Scholl, Ingersheim und Forchtenberg. Die mit Fingern und Erde gemalten Erdenkreise nenne ich Orbis terrarum (= Erdkreis). Rund um das Thema gab es Veranstaltungen, Meditationsgehen durch das Labyrinth der vielfarbigen Erden. 2006 zum 800-jährigen Stadtjubiläum von Schwäbisch Hall nahm ich diese Erden als Ausgangsbasis für 52 Kosmogramme für jeden Ort. Die angewandte Aquarelltechnik eignete sich durch die Arbeitsweise. Gleichzeitig von innen und außen drehend gemalt, entwickelten sie sich um den Mittelpunkt. Als in der Stadt die großen Feierlichkeiten stattfanden, wurde meine Ausstellung jenseits des offiziellen Augenmerks nur für einen Tag und eine Nacht gezeigt. 800 plus 1 Minute. Jedes Jahr eine Minute, darüber hinaus die Zukunft – plus 1! Damit ist wiederum gesagt: Vergangenes, Gegenwärtiges, Zukünftiges. Der Augenblick als bewegende Mitte! Die Schau der 52 Kosmogramme in der Kleinkomburg war außerhalb und doch mitten darin. Aufgeteilt in je vier mal zehn Bildwerke, lagen diese auf je einem Sefirothbaum, der auf dem Kirchenboden aufgemalt war und zwölf weiteren um einen Kreis im Altarraum. Die Lebensorte der Schollgeschwister, Forchtenberg, Ingersheim, aber auch Hall, die Michaelskirche, und Orte wie Vellberg, Langenburg, Künzelsau, Oberrot, Gaildorf, Öhringen waren darunter.

Das Sophie Scholl-Zimmer der Sophie Scholl-Gemeinde im Brenzhaus beherbergt ein Rosenbild „SINN – oder Kopfrose". Diese Kopfrosen entstehen seit 1998. Diese verweisen auf Sophies Kernsatz, dass der Mensch ein weiches Herz, aber einen harten und klaren Geist haben solle! In der Bildaussage „Kopfrose" sind wieder vereint, was das Schafott gewaltig trennte: Kopf und Herz! Das ist mein Credo zur Schollarbeit. Die Rose, die weiße und die rote, die des christlichen Widerstandes und die der Frau des Mittelalters, Elisabeth von Thüringen, sind es, die mich zu meinem Mittelpunkt geführt haben.

Zeit ist mitten in uns!

*Januar 2016, Renate S. Deck*

> **Mitte nährt sich im zweckfreien Sein.** "

**Rita Walpurgis** wurde im Ruhrgebiet geboren und arbeitet heute als freie Landschaftsarchitektin im Raum Schwäbisch Hall. Schon früh entwickelte sie eine ausgeprägte Liebe zur Natur.

# Ich lebe mein Leben in wachsenden Ringen
## (Rainer Maria Rilke)

In die Mitte des 20. Jahrhunderts wurde ich hineingeboren in eine aufstrebende Wirtschaftsmacht, die ihre Mitte verloren hatte. Das Ruhrgebiet, ein Sammelbecken unterschiedlichster Kulturen wie Ostpreußen, Polen, Slowaken, Italiener und in den 1960er Jahren Türken, die in Deutschlands aufblühender Stahl- und Bergbauindustrie im Ruhrgebiet Arbeit und Heimat fanden.

Auch meine Vorfahren hatten die Kriegswirren des Ersten und Zweiten Weltkrieges aus Ungarn und Österreich mütterlicherseits und aus Schlesien und dem Harz stammend väterlicherseits dort stranden lassen. Man sah nach vorn, jede Hand wurde gebraucht, um das niederliegende Deutschland wieder hoch zu wirtschaften und aufzubauen, das vielerorts noch in Schutt und Asche lag. Das innere Aufarbeiten, wenn überhaupt, war erst später dran. In dieser Aufbruchstimmung, in dieses wuselige Schaffen und Werden wurde ich hineingeboren. Mit einer Geburt, die mein Leben, noch ehe ich die Welt erblickte, infrage stellte. Die Nabelschnur hatte sich um meinen Hals gelegt und ich drohte, zu ersticken. Durch Hilfestellung der Hebamme und einer glückliche Fügung entwendete ich mich diesem Verhängnis und konnte aus der Mitte meiner Mutter in dieses Leben hinein gleiten. Ein meine Lebensmitte wohl zutiefst prägendes und sensibilisierendes Erlebnis. Im Laufe meiner Werdeprozesse warfen mich äußere Einflüsse einer immer mehr aus den Fugen geratenden Welt aus meiner Mitte und brachten mich an Lebens- und Existenzgrenzen. So wurde ich zeitweilig immer mal wieder zu einer Grenzgängerin in dieser Gesellschaft, die sich dennoch und trotz alledem immer wieder neu auf den Weg machte.

Meine große Lernaufgabe war es, entgegen dem Zeitgeist, zu begreifen, dass die natürlichen Zyklen von allem Lebendigen einem ständigen Prozess von Werden, Vergehen und wieder Auferstehen in unterschiedlichen Zeitkreisen unterworfen sind. Und das auch wir Menschen uns nicht über diese Natur, der wir entsprungen sind, stellen können.

Durch meine Liebe zur Natur, intensive Naturerfahrungen und hohe Sensibilität passte ich nach einigen Jahren nicht mehr in die Arbeitswelt großer Industriekonzerne. Meine innere Motivation, in den Vorstandsetagen als Direktionssekretärin weiterhin tätig zu sein, in einer damals noch ausschließlich männlich orientierten

Wirtschaftselite, verlor sich immer mehr. Eine wiederum von außen angestoßene Lebenskrise – unerkannte Vergiftung durch Schwermetalle wie Aluminumstäube, die in den 1970er Jahren bei der Verhüttung von Bauxit zu Aluminium einfach in die Lüfte des ohnehin durch viele Stäube und Gase belasteten Ruhrgebietes geblasen wurden – brachten körperlichen Zusammenbruch, vielerlei Allergien und letztlich ein Wiederauferstehen in einer Neuorientierung hervor. Ich wollte sinnvolleren Aufgaben dienen. Meine Liebe zur Natur und meine Freude am freien, kreativen Gestalten führten mich letztlich zum Studium der Landschaftsarchitektur mit einer folgenden ersten Anstellung in einem freien Hamburger Büro. So folgte ich meinem inneren „Faden der Ariadne", ohne genau zu wissen, wo er mich letztlich hinführen würde. Auf dem Weg, der aufgrund meiner Sensibilität in dieser Gesellschaft nicht zielstrebig gradlinig verlaufen konnte, sammelte ich auf vielerlei Ebenen Erfahrungen. Mein Rüstzeug für weitere Wege im Labyrinth des Lebens, insbesondere in den Phasen der absoluten Ohnmacht und Kraftlosigkeit.

In den 1990er Jahren, mein Weg hatte mich mittlerweile in den Kreis Schwäbisch Hall geführt, erlag ich fast einer existenzbedrohenden Holzschutzmittelvergiftung, die ich mir in einem schönen, in den 80er Jahren mit viel Holz gebauten Fertighaus erwarb. Das Holz – was ich nicht wußte – war mit Xyladecor gegen Insektenfraß geschützt worden, was noch bis in die 90er Jahre hinein üblich war. Es hat tausende von Menschen in bedrohliche Krankheiten geführt und viele von ihnen sind daran in ihrem Lebensentwurf gescheitert. Xyladecor war jedoch ein durchaus vom Bundesgesundheitsamt erlaubtes und gedecktes Holzschutzmittel, obwohl bereits seit 1951 bekannt war, dass Inhaltsstoffe wie Lindan und PCB hochgiftig sind. Ein Film dazu wurde 2008 im SWR-Fernsehen ausgestrahlt. Der Titel: „Die Holzschutzmittelopfer – legal vergiftet, dann vergessen". Dieser Erfahrensweg, der mich total aus meiner Mitte geworfen hatte, dauerte circa zehn Jahre. Fünf Jahre bis zum absoluten körperlichen Zusammenbruch, fünf Jahre um wieder einigermaßen zu Kräften zu kommen.

Nach vielen Jahren der inneren und äußeren Not, der Unwissenheit, ob ich jemals wieder ein vollwertiges Leben in dieser Gesellschaft führen kann, ob ich jemals wieder in der Lage sein werde, meinen eigenen Lebensunterhalt zu verdienen, geschweige denn die immensen Kosten langjähriger anstrengender Entgiftungsbehandlungen aufzubringen, entschied ich mich irgendwann, meine Verzweiflung, meine Wut gegen diesen ignoranten Sozialstaat aufzugeben und nur noch nach vorn zu schauen. Ich hatte auch begriffen, dass ich die mächtige Holzschutzmittelindustrie nicht zur Verantwortung ziehen konnte für diese durchlittenen zehn Lebensjahre und weitere Folgen.

Meine extremsten Lebenserfahrungen, bezogen auf den Verlust meiner Mitte, so kann ich heute gottseidank in der Rückschau sagen, haben in letzter Konsequenz meine Lebenskräfte extrem gefordert und damit aber auch gefördert und meinen Willen gestärkt. Der Prozess des Hindurchgehens ist gelungen, doch er ist nur deshalb gelungen, weil ich erkannt hatte, dass nur ich meinen Blick auf diese Nöte wenden kann, indem ich meine innere Mitte suche, stärke und halte. Nur aus dieser Mitte heraus, aus dieser innersten Kraft der vollen eigenen Verantwortung für mein Leben, konnte ich weitergehen und einen neuen Lebensentwurf wagen.

Dennoch, zu begreifen, das in einer Welt der hochentwickelten Technologien und in einem hoch entwickelten Sozialstaat keine Lösungen für Fälle wie mich vorgesehen waren – und ich war kein Einzelfall –, die Politik so gut wie gar nicht schützend eingriff sondern konzernhörig agierte, war mir erschreckend. Und so entwickelte sich nach und nach ein mir im Innersten befremdliches Menschen- und Gesellschaftsbild, in das ich wieder mal nicht mehr hineinpasste.

Die Literatur, Biographien, Lyrik, das gesprochene Wort wurden mir zur Orientierung in einem mir fremd gewordenen Leben. Auch der Rückzug in die Natur der schönen Hohenloher Landschaft hat viel dazu beigetragen diese Mitte in mir zu stärken. Mit dem Fahrrad bin ich immer wieder durch Felder und Wälder gefahren oder zu Fuß unterwegs gewesen, soweit meine Kräfte dies zuließen. Ich verweilte stundenlang unter der mächtigen Breiteich. In Resonanz mit dem Landschaftsraum, der mächtigen Baumgestalt der Breiteich, als Mittlerin zwischen Himmel und Erde, wurde meine Mitte genährt. In diesem absichtslosen, zweckfreien Sein, im Lauschen und Beobachten der Natur wurde ich berührt von einer Welt, die im Unbewussten meiner Seele einen inneren Wachstumsprozess anstieß. In der Baumsymbolik von C. G. Jung fand ich Analogien zu meinen Erfahrungen. Bäume gehören nach ihm zu den Archetypen selbst des modernen Menschen. Sie stoßen den Individuationsprozess der Seele durch überpersönliche Mächte an. Und im Betrachten der Werke von Klee fand ich eine Verbindung zwischen der Natur und dem unbewussten Geist des Menschen, die untrennbar verbunden sind. Eines meiner Lieblingsgedichte dieser Zeit schrieb Hilde Domin:

„Ich richte mir ein Zimmer ein in der Luft unter
den Akrobaten und Vögeln:
mein Bett auf dem Trapez des Gefühls
wie ein Nest im Wind
auf der äußersten Spitze des Zweigs."

Herausgefallen aus den üblichen gesellschaftlichen Lebensstrukturen, „auf der äußersten Spitze des Zweigs" wurde mir bewusst, dass die Fäden von Politik und Lobbyismus undurchschaubar verwoben sind. Immer weniger liegt den gewählten Entscheidungsträgern ein humanes, philosophisches Menschenbild zugrunde, das Entscheidungen zum Wohle des Einzelnen und dem Gemeinwesen trifft. Egoistische eigene Interessen wie Machtzuwachs, Prestigegewinn, Geldmaximierung dominieren unsere liberale Gesellschaft. Achtsamkeit im Umgang mit dem Menschen und deren Lebensgrundlagen, mit den Ressourcen unserer Natur, ja Achtsamkeit vor allem Lebendigen, war für mich kaum mehr sichtbar, meine Vorstellung von Freiheit und Lebenssicherheit nicht mehr haltbar. Der Wahngedanke des permanenten Wachstums wirkte auf mich wie ein Krebsgeschehen in unserer Gesellschaft.

Meine erworbene Hypersensibilität auf viele chemische Stoffe (CMS-Syndrom in der medizinischen Fachsprache) führte mich in die Selbständigkeit als freie Landschaftsarchitektin. Dadurch war es mir möglich mein Arbeitsumfeld, die Ausgestaltung meiner Arbeitsräume nach baubiologischen Aspekten, weitgehend frei von üblichen hohen Ausgasungen von Lacken, Teppichen, Kunststoffen und technischen Geräten zu gestalten. Nach langer Suche fand ich in einem historischen Gebäude aus dem 17. Jahrhundert eine baubiologisch sanierte Wohnung. Langsam entwickelte sich wieder eine Lebensgrundlage in dieser für mich kompliziert gewordenen Welt.

Doch wie ist in dieser sich immer schneller drehenden Zeit, in der in Bruchteilen von Sekunden Informationen durch den Äther sausen, alles sozusagen gleichzeitig erreichbar ist, wir regelrecht von Informationen überflutet werden, wie ist da noch Mitte zu finden und wie ist diese Mitte zu halten. Die einen gehen in den Burnout, die anderen springen von einem Event zum nächsten in einer sogenannten „Spaßgesellschaft". Gleichzeitig bilden sich jedoch, parallel zur Politik, selbstorganisierte Kulturen von Menschen, die nicht mehr bereit sind, ein fremdbestimmtes Leben zu führen. Bürger bilden Gemeinschaften, Bürgerforen, gehen für ihre Werte auf die Straße, fordern Mitbestimmung in der Entwicklung ihrer Lebensräume und stoßen Mitte fördernde Entwicklungen an.

Was hilft dem Einzelnen in dem ökonomischen Labyrinth einer modernen Gesellschaft zum Wesentlichen zu kommen, das Wesentliche zu erkennen und danach zu handeln. Was hat mir geholfen, meine Wege in diesem komplexen, komplizierten Geschehen, dem ich ausgesetzt war, zu finden. Was gab und gibt mir Halt in einer Welt der Superlative (immer größer, immer besser, immer schneller), in einer Welt, deren Werte sich hauptsächlich der Ökonomie verschrieben haben? Und wie kann ich im Blick behalten, dass ich Mittelpunkt meines Lebens bin und gleichzeitig aber auch Teil einer Mitte, die, von Menschen gebildet wird, die wiederum alle ihre eigenen Mitten bilden?

Mitte ist nicht einfach da, sie ist in einem immerwährenden Prozess des Ausbalancierens. Sie muss immer wieder aufs Neue erkämpft und umworben werden. Mitte ist, wie das Leben selbst, niemals etwas Gegebenes, etwas Statisches. Immer und in jedem Fall ist sie von meiner Resonanz auf äußere Einflüsse abhängig. Das bedeutet für mich, nur ich kann meine Mitte bilden und dazu brauche ich innere Freiräume. Niemals kann Mitte von außen gebildet werden. Ein Wegbrechen aller äußeren Parameter, so schmerzlich dies auch sein mag, schafft immer auch Raum für Neues, wenn ich in mir Bereitschaft finde, mir diese neuen Räume zu erobern. In mir ist Mitte ein pulsierendes Bild eines lebendigen, mit allen Fasern und Sinnen meines Seins durchwobenes Zentrum, in dem ich als Akteurin aufrecht und verbunden mit den Impulsen des Lebens stehen kann. Impulsgeber dieser meiner Mitte ist das Leben selbst, die Natur, die Gesellschaft und in besonderer Weise der Mensch, der mir gerade gegenübersteht.

Immer ist es das Gespräch in der realen Begegnung vom Ich zum Du, in der ich intellektuell und emotional mit allen Sinnen, als Mensch, der ich geworden bin und immer noch werde, mich immer wieder neu erfahren kann. Es braucht ein Gegenüber, ein Du mit einem lebendigen, wachen, fragenden Geist, mit einem liebenden Blick, das seine Mitte kennt. Es braucht einen Freiraum ohne ökonomische Zwänge, so dass sich eine dritte Mitte, ein Begegnungsraum einstellen kann, in dem Vertrauen, Offenheit und Empathie leben. Auf der Suche nach diesen Freiräumen bin ich Teil dieser Nischenkultur geworden und fühle mich wieder geborgen in einem realen Netzwerk von Freunden und ähnlich denkenden Menschen. Mir ist bewußt geworden, dass Menschlichkeit und Beziehungskultur nicht selbstverständlich durch Institutionen gegeben sind. Sie hängen auch vom Einsatz jedes Einzelnen ab. Und so suche ich das offene Gespräch. In größeren oder kleineren Gruppierungen. Eigene Lebenswerte und die der politischen Entscheidungsträger werden hinterfragt, Zukunftsideen, die Gemeinschaft und Zusammenleben fördern, angestoßen und verteidigt. Menschen, die aktiv teilnehmen an den Entwicklungsprozessen ihres Lebensraumes und diese Handlungsspielräume von der Politik auch einfordern, haben sich zusammengefunden, bilden Mitte, indem sie kreativ miteinander kommunizieren, Beziehungen knüpfen und ein neues Zusammenleben üben.

*Mai 2016, Rita Walpurgis*

> **Achtsam mit der Natur umgehen.**

**Roland Bauer** ist Fotograf und lebt mit seiner Frau in Winterberg, wo sie auch ihre beiden Töchter großgezogen haben. Der 66-Jährige entstammt einer Weingärtnerfamilie aus Stuttgart.

# Wie ich meine Mitte in Hohenlohe gefunden habe

Warum ich fotografiere, kann ich mir selbst nicht so ganz erklären. Über uns wohnte eine Familie, die ein reich bebildertes Deutschlandbuch hatte. Es hat mich total fasziniert. Zu meinem Vater sagte ich „Vater". Zu dem Vater dieser Familie habe ich „Vati" gesagt. Zu ihm hatte ich eine gute Beziehung. Eine wichtige Erfahrung habe ich durch ihn machen können: Ich durfte seine Kamera benutzen. Mit ihr habe ich sechs mal neun Zentimeter große Bilder gemacht.

Mein erstes Foto war meine ältere Schwester im Garten. Dann eine Burgruine. So war mein Interesse sehr früh geweckt. Meine Eltern waren Weingärtner. Sie haben nicht gesagt: „Kauf Dir mal eine Kamera." Der Freund meiner Schwester machte eine Fotolehre. Er hat mich eingeweiht in die Fotoentwicklung, hat mich mitgenommen in die Dunkelkammer. Daraufhin habe ich in Stuttgart Fotokurse belegt. Am Anfang waren meist so etwa zwanzig Leute dabei. Am zweiten Tag nur noch die Hälfte. Und am letzten Tag waren oft nur noch der Kursanbieter, er hieß Herr Schneiders, und ich da. Ich war damals so etwa 19 Jahre alt. Mein Wunsch war, eine Fotolehre zu absolvieren. Das haben meine Eltern aber untersagt. Heute bin ich darüber dankbar. Denn ein Lehrmeister hätte mich sehr früh stark geprägt, festgelegt. Dreieinhalb Jahre machen, was ein anderer will... Das kann ich erst heute im Nachhinein als Vorteil erkennen, dass dies so nicht gekommen ist. Ich bin frei geblieben. An den Wochenenden habe ich mich freilich dem Fotografieren und dem Arbeiten in der Dunkelkammer widmen können.

Zu meiner Zeit war ein allgemein anerkannter Lieblingsberuf Radio- und Fernsehtechniker. Aufgrund der Rezession glaubte man, dass dies ein zukunftssicherer Beruf sei. Mein Vater hat nicht verlangt, dass ich Weingärtner werde. Denn das wäre der logischste Weg gewesen. Er hat erkannt, dass man davon nicht leben kann. So habe ich 1967 bei Bosch in Mühlhausen eine Lehre als Elektromechaniker begonnen. Ich war damals 17 Jahre alt. Ein bisschen habe ich damals als Jugendlicher geträumt, bei Daimler eine Ausbildung machen zu können. Mercedes war ein Statussymbol. Auf dem Heimweg von Mühlhausen musste ich an dem Weinberg meiner Eltern vorbei. Oft habe ich dort noch mitgearbeitet. Die siebzig Mark, die ich durch meine Lehre erhielt, musste ich noch meinem Vater abgeben. 1970 war die Lehre dann beendet. Das geistige Klima dieser Zeit war durch Podiumsdiskussionen und linke Studenten geprägt. Ich fühlte mich ein wenig unterprivilegiert durch die Arroganz der Studenten. Ich war ein Stuttgarter Vorstadtkind.

Ein Weingärtnerkind. Mit anderen gelangte ich zu einem Gemeindehaus, in dem Pfarrer Ensslin tätig war. Viele Studenten tummelten sich dort. Eine Versammlung – der „Kreis" genannt – prägte mich absolut. Das hatte mit der evangelischen Kirchengemeinde im eigentlichen Sinne nichts mehr zu tun. Ich und der „Postler", mein Freund – der wurde so genannt, weil er von der Post kam – waren voll anerkannt. Wir haben über alle Themen gesprochen. Ein Thema, an das ich mich noch gut erinnere, war, ob man vor der Ehe Verkehr haben darf. Diese Zeit war wichtig für mich. Es war eine wilde Zeit. Mit dem „Postler" habe ich viel erlebt. Eine gute Zeit habe ich damals mit vielen Leuten verbracht. Gut erinnere ich mich an Tommy: Ein geschäftstüchtiger Mensch. Er hat Kunst aufgekauft und dann wieder weiter verkauft. Später hat er die Band Fanta 4 rechtsanwaltlich begleitet.

Ein Jahr habe ich nach meiner Lehre noch bei Bosch gearbeitet. In Schwieberdingen. Abgastests für großvolumige Fahrzeuge für die USA, damit diese die Normbedingungen bestehen. Meine Eltern waren geschockt, als ich bei Bosch kündigte. Ich wollte auf die Technische Oberschule gehen. Das Abitur machen. Meinen Eltern lag ich aber nicht auf der Tasche. Mein Vater war später Pförtner im Rathaus in Stuttgart. Meine Mutter kommt aus dem Rheingau – von einer Winzerfamilie. Dort haben sie sich kennen gelernt. 1947 kam mein Vater ins kriegszerstörte Stuttgart und hat mit Weinbau begonnen. Wein war damals wie eine Währung. Als aber der Wein aus Italien und Frankreich kam, waren die regionalen Produkte immer weniger nachgefragt.

Während ich die Technische Oberschule besuchte, bekam ich eine Bronchitis und fiel für drei Wochen aus. Als ich zurückkam, verpasste ich den Anschluss. Meine Nebensitzerin in der Schule – die einzige Frau – baute mich mental aber auf. Obwohl ich die Schule abbrach, hatten wir auch danach noch Kontakt. Ihr Freund war Künstler. So blieb ich in künstlerischen Kreisen. Zentrum war in dieser Zeit immer wieder die Kunstakademie. Die Kunstakademie in Stuttgart hat mich jahrelang begleitet. Das Technische am Fotografieren hat mich ohnehin nicht interessiert. Die Entwicklung der Negative umso mehr. Ich konnte sogar Farbbilder vergrößern. Freunde haben mich dafür bewundert. Einer anderen Freundin verdanke ich den Hinweis, dass man in Dortmund auch ohne Abitur, aber mit einer Lehre Fotografie studieren könne. Ich bewarb mich mit einer Mappe. Der Inhalt waren Schwarz-Weiß-Fotografien von einer Radtour mit Freunden auf der Insel Korsika. Ich erinnere mich: Es war ziemlich kalt. Die Landschaft, die Leute, die einfachen Leute vom Land, die haben mich interessiert. Von Dortmund bekam ich eine Zusage zur Aufnahmeprüfung. Ich hatte aber die Sorge: Wie soll ich dorthin kommen? Überhaupt die Angst in mir, ob das wirklich das Richtige sei. Ein Freund aus Echterdingen, Heinz, hat mich dann mit seinem Auto dahin gefahren. Man musste einen kleinen Gegenstand großformatig und dreidimensional zeichnen. An zwei Tagen. Ein kleines Feuerzeug zeichnete ich. Das gelang mir gut. Die Professoren von der Uni haben in meinen Bildern auch erkennen können, wie ich gesehen habe. Auch in meinen Konstruktionen.

Bevor es in Dortmund beginnen sollte, bereiste ich mit einem Freund in den Sommerferien Skandinavien. Wir trampten hoch und hatten vor, zwei bis drei Wochen zu bleiben. Daraus wurden zwei Monate. In Südschweden jobbten wir illegal in einem Restaurant. Für Ausländer war es verboten, zu jobben. Das war uns egal. Mein Freund musste dann zurück reisen. Alleine bin ich nach Bergen gezogen. Während dieser Reise erhielt ich zu meiner Überraschung eine Absage von der Fachhochschule in Dortmund. Was sollte ich jetzt machen? Im Stadtpark in Bergen habe ich mein Zelt aufgebaut. Ich bekam eine Erkältung. Eine Bronchitis. Sie setzte mir sehr zu. Ich musste umkehren. Nach Stuttgart zu trampen war passé. Die Reaktion meines Vaters hielt mich ab. Mein Vater war eher ein weicher Typ. Kein Autoritätsmensch. Er konnte sich aber nicht in meine Welt hineinversetzen. Und jetzt noch meine Gemütsverfassung. Dazu meine Bronchitis. In meinem Zustand wollte ich bei meiner Schwester in Berlin Zuflucht finden. Dort wollte ich lieber hin als zu meinen Eltern. Ich war total ausgeliefert. Mein Wille war, frei zu entscheiden.

Meine Schwester hat mich wieder aufgepäppelt. Ich erzählte ihr von der Absage. Da sagte sie ganz trocken: „Fahr doch in Dortmund vorbei und frage, warum du abgelehnt worden bist." Ich habe auf meine Schwester gehört. Sie hat mir sofort Mut und Hoffnung gemacht. In Dortmund bekam ich zu hören, dass ich deshalb abgelehnt worden sei, weil ich das polizeiliche Führungszeugnis im Original eingereicht hätte! Unglaublich. Hätten sie doch geschrieben, dass ich eine Kopie nachreichen sollte! Das ist kafkaesk. Diese Geschichte! Ich sollte dann sofort mit dem Studium beginnen. Aber erst nach zwei Monaten war ich soweit. Am ersten Tag sagte der Professor zu mir: „Sie haben hier nichts mehr verloren." Ich entgegnete: „Ich bleibe aber doch." Seine Mundwinkel zogen sich nach oben – wir wurden beste Freunde. 1974 also begann die Dortmunder Zeit. Es stellte sich ziemlich bald ein, dass ich mich in Dortmund sehr wohl fühlte. In den Semesterferien musste ich freilich Geld verdienen. Bei meinem Freund Heinz, der auch Fotograf war, habe ich dann gearbeitet. Auf Messen in Hannover oder in Essen den Aufbau gemacht. Zum Beispiel bei Messen für Friseure Fotoplakate, die als Schaufensterauslagen gedacht waren, aufgebaut. Ein Fotografiestudium zählt zu den teuersten überhaupt. Ich konnte Geld einsparen, indem ich abgelaufenes Fotopapier und Filme in Meterware kaufte. Ich musste schließlich auch meine Miete bezahlen. Aber ich war komplett unabhängig. Ich habe mich total frei gefühlt. Ich war mein eigener Herr in meiner Wohnung in Dortmund. Die Wohnung habe ich auch durch Sperrmüll von der Straße eingerichtet. Zu einer sehr alten Nachbarin hatte ich eine gute Beziehung. Tag für Tag erzählte sie mir dieselbe Geschichte. Ich hatte Interesse an den Menschen, die um mich herum lebten. Ich lebte ja in einer WG. Da war die Bude immer voll mit anderen Kommilitonen. Wir hatten da einen runden Tisch mit einer wunderschönen Jugendstillampe. Mengen von Fotos gingen über den Tisch hin und her. So etwas erlebt man nur beim Studieren. Das Studium bedeutete für mich eine totale Präsenz im Jetzt.

Ein wichtiger Wendepunkt in meinem Leben war das Jahr 1978. Zwei Jahre zuvor konnte ich in Ohrenbach bei Künzelsau zwischen Weihnachten und Neujahr in einem Bauernhaus mitwohnen. Es war trüb und sehr kalt. Ich habe die Gegend erkundet. Und bin recht schnell ins Jagsttal gelangt. Damals spürte ich, dass all dies, die Landschaft, nicht so bleiben wird, wie ich sie wahrnahm. Diese Erfahrung half mir bei der Themensuche meiner Abschlussarbeit. Ich wollte Land und Leute in Hohenlohe in schwarz-weiß zum Thema machen. Die Fotografie dokumentiert gerne. Nicht objektiv sollte sie das tun. Sondern subjektiv. Bevor ich fotografiere, passiert zuvor ja immer etwas. Wenn ich eine Landschaft besuche, entstehen in meinem Kopf imaginäre Bilder. Die können sich verdichten, wie etwa bei den korsischen Bildern. Oder Bilder von der Landschaft der Hohenloher Topografie. Fotografen wie August Sander, Ansel Adams oder Henri Cartier-Bresson haben mich in der Typologie des Fotografierens angeregt. Sie haben mich als Vorbilder aber nicht so stark beeinflusst, dass ich sie nachgeahmt hätte. Beim Blick durch den Sucher: Man sieht die Landschaft. Gut, dann kann man sofort abdrücken. Aber ich denke, das läuft anders ab. Bilder sind vorher schon entstanden. Man könnte beim Fotografieren dann auch Nachstellen. Bei mir kommt es auf das Intuitive an. Das Gespräch mit den Menschen. Es muss, bevor ich fotografiere, eine zweite, dritte Begegnung geben. Ich war nie der Mensch, der mit dem Teleobjektiv Menschen von weitem fotografiert hat. Mir geht es um Beziehung. Ist da eine Sympathie da? Es sollte ein Geben und Nehmen sein. Die Verwertung der Bilder stand bei mir nie im Mittelpunkt. Das macht viel aus. Es ist eine Meisterleistung, den Moment so zum Ausdruck zu bringen, dass er beinahe endgültig ist. Diese Schulung habe ich durch Cartier-Bresson erfahren.

1978 habe ich auch meine Frau kennen gelernt. An der Kunstakademie in Stuttgart, wo sie ein freies Grafikstudium absolvierte. Wir haben festgestellt, wir lieben beide das Künstlerische und das Leben auf dem Land. Ich erzählte ihr von meiner Examensarbeit. „Lass uns doch nach Hohenlohe fahren", sagte ich zu ihr. Gleichzeitig las ich in der Stuttgarter Zeitung einen Artikel über aussterbende Weiler in Hohenlohe. Meine Intention von 1976 hat sich hier wiedergefunden, ja manifestiert. Wir reisten nach Schloss Tierberg, nahmen in der Umgebung den Duft vom Stall wahr, hörten die Melkmaschine, bekamen frische Milch zu trinken. Wir liefen zu dem Weiler Winterberg. Merkten, dass dies ja das Winterbergertal ist. Dabei haben wir ein Geschwisterpaar kennen gelernt: total sympathisch. Wir sahen mehrere Häuser – sahen unser späteres Haus: total verwildert. Wir wollten es mieten. Der Eigentümer weigerte sich aber. Wir haben nicht locker gelassen. Dann durften wir in diesem Haus zwei Zimmer mieten. Hundert Mark Miete waren überschaubar. Die Essenz der Hohenloher Landschaft hat sich für mich hier in Winterberg konzentriert. Zeitgleich konnte ich mit Bildern von Hohenlohe eine Ausstellung bei Wendelin-Niedlich nahe der Liederhalle machen. Im Sommer 1978 entstanden dafür die ersten Fotos: Hohenloher Bauern und Landschaften – Lichtstimmungen und die ersten Vergrößerungen. Ich bin nur noch sporadisch nach Dortmund gefahren. Im Winter 1979 begann dann die Examensarbeit. Der Titel: „Bäuerliche Tradition. Sterben mit den alten Leuten". Das Sterben begreife ich als Entwicklung und Veränderung. Veränderung im Herbst und Winter. Schwarz-Weiß-Fotografie ist zutiefst handwerklich. Die ist eigentlich schon ausgestorben. Eine zweite Ausstellung bei Wendelin-Niedlich führte zu einem Buch, in dem Teile meiner Examensarbeit beinhaltet sind. Ich erhielt dafür 1983 den Kodak-Preis. Inzwischen konnten wir auch das Haus kaufen. Wir haben uns auf diese Weise immer mehr an die Landschaft in Winterberg gewöhnt. 1983 wurde meine Frau schwanger. Lea kam zur Welt. Vier Jahre später Olga. Es lag uns immer am Herzen, möglichst viel selber zu machen. Das Leben im Garten. Mit den Schafen. Gemüse anbauen. Säfte für den Winter herstellen. Aus eigenem Getreide Nudeln machen. Ein Glücksgefühl überkommt mich, wenn in der Dunkelkammer Fotos entwickelt werden. Wenn dann das Endergebnis stimmig ist, dann bin ich ganz in meiner Mitte. Hier mit meiner Frau in Winterberg zu sein – mit allen Schwankungen des Lebens – das ist für mich Mitte. Wenn ich dann im Sommer im Garten stehe – die für mich schönste Jahreszeit –, die Wärme, das Licht empfinde: wie ein Paradies! Ein Gefühl, das mich zu der Mitte führt. Eine weitgehende Selbstbestimmtheit haben wir auch dadurch erfahren, dass unsere Kinder in der Natur aufgewachsen sind und auf die Freie Waldorfschule in Schwäbisch Hall gehen konnten. Das ist unser Wertesystem: Wir geben der Welt mehr zurück, als wir von ihr empfangen haben. Das Land ist nicht unser Besitz. Achtsam müssen wir mit der Natur umgehen. Und mit den Menschen. Das Geschwisterpaar, das ich für meine Examensarbeit begleitete und fotografisch dokumentierte: Es war für mich wie eine Mitte.

*November 2015, Roland Bauer*

> **Ein Zickzackkurs von Zufällen.** «

**Roland Reckerzügl** ist in Schwäbisch Hall geboren und lebt dort noch heute. Der verheiratete Vater von drei Kindern ist Geschäftsführender Gesellschafter der FUSKO GmbH für Risikomanagement.

# Mitten in der dritten Dimension

Mitte hat für mich etwas mit Balance zu tun. Die Balance zwischen zwei Gegensätzen zu finden, ohne sich zu sehr in den Extremen zu bewegen oder nur dauerhaft im Ausgleich zu verweilen. Letzteres wäre vermutlich sehr entspannend, allerdings auch recht monoton.

Bei genauerer Betrachtung ist Balance das falsche Wort. Auch wenn es sich schön anhört, muss sich, physikalisch gesehen, ein Gegenstand in Balance nicht immer genau in seiner optischen Mitte befinden. Vielmehr in seinem Schwerpunkt, wie mein Sohn zuweilen beim Frühstück mit seinem Löffel am Tassenrand beweist.

### Zweiter Versuch auf dem Weg zu einer Mitte: Wie wäre es mit Durchschnitt?

Hier kann ich mich in Extremen bewegen, sogar mit unterschiedlichen Gewichtungen bezüglich Ausschlag und Anzahl, solange der Mittelwert eingehalten wird. Auch der Zufall führt uns zu diesem Mittelwert, wie die Normalverteilung beweist. Das würde aber bedeuten, dass wir uns viel zu viele Gedanken machen, wenn der Zufall uns ebenfalls zu einer Mitte führt. Dann müssten wir einfach alles nur geschehen lassen?!

> **" Auch der Zufall führt uns zu diesem Mittelwert, wie die Normalverteilung beweist. "**

### Rückwirkend betrachtet haben in der Tat einige Zufälle mein Leben geprägt

Wäre mein Leben geradeaus verlaufen, hätte ich Biochemie studiert und würde heute entweder die Welt revolutionieren oder eine „Laborratte" sein. Vermutlich liegt die Wahrheit dazwischen.

Durch den frühen Tod meiner Eltern, insbesondere meiner Mutter, entschied ich mich recht spontan, Wirtschaftsinformatik zu studieren und mehrere Jahre für ein namhaftes Unternehmen in Schwäbisch Hall auch einige Zeit in diversen osteuropäischen Ländern zu verbringen.

Die innere Unruhe wider der Routine veranlasste mich dazu, mich selbstständig zu machen, im gleichen Jahr zu heiraten und, wie sich mit etwas Zeitversatz herausstellte, auch unser erstes Kind zu zeugen.

Nun galt es, die Mitte zu finden, zwischen dem eigenen Drang die neue unternehmerische Freiheit auszuleben und ein wertvoller Vater zu sein.

Ein weiterer Zufall wollte es, dass ein börsennotierter Versicherungsmakler für den neu eingerichteten Geschäftsbereich Industriekunden einen Berater in Süddeutschland suchte, welcher sich mit IT-Risiken auskennt. Getreu der Devise „Was passiert mit Ihrem Unternehmen, wenn Sie den Datenstecker ziehen?", konnte ich meinen Background einbringen und musste noch einmal sehr viel über Versicherungsbedingungen lernen. Die Arbeit machte inhaltlich riesig Spaß, nur das Korsett der Unternehmenspolitik war einfach zu eng. Denn wer einmal die vollkommene Freiheit der Selbstständigkeit in sich aufgesogen hat, ist wie ein Wildpferd, das sich nicht mehr in eine Box sperren lässt.

Somit war es nur eine Frage der Zeit, sich ein zweites Mal selbstständig zu machen und die bisherigen Erfahrungen und das Wissen zu verbinden und daraus etwas zu schaffen, was mich selbst befriedigt, meine Familie ernährt und etwas Gutes bewirkt: Anderen Unternehmern zu helfen, die Mitte zwischen unerreichbarer Sicherheit und existenzbedrohendem Risiko zu finden.

**Im Zickzack in die Mitte**

Rückwirkend betrachtet hätte ich nie selbst diesen Punkt anvisiert, an dem ich mich momentan befinde. Als Weg betrachtet war es eher ein Zickzackkurs, geprägt von vielen Zufällen, die als großes Ganzes die Fragmente zu etwas neuem gebildet haben. Keinen dieser wichtigen Momente möchte ich missen, weder die traurigen, wütend machenden, ungerechten und schon gar nicht die lächelnden, vor Begeisterung schreienden und entspannt den Himmel betrachtenden Erlebnisse.

> **99 Rückwirkend betrachtet hätte ich nie selbst diesen Punkt anvisiert, an dem ich mich momentan befinde. 66**

Und wenn Sie immer noch diesen Text lesen, suchen Sie sich ein Fenster, falls Sie gerade nicht entspannt im Gras liegen und schauen einfach einmal hinaus, denn wer weiß, wofür unser zufälliges Zusammenkommen in diesen Zeilen führt. Für mich ist es ein weiterer Ausflug in einen ganz anderen Bereich, weg vom Durchschnitt, hin zu einer Balance, wie ein Jo-Jo in Raum und Zeit.

Danke, dass Sie mittendrin dabei waren.

*Januar 2016, Roland Reckerzügl*

> **Dazu braucht man viel Freiheit.**

**Susanne Schmid und Tanja M. Krißbach** unterstützen die Künstlergruppe „tausendgrün" in Schwäbisch Hall. S. Schmid ist Heilerziehungspflegerin und Kunstassistentin. T. M. Krißbach ist Kulturgestalterin.

# Es gibt einen guten Grund, die Mitte leer zu lassen ...

W as bedeutet die Mitte und wie wird diese bestimmt? Wichtig scheint bei der Bestimmung der Standpunkt zu sein. Von wo aus wird die Mitte gesehen oder wahrgenommen? Die Geometrie bietet einfache Formeln dazu. Zum Beispiel ist bei einer Linie der Mittelpunkt genau dort, wo die Linie in zwei gleichgroße Hälften aufgeteilt werden kann. Bei einem Kreis berechnet man die Entfernung zwischen zwei genau gegenüberliegenden Kreispunkten und halbiert diese, und der Radius kann so bestimmt werden und somit der genaue Mittelpunkt des Kreises.

Ingrid Riedel gibt in ihrem Buch „Formen" eine noch genauere Analyse des Kreises. So schreibt sie, dass der Kreis Weite und Geborgenheit zugleich verheißt, dass er verlockt dazu, umwandert und durchwandert zu werden. Von außen nach innen durchschritten, gibt er Konzentration und lässt eine Mitte finden. Von innen nach außen durchmessen, erschließt er noch immer größere Weiten des Raumes, bildet konzentrische Kreise, wird zuletzt Bild für den Kosmos. Kreis bedeutet „Umfangen sein". Die hier angesprochenen konzentrischen Kreise finden sich auch in der Spiralbildung (Natur, Kunst) und im Grundriss des Labyrinthes.

Mit jeder Standortveränderung verändert sich aber die Bestimmung des Raumes und wird jeweils vom Bestimmer festgelegt und ist somit individuell und variabel.

Nehmen wir mal ein Beispiel aus der Kunst: die Zentralposition, also die Position in der Bildmitte. Durch diesen Standpunkt im Bildraum wirkt ein Gegenstand in der Regel dominant, bestimmend, zentriert, stabilisierend und es kann ein Bild harmonisch und ausgeglichen wirken. Aber nicht nur der Standpunkt im Bild ist aussagekräftig, sondern auch der Standpunkt beim Malprozess selber. So gibt es zum Beispiel beim Mandalamalen ein Malen von innen nach außen oder von außen nach innen.

Ebenso gibt es „innere oder äußere Bilder". Zum Beispiel kennen wir alle das Phänomen, dass wir beim Lesen eines Buches bestimmte Vorstellungen von Personen, Orten und Handlungen haben. Sehen wir aber eine Verfilmung des Buches, sind wir vielleicht enttäuscht, weil die Bilder der Filmemacher oft ganz andere sind als unsere. Schlimmer noch, die äußerlich aufgenommen Bilder verdrängen die inneren.

Schon in einer weniger verfilmten Welt kurz nach dem Zweiten Weltkrieg fragt der Kunstkritiker Kurt Leonhard in seinem Buch „Die heilige Fläche", ob man das kunstgeschaffene Bild (gegenständliches Scheinbild) nicht mehr nur als Richtmaß für das äußere Bild gelten lassen sollte, sondern ob auch eine Übereinstimmung mit dem „inneren Erinnerungsbild" (Sinnbild) besteht. Darüber hinaus beschreibt er, dass sogar das „Beschwören von Entrücktem" die berühmten Proportionen völlig verschieben können und sich dadurch eine ganz andere Perspektive, eine andere Art von Wirklichkeit, dem inneren Bilde entsprechend, eröffnen könnte (Beginn der Moderne). Auch ist eine Farbe nicht mehr dann „richtig" gesetzt, wenn sie die Farbe oder Stofflichkeit des Naturgegenstandes widergibt, sondern wenn sie im Zusammenklang mit anderen Farben auf der Bildfläche ein bestimmtes Gefühl oder eine Stimmung ausdrückt oder auch ganz einfach elementare Freude an einer charakteristischen Harmonie erzeugt.

### Gibt es eine Mitte im Bild?

Lange vor dem Kino oder der Fotografie haben sich Maler damit beschäftigt, wie man eine vorhandene Bildfläche optimal gestaltet. Analysiert man die Bildgestaltung vieler Werke von der Renaissance bis heute, fällt auf, dass die präzise Bildmitte im Hinblick auf die Bildaussage zumeist uninteressant ist. Das Gesetz vom goldenen Schnitt fordert sogar die Vermeidung der Bildmitte. Unabhängig vom Malstil bestimmen wichtige Kriterien wie Größe, Form, Helligkeit und Farbe aber auch die Platzierung innerhalb eines Bildes, wie sich unser Auge im Bild bewegt und wie wir es empfinden. Dabei können Diagonalen und Bögen die Aufmerksamkeit steuern und einzelne Betonungen von Objekten oder Personen finden meistens einen Gegenpol auf der jeweils gegenüberliegenden Bildhälfte. Wenn dabei aber nur teilweise ausgeglichen wird und ein Widerstreit verschiedener Elemente sozusagen bestehen bleibt, scheint das unser Auge besonders zu fesseln.

Wo kann man denn beim Kunstschaffen noch eine Mitte finden? Schauen wir uns einmal kurz die Kunstgeschichte am Beispiel der „Outsidcrart" an. Nicht in der Mitte der Kunstgeschichte, sondern in der Peripherie angesiedelt, zeigt die Outsiderart eine sogenannte „rohe Kunst (l`art brut). Kennzeichnend für diese Form ist die absolute Freiheit von Prägungen und Konventionen und die Unmittelbarkeit des künstlerischen Ausdrucks. Obwohl schon viele Jahre nach Hans Prinzhorns berühmter Sammlung ist die Kenntnis darüber ein Insiderwissen geblieben. Viele anerkannte und zeitgenössische Künstler lassen sich inzwischen von diesen Bildern inspirieren. Der Grund dafür ist die Sehnsucht, den eigenen Standpunkt und die der gängigen Kunstgeschichtskategorien einmal zu verlassen und neue Horizonte kennenzulernen. Die Frage ist nicht so sehr, wodurch wir die Kunst von Außenseitern definieren, sondern wie sie in unser Verständnis vom Menschsein einzugreifen hätte. Klaus Mecherlein sagt darüberhinaus, dass das ursprünglich Schöpferische eine per se menschliche, wie zugleich unbewältigte und nicht messbare Macht ist, in der sich der Mensch selbst im Schaffensprozess zu übersteigen und im Bild zu überleben versucht.

Ebenso stellte der Philosoph Walter Benjamin in seinem Werk „Kategorien der Ästhetik" fest, dass das Kunstwerk nicht ein „geschaffenes", sondern ein „entsprungenes" ist. Man kann es auch ein „entstandenes oder gewordenes" nennen, ein „geschaffenes" ist es auf keinen Fall.

Auch der Expressionismus zeigt auf kunsthistorischer Ebene, dass nicht nur die vom Auge erfasste die einzige Wirklichkeit ist, auch nicht nur vom ordnenden und formenden Geiste, sondern dass die Wirklichkeit vor allem von der Lebendigkeit des seelischen Erlebens gestaltet wird. Von innen her in die Objekte eingedrungen und sich zu eigen gemacht, kann man mit diesem neuen Standpunkt der Betrachtung aus (die Mitte?) die Welt als eine erlebte Wirklichkeit erfahren.

### Die körperliche Erfahrung der Mitte

Der Balanceakt innerhalb eines Werkes bewegt sich zwischen Harmonie und Disharmonie. Je nach Bedürfnis werden entsprechende Werke als ansprechend oder abstoßend empfunden. So scheint es eine wichtige Rolle dabei zu spielen, was wir brauchen und wie wir selbst im Leben stehen.

Was bedeutet das: im Leben stehen? Meistens wird das symbolische „mit beiden Beinen im Leben stehen" gemeint. Aktiv im Leben agieren, eine erfüllende Arbeit haben, gesund zu sein, eingebettet in einem Netzwerk aus Familie und Freunde. Wie wir im Leben stehen und wie wir sie wahrnehmen, hängt aber zunächst sehr von den Möglichkeiten unserer Sinne ab. Neben dem dominantesten Sinn, dem Sehen, gehören auch noch Hören, Riechen, Schmecken und Fühlen dazu. In der Anthroposophie wird noch weiter differenziert und so zum Beispiel auch der Wärmesinn und der Lebenssinn mit einbezogen.

Klänge beziehungsweise absolute Stille in einem schalldichten Raum beeinflussen unseren inneren Navigator: das Gleichgewichtsorgan im Innenohr. Das wiederum beeinflusst das körperliche Gleichgewicht, welches die Voraussetzung dafür ist, dass überhaupt ein Standpunkt eingenommen und somit eine Mitte bestimmt werden kann. Aber auch das Auge hilft uns bei der Orientierung, indem es ständig als sogenanntes Kontrollorgan überprüft, was die anderen Sinne wahrnehmen.

„Schaukel so hoch du kannst." sagte der Fluxuskünstler Joseph Beuys in seinem Gedicht „lebe". Hierbei wird besonders der Gleichgewichtssinn angesprochen. Dieser wird nicht nur beim Schaukeln deutlich, sondern schon dann, wenn man versucht, so langsam wie möglich zu gehen. Setzt man ein Bein vor das andere entsteht eine Pendelsituation, wenig geübte kommen so schnell aus dem Gleichgewicht. Sehr deutlich spürt man, wenn man die Mitte für einen kurzen Moment erreicht hat und diese wieder überschritten hat.

Etwas länger in der Mitte verweilen kann man in einem Labyrinth. Diese Mitte wird beim Bau oft besonders berücksichtigt, denn es gibt einen guten Grund diese einfach leer zu lassen. Dort kann alles sein, was der Mensch empfindet und erlebt. Jeder für sich was anderes, aber eins bleibt für alle gleich: Man ist angekommen.

Diese sinnlichen und unmittelbaren Erfahrungen können uns wieder zu unserer Mitte führen, wenn wir diese durch Ablenkung, Untentschiedenheit, Stress oder Krankheit verloren haben.

### Was bedeutet die Mitte für die Künstlergruppe „tausendgrün"?

Die Künstlergruppe „tausendgrün" ist ein Begabtenförderkurs für Menschen mit Unterstützungsbedarf. Sie leben im Sonnenhof Schwäbisch Hall oder zuhause.

Einmal wöchentlich können diese Teilnehmer fernab des rasanten Alltagsgeschehens in ganz eigenem Tempo und eigenem Stil in einem Atelier im Sonnenhof/ Heim Schöneck oder im Inklusionskurs in der VHS Schwäbisch Hall künstlerisch tätig sein. Es entstehen ohne jegliche konventionell definierte Leistungsabsicht farbige, innere Bilderwelten mit unverkennbarem Ausdruck.

Dazu braucht man viel Freiheit, unverbildet, unvoreingenommen und zweckfrei gestalten zu können. Unsere Künstler („tausendgrün") haben durch diese Unvoreingenommenheit viel leichter Zugang zum kreativen Prozess. Gelingt dies, können die Betrachter die Bildsprache verstehen.

Die Bildfläche an sich liegt beim Malen vor oder unter uns, trotzdem erfahren wir sie als „unserem Körper entsprechend". Das Bild hat eine Mitte, ein Oben, ein Unten, ein Rechts und ein Links. Umkreist ein Maler die Mitte des Bildes, in Ringen oder Schichten, so können wir diese als Schichten unseres selbst verstehen: beispielsweise von innen nach außen betrachtet, als das innerste Selbst (Mitte!), die Bewusstseinsschicht unserer Körperlichkeit, die Abgrenzung nach außen.

Hierbei ist die Bewegung aus der Mitte heraus bedeutend. Beim Gestaltungsvorgang des Bildes ist die Bewegung die ursprünglichste Ausdrucksgebärde. Dies können wir als Handschrift und unverwechselbaren Ausdruck eines Künstlers erkennen (Duktus).

Von der Körpermitte ausgehend, erleben wir die Bewegung beim Malen, beispielsweise zur Erde als hinunterführend und umgekehrt erleben wir diese zum Kopf und zum Himmel weisende Bewegung als hinaufführend, nach oben gerichtet.

Wie im vorausgehenden Text mehrfach angesprochen, befinden wir uns in einer ständigen Bewegung bei der Suche nach der Mitte, sei es, wie eben beschrieben, beim künstlerischen Schaffen, bei der Bildbetrachtung, bei der Standortbestimmung ganz allgemein, beim Balanceakt oder beim Begehen eines Labyrinthes. Gernot Candolini fasst unsere Überlegungen in folgendem Zitat gut zusammen:

„In der Mitte ereignet sich der Moment,
an dem sich alle Teile des Lebens
in ein Gleichgewicht einpendeln können."

In diesem Sinne.

*Februar 2016, Susanne Schmid und Tanja M. Krißbach*

**Es ist eine Herausforderung.**

**Tilmann Distelbarth** ist seit 1997 Verleger und Geschäftsführer der Heilbronner Stimme. Das Medienunternehmen, das Tilmann Distelbarth in dritter Generation führt, beschäftigt 650 Mitarbeiter.

# Die Mitte der Gesellschaft immer im Blick

*Herr Distelbarth, Medien haben die Aufgabe, einerseits neutral zu informieren, andererseits zur Meinungsbildung beizutragen. Wie kann dieser Auftrag erfüllt werden?*

Distelbarth: Es ist eine Herausforderung. Der Spagat zwischen Neutralität, Information und Meinungsbildung muss jeden Tag aufs Neue gemeistert werden. Die Tageszeitung darf nicht einseitig berichten, weder in die eine, noch in die andere Richtung. Das richtige Augenmerk und die Gesamtbeurteilung sind daher wichtig. Damit eine Zeitung meinungsplural ist, müssen die Redakteure ihre persönliche Meinung einbringen. Wir wollen mit unserer Berichterstattung und Kommentierung zur Diskussion anregen, damit sich der Leser eine eigene Meinung bilden kann. Genau das ist unser Auftrag und Beitrag zum demokratischen Prozess. Dabei ist es mir übrigens nicht wichtig, dass die Zeitung meine eigene Meinung vertritt.

*Wie wichtig ist es dabei, eine vernünftige Mitte zu finden? Und was bedeutet in diesem Fall „vernünftig"? Was „Mitte"?*

Distelbarth: Wir führen regelmäßig Leserbefragungen durch. Dabei stellt sich auch immer die Frage nach der politischen Einordnung unserer Zeitung. Die Ergebnisse zeigen, dass wir dabei nicht allzu viel falsch machen: In etwa derselbe einstellige Prozentsatz unserer Leser hält uns für zu links wie für zu rechts. Gleichzeitig heißt verlegerische oder publizistische Mitte zu sein dabei ja nicht, es jedem recht zu machen. „Mitte" repräsentiert dabei für mich mehr als die Hälfte der Bevölkerung, die sich auf einen politischen Konsens einigt. „Vernünftig" sind die Inhalte immer dann, wenn sie mit dieser Mitte Hand in Hand gehen.

*Möchten Sie mit Ihren Produkten die Mitte der Gesellschaft ansprechen?*

Distelbarth: Ich sehe darin schon unsere Aufgabe. Die Grundvoraussetzung für mich ist dabei aber, dass die Mitte klar und deutlich auf einem rechtsstaatlichen Fundament steht. Denn nur dann können wir unseren vom Grundgesetz geschützten Auftrag erfüllen, zum demokratischen Meinungsbildungsprozess beizutragen. Wir haben in Deutschland nicht mehr die Tradition von Parteizeitungen wie es sie vor allem in der Weimarer Republik gab. Damals ging es nicht um die „Mitte", sondern um die jeweilige politische Zielgruppe, die bedient werden wollte. Nach dem Zweiten Weltkrieg waren dezidierte Parteizeitungen aber nicht mehr gefragt, das Bedürfnis nach eigener Meinungsfindung war sicherlich gerade in der jungen Nachkriegsdemokratie stark. Das prägt unsere Bundesrepublik auch heute noch.

*Von welcher gesellschaftlichen Mitte gehen Sie bei Ihrer Leserschaft aus?*

Distelbarth: Das ist eine breite Definition und lokal sehr unterschiedlich. Unser Verbreitungsgebiet ist recht heterogen. Das hat nicht nur politische, sondern auch strukturelle Hintergründe. Heilbronn ist städtisch geprägt, das Heilbronner Land oder der Hohenlohekreis eher ländlich. Die Menschen in Öhringen oder Künzelsau beschäftigen sich in Teilen mit anderen Fragen als vergleichsweise die Bewohner in Eppingen oder Bad Rappenau. Generell richten wir unsere Themen so aus, dass wir den Anstoß für das eigene Nachdenken geben und auch alternative Meinungen aufzeigen. Wir möchten aber auch keinen unserer Leser bevormunden. Sie sollen zu ihrer eigenen Meinung finden.

*Wie wichtig ist es, sich an den Interessen der Leser zu orientieren?*

Distelbarth: Die Tageszeitung lebt von ihren Lesern. Also auch von den Themen, die den Lesern wichtig sind. Wichtig ist dabei, dass eine gute Regionalzeitung nicht nur die Terminlage abbildet, sondern auch eigene Themenschwerpunkte setzt, auch und gerade im Lokalen und Regionalen. Die Zeitung muss jeden Tag eine kleine Wundertüte sein, voller Überraschungen, die die Neugier der Leser erreichen. Der Leser erwartet auch von uns, dass wir ihm in der modernen Informationsflut eine gewisse Orientierung geben, ihm vorschlagen, was wir für wichtig halten, welche Themen wir für relevant erachten. Ohne den Leser dabei zu bevormunden, versteht sich.

Gleichzeitig muss man berücksichtigen, dass die Journalisten nicht mehr dieselbe Deutungshoheit wie noch vor zwanzig Jahren haben. Internet und soziale Medien bieten heute jedem nahezu unbegrenzte Möglichkeiten, seine eigenen Themen und die Sicht auf die Dinge zu veröffentlichen – Themen, die möglicherweise auch nicht in die eigentliche publizistische Mitte passen. Natürlich können auch radikale Gruppen dadurch ihre Botschaft ungefiltert online stellen. Aber letztlich setzen wir auf das Vertrauen unserer Leser, die selbst in der Lage sind zu entscheiden, welcher Quelle sie vertrauen oder misstrauen.

*Wie gehen Sie mit „heiklen" Themen um, die auf gesellschaftlichen Widerhall stoßen?*

Distelbarth: Für uns ist Transparenz und Meinungsbreite auf dem Boden der Rechtsstaatlichkeit oberstes Gebot. Wir möchten nichts verschweigen, sondern auch heikle Themen ansprechen und zur Diskussion stellen. Es ist nicht der Auftrag der Presse, Stellung in eine Richtung gehend zu beziehen und diese als richtig, eine andere als falsch zu deklarieren. Der Leser hätte das Gefühl, belehrt zu werden. Und das möchte er nicht, das möchten wir nicht. Wir merken, dass gerade bei sensiblen Inhalten der Wunsch nach Austausch und Diskussion groß ist. Ein Beispiel ist das Thema Flüchtlinge. In der Hochphase der Diskussion erreichten uns Dutzende Leserbriefe pro Woche zu dem Thema, in Briefform, als Mails oder als Online-Kommentare. Das ist deutlich mehr als zu sonstigen Themen. Auch der Ton ist schärfer geworden. Man merkt dabei, dass das die Menschen beschäftigt. Und dass sie Antworten suchen, bei uns, bei der Zeitung. Wir versuchen, ihnen die Informationen zu geben, damit sie sich selbst eine Antwort geben können.

*Welche Leitlinien geben Sie den Redakteuren in Ihrer Berichterstattung vor?*

Distelbarth: Neugierde, gute Recherche, lebendige Sprache und prägnanter Stil. Ein Journalist sollte das journalistische Handwerkszeug beherrschen und mit seinen Themen und Artikeln die Menschen mitnehmen und begeistern können. Das gilt auch in Sachen Layout. Die Welt ist optischer geworden. Bilder und Gestaltung haben in der Gesellschaft heute eine ganz andere Bedeutung als früher – das spiegelt sich auch in der Tageszeitung wider. Fotos und Grafiken müssen eine eigene Sprache sprechen, eine Geschichte erzählen, Emotionen wecken. Macht man das nicht, wird man weniger wahrgenommen und läuft Gefahr unterzugehen.

*Medienunternehmen sind heute gezwungen, sich sehr viel breiter aufzustellen. Inwiefern hat diese Revolution die Mitte der Presse gewandelt?*

Distelbarth: Das Meinungsspektrum ist viel breiter geworden, weil es durch Internet und die sozialen Medien heute viele Plattformen gibt, auf denen publiziert werden kann. Zeitungen müssen darauf reagieren und ihr Angebot anpassen. Das bedeutet aber nicht zwangsweise, dass sich dadurch auch die mediale Mitte gewandelt hat. Diese sollten wir auch nicht neu definieren, sondern mit passenden Angeboten auf die Herausforderung des digitalen Wandels reagieren.

*April 2016, Interview: Lydia-Kathrin Hilpert, PROMAGAZIN*

**„ Akzeptieren wir besser das Chaos. "**

**Timo Wuerz** wurde 1973 in Schwäbisch Hall geboren und lebt in Hamburg. Er mag die Gegensätze: Künstler und BWL-Dozent, anständiger Sohn und tätowierter Rebell, Heimatverbundener und Weltreisender.

# Die Mitte, das Chaos und ich

Oder: Halb besoffen ist rausgeschmissenes Geld. Was würden die Aussagen aussagen: Ihre Frau sei mittelhübsch, Ihre Kinder mittelklug, Politiker mittelanständig?

Die Mitte kann unspektakulär, langweilig, ja sogar sehr ungesund sein. Etwa auf der Mitte der Straße zu fahren. Und in einem Fluss, von dem Sie wissen, er ist durchschnittlich nur einen halben Meter tief, können Sie trotzdem ersaufen. Eine Statistik über das mittlere Einkommen von eintausend Leuten kann ganz schnell verfälscht werden, wenn zufällig einer dieser Leute Bill Gates ist. Das Mittelalter einer Zeitrechnung oder eines Menschenalters kann man nur im Zurückblicken benennen, nicht schon mittendrin, zu Lebzeiten. Auf der Oberfläche einer Kugel gibt es keine Mitte, auf unserer Erdenkugel auch nicht und Ländergrenzen interessieren Flüsse, Luft und Vögel schon gar nicht.

Irgendwann gelangte man dann doch noch zu der Erkenntnis, dass die Erde nicht der Mittelpunkt des Sonnensystems ist. Selbst der Mensch ist nicht der Mittelpunkt der Schöpfung und wir sind nicht der Mittelpunkt der Welt, selbst wenn für uns diese Welt erst dann beginnt, wenn wir geboren werden. Da kann man schon einmal überheblich werden. Also wenn man da keine Midlife-Crisis bekommt ...

Und dazu stellte sich noch heraus, dass unsere Informationen über die Welt nicht nur nicht vollständig sind, sondern dass wir nur eine sehr eingeschränkte Wahrnehmung dieser Umgebung haben, die wir für uns beanspruchen. Hören wie Mäuse, sehen wie Falken, riechen wie Hunde? Ultraschall wahrnehmen? Infrarot? Elektromagnetische Felder? Können wir alles nicht.

Henry Beston formulierte es so: „Die Tiere sollten nicht mit menschlichen Maßeinheiten gemessen werden. Sie bewegen sich in vollkommener Harmonie in einer Welt, die älter und vollkommener ist als die unsrige, sind versehen mit erweiterten Sinnen, die wir verloren oder nie ausgebildet haben, und leben mit Lauten, die wir nie hören werden." Darin, die Welt mit unseren Sinnen wahrzunehmen, sind wir Menschen nämlich nur mittelprächtig ausgestattet. Höchstens.

Von der Mitte, dem Kompromiss, dem Konsens halte ich mich als Künstler von Berufs wegen schon fern. Extreme Musik, extreme Wissenschaft, extreme Theorien, extreme Kunst. Die, die Grenzen erweitert haben, interessieren mich am meisten, die Brüche in der Geschichte, wo man ein Davor und ein Danach bestimmen kann. Es war wichtig für die Entwicklung der Malerei, eine Leinwand einfach nur schwarz anzumalen, wie sie Kasimir Malewitsch 1915 erstmals ausstellte. Zumindest beim ersten Mal war es bahnbrechend, originell und wichtig. Es war einfach eine logische Konsequenz dessen, was man auf eine Leinwand malen kann. Irgendjemand musste es irgendwann tun. Ab der zweiten schwarzen Leinwand wurd's schon fragwürdig. Mittlerweile scheint es ja kein Museum ohne sie zu geben. Vermutlich bekommt man sie bei der Eröffnung: „Hier ist der Schlüssel zum neuen Museum und hier die schwarze quadratische Leinwand. Viel Erfolg!"

Wenn der Status Quo nicht in Frage gestellt wird, gibt es keinen Fortschritt. Und so ziemlich alles, was heute selbstverständlich ist, war einstmals nur eine irre Idee und wurde verlacht. So etwa auch Albert Einsteins Relativitätstheorie. Nikolaus Kopernikus hat das heliozentrische Weltbild für die Neuzeit beschrieben. Natürlich gegen heftigen Widerstand. Erst sollte die Erde keine Scheibe, sondern eine Kugel sein und nun sie auch noch aus dem Mittelpunkt des Universums gerückt werden. Das war dann doch für viele zu viel. Für einige ist das sogar heute noch schwer zu ertragen.

Am Rand geschieht die Entwicklung, nicht aus dem Mittelmaß heraus. Am Rande der Gesellschaft entstanden Rockmusik, Punk und Heavy Metal. Diese Musikrichtungen sind für Außenstehende Krach. Der Moral- und Verhaltenskodex dieser Popkulturszenen ist für Nichteingeweihte unverständlich oder gar als die allgemeine Ruhe und Moral zersetzend anzusehen. Jahre später tragen sie dann alle die einst gefürchteten Insignien: Nietengürtel und schwarze Lederjacken werden in jeder Billigklamottenkette verkauft und hängen in vielen Kleiderschränken. Nur eben der Bedeutung und des Kontexts sind die Gegenstände beraubt. Vegetar- und Veganismus waren Lebenseinstellungen der Ökofuzzis, Indienreisenden und Angehörigen der Hardcore-Szene. Nun erscheint gefühlt täglich ein Kochbuch dazu und große Lebensmittelkonzerne wollen mit veganer Nahrung schnell Geld verdienen. Erinnern Sie sich noch, als glutenfreies Essen ein Nischenprodukt für Kranke und noch kein Verkaufsargument für Jedermann war? Der Mainstream, die Mitte, bedient sich immer am Rand, bei den Extremen. Dort, wo Innovationen und kühne Ideen, Formen und Konzepte ausprobiert werden.

Im politischen und gesellschaftlichen Sprachgebrauch wird mit dem Begriff der Mitte meist Vernunft und das Beste für alle assoziiert und vorgegaukelt. Diese Mitte ändert sich allerdings mit Regierungen, Zeit und Zeitgeist ständig. Was für unsere

Großeltern ein Affront war, ist für uns Normalität. Und andersrum. Achten wir besser einmal darauf, wie Worte gebraucht, schnell auch missbraucht werden. Ein Kriegsministerium lässt sich schneller in Verteidigungs- und Friedensministerium umbenennen, als seinen Zweck zu ändern. Und ‚besorgter Bürger‘ klingt sympathischer, harmloser, weniger beschämend als ‚Rassist‘. Vor allem, wenn sich diese Rassisten als die Mitte der Gesellschaft darstellen.

Man sollte immer misstrauisch werden, wenn mit der Worthülse „Mitte" Vernunft vorgegaukelt werden soll. Wenn etwas das Beste für uns sein soll, dann ist meistens etwas faul und es sind handfeste persönliche Interessen des Sprechenden im Spiel. Zu viel Mitte, zu viel Political Correctness, zu viel Sicherheit. All das ist nur die verzweifelte Suche der Spezies Mensch nach der Kontrolle, Sicherheit und Berechenbarkeit, die es nicht gibt. All die Theorien, wie die Welt funktioniert und Pläne, wie die Welt aussieht, sind die Metaphern, die wir mit der Wirklichkeit verwechseln. Die ist nicht linear. Und Exponentialität und Chaos sind für Menschen nur eben schwer vorstellbar. Mitte suggeriert Geborgen- und Sicherheit. Für viele Sicherheit vor dieser chaotischen Welt da draußen. Uns Menschen fällt es psychologisch sehr schwer, nicht linear zu denken. Morgen ist alles wie heute, nur ein bisschen besser. Oder schlechter. Je nachdem, ob Sie ein Typ sind, für den das Glas halbvoll oder halbleer ist.

Unsere Natur- und Sozialwissenschaften zielen auf Vorhersagen ab und damit auf Kontrolle unseres Daseins. Gute Voraussagen – gute Wissenschaft, schlechte Voraussagen – schlechte Wissenschaft. Wissenschaften und ihre Theorien sind selten wirklich objektiv. Sie sind eine evolutionäre und psychologische Momentaufnahme. Zumindest aber die darauf basierenden Vorstellungen und Haltungen der einzelnen, der Politik, Wirtschaft und der Gesellschaft. „Jede Wahrnehmung der Wahrheit ist die Entdeckung einer Analogie" wusste bereits der immer gut zitierbare Henry David Thoreau.

Denn die Natur kennt auch keine Mitte, sie balanciert am Rande des Chaos. So wie jedes große dynamische System: Wetter, Gesellschaften, Finanzsysteme, unser eigener Körper. Ein winzig kleiner Schubs in irgendeine Richtung und alles gerät durcheinander.

Kann eine wissenschaftliche Disziplin keine überprüfbaren quantitativen Voraussagen mit drei Dezimalstellen nach dem Komma machen, rückt sie automatisch in die Nähe schwammiger Wissenschaften wie Wünschelrutengehen oder der Astrologie der Tageszeitungen. Was man zum momentanen Zeitpunkt „rein naturwissenschaftlich" nicht erklären kann, das gibt es nicht, sagt die Wissenschaft. Es ist Humbug oder bestenfalls Pseudowissenschaft. Es basiert bestimmt auf dem Placeboeffekt. Der ist wenigstens leidlich erforscht. Aber unser Wissen ist ein Tropfen im Meer unserer Arroganz. Es dauerte fast hundert Jahre, bis die von Albert Einstein in seiner Allgemeinen Relativitätstheorie beschriebenen Gravitationswellen tatsächlich gefunden wurden. Wissenschaftliches Fußvolk kann Chaos geistig nicht erfassen und die Chaosexperten wissen, dass der Mensch an sich es geistig nicht erfassen kann. Bei allen mathematischen Berechnungen kann er sich ihm nur nähern und es akzeptieren. Mehr Daten darüber und bessere Computermodelle nähern uns weiter an, ändern aber nichts Grundsätzliches an unserem Unvermögen, das Chaos zu begreifen.

Die Welt ist nicht nur komplexer als wir denken, sie ist komplexer als wir denken können.

Dem Bild der Natur als Maschine setzte die Chaosforschung endgültig ein Ende. Das Bild, das sie hervorbringt, ist ein sehr altes: dass die Welt sich durch ihre Eigensinnigkeit und Lebendigkeit auszeichnet. Statt einer Maschine zu ähneln, erscheint die Welt als eine Ansammlung dynamischer Systeme, die komplex, unbeständig und niemals im Gleichgewicht sind. Wie etwa das Wetter. Es ist aperiodisch, das heißt, es hat so viele Varianten, dass es nie zweimal gleich ist. Das zeichnet dynamische Systeme aus. Man kann sie zwar sogar berechnen, aber nicht vorhersagen. Egal, wie gut die Computer oder wie zahlreich die Messpunkte sind.

Was bleibt dann ohne Vorhersagen und Kontrolle? Martin Heidegger schrieb über die Natur: „Mischst du dich ein, zerstörst du sie. Behandelst du sie wie ein Ding, verlierst du sie." Diese Vorstellung ist ebenso tröstlich wie bestechend.

Die Hegelsche Dialektik ist urschwäbisch. Deren erster Schritt ist, dass Verstand etwas als seiend erkennt. Die Vernunft stellt fest, dass diese Bestimmung einseitig ist und verneint sie. So entsteht ein Widerspruch durch die sich entgegengesetzten Begriffe. Diesen Widerspruch erkennt die Vernunft in sich selbst als Einheit und führt alle vorherigen Momente zu einem positiven Resultat zusammen, die in ihr aufgehoben werden. Urschwäbisch, oder? Der Schwabe sieht die Dinge von beiden Seiten gleichzeitig und kann mit diesen parallelen Gegensätzen prima leben. Mit vierzig Jahren, so heißt es, geschieht das und er wird g'scheit. Dann hat man vielleicht genug Lebenserfahrung und Gelassenheit, um die beiden gegensätzlichen Pole jeder Sache entspannter in sich und seiner Vorstellungswelt vereinen zu können. Man betrachtet beide Seiten gleichzeitig, doch sie sind kein Widerspruch mehr, sondern vereinen sich fast homogen zu einem Weltbild. Die Hegelsche Dialektik kann nur von einem Schwaben stammen.

Mir wird nachgesagt, ich sei einer der ganz wenigen Künstler, die rechnen können. Ich bin ganz und gar Künstler, unterrichte aber gelegentlich als Hobby BWL an einer Hochschule. Ich bin ein anständiges und freundliches Kerlchen (wie viele auch ohne Druck bezeugen würden), sehe aber aus, als würde ich in dunklen Gassen eher Leute ausrauben, als ihnen aus den dunklen Gassen herauszuhelfen. Tattoos, Mohawk, Sonnenbrille, schwarze (Leder-)Klamotten haben viele Vorteile: Ich habe in der Bahn meine Ruhe, werde nicht angepöbelt und auf Reisen wurde ich noch nie überfallen. Ich bin CDU-Mitglied (aber nicht mehr -Wähler) und Anhänger der Deep Ecology, die den Schwerpunkt auf das Leben, nicht auf den Menschen im Speziellen legt. Anständiger Sohn und tätowierter Rebell. Eigentlich introvertiert, aber auch auffällig und laut. Ich liebe Palestrina und Black Metal, bin Heimatverbundener und Weltreisender. Ich fühle mich ein Stückchen als Hamburger, aber vor allem den Schwaben und Hohenlohern zugehörig, bin ich doch zwar in Hohenlohe aufgewachsen, ist jedoch der mich prägende Teil meiner Verwandtschaft aus Schduagart. Ich verstehe mich übrigens auch blendend mit Massai-Kriegern in Kenia. Ich scheue mich nicht vor Widersprüchen, sondern lebe sie. Daher finde ich mich sehr wieder in der wunderbaren Charakterisierung des Schwaben an sich, die August Lämmle verfasste: „Eine seltsame Mischung aus verschlossener Zurückhaltung und offenbarer Zutraulichkeit, von rechnerischem Scharfsinn und träumerischem Spinndisieren, von inniger Religiosität und gänzlich mangelndem Autoritätsglauben, von verschimmelter Nesthockerei und verbissenem Wandertrieb, von unglaublicher Philisterhaftigkeit und offenem Weltsinn." Ich lese hier nichts von Mitte oder gar Mittelmaß, nur von Extremen, die harmonisch mit- und nebeneinander koexistieren. Ganz oder gar nicht. Mittelschwanger geht nicht. Und halb besoffen ist rausgeschmissenes Geld.

Die persönliche eigene Mitte, die so viele finden wollen, ähnelt dann auch eher dem drehenden Tanz eines Sufi. Genug Schwung, um in Bewegung zu bleiben. Genug Kontrolle, damit's einen nicht aus der Kurve haut. Und zudem auch noch schön anzuschauen. Aktzeptieren wir also besser das Chaos. Lassen wir etwas weniger Kontrolle und weniger Sicherheit zu. Umarmen wir das Extreme, am besten jeweils beide Pole gleichzeitig in uns vereint. Passt, wie man sieht, eh besser zu den Schwaben (und Hohenlohern). So entsteht auch eine Mitte. Auch Hegel wäre begeistert. So isch nô au widder.

*Januar 2016, Timo Wuerz*

> **Ein verbindender Mittelpunkt.**

**Traugott Hascher** ist Vater von vier Kindern und promovierte im Bereich der Moralphilosophie zu moralischer Entwicklung. Seit 2000 arbeitet er als Presse- und Öffentlichkeitsreferent im Sonnenhof e.V..

# Mitte im Kontext von existentiellem Suchen, Zeit und gesellschaftlicher Moral. Drei Thesen

### These 1: Wendepunkte sind Mittelpunkte. Vom existenziellen Suchen

Es war wohl vor etwa zwanzig Jahren: Bewegungslos und gleichgültig stand ich in der Mitte des historischen Zentrums der Stadt Schwäbisch Hall. Gefühlt: eine Ewigkeit lang. Wie kam es dazu? Es war noch während meiner Studentenzeit. Nach einer Ausbildung zum Geometer entschloss ich mich zu einem geisteswissenschaftlichen Studium. Hauptsächlich inspiriert durch die Erlebnisse und Begegnungen zur Zeit meines Zivildienstes. Während einer Vorlesung über Aristoteles sagte ein Professor, wer Philosophie ernsthaft studiere, dessen Leben verändere sich grundlegend. Das belächelte ich. Zum einen war ich mir recht sicher, dass Veränderung quasi zum menschlichen Dasein gehört. Zum anderen war ich fest davon überzeugt, meine Werte seien ausreichend stabil in mir gegründet, um mich nicht von irgendwelchen Weisheiten beeindrucken oder gar verändern zu lassen. Unmerklich freilich entwickelte sich in mir ein gewaltiges Spannungsfeld heran. Dieses bestand – vereinfacht gesprochen – in einem unversöhnlichen Gegensatz zwischen meinem persönlichen Glauben und den zahlreichen philosophischen Theorien. Deren Wirkungsmächtigkeit auf mein gesamtes Bewusstsein stand meinem Glauben in nichts nach. Ich rang um Erkenntnis, um nichts weniger als um Wahrheit, scheute dabei weder Konflikte noch Niederlagen. Meine beinahe pausenlose Suche und mein bedingungsloser Drang nach Gewissheit forderten jedoch ihren Tribut. Weder zu Tage noch zur Nacht kannte ich Phasen tieferer Erholung. So wurde ich von Träumen der rätselhaftesten Art heimgesucht. In einem lichten Wald stehend, so beginnt einer dieser Träume, sprach mich eine geheimnisvolle Stimme an. Diese Stimme, der weder eine Person noch Umrisse einer Gestalt zugeordnet werden konnten, forderte mich auf, Steine zu sammeln. Gebückt sammelte ich Steine des Waldbodens. Zu gleicher Zeit vernahm ich, dass mir andere dies gleichtaten. Obwohl im Erleben dieses Traumes ein Wohlgefühl über mich kam, erwachte ich doch recht aufgewühlt. Es vergingen Tage. Es vergingen Wochen. Ich kam schließlich zu dem Entschluss, mein eintöniges Treiben als Student durch eine Arbeitstätigkeit abwechslungsreicher gestalten zu wollen. Im Haller Städtchen spazierte ich wohl leicht orientierungslos umher. Ich fasste Mut und trat in ein Ladengeschäft ein. Nun stand ich einem Kunden gleich in einem von Schlüsseln aller Art prangenden Verkaufsraum. Auf die Frage einer Verkäuferin, womit sie mir dienen könne, gab ich zu verstehen, auf Jobsuche zu sein. So fragte ich, ob es Arbeit für mich gäbe. Meine aufkeimenden Hoffnungen sanken rapide, als mir klar gemacht wurde, dass keine Verstärkung gebraucht würde. Die Schlüsselverkäuferin fragte schließlich nach, ob ich denn einen Beruf erlernt hätte. „Geometer bin ich", entgegnete ich daraufhin etwas verlegen. Denn meinen alten Beruf wollte ich schließlich an den Nagel hängen. „Dann arbeiten sie doch als Geometer", rief sie mir so oder ganz ähnlich beim Verlassen des Ladens nach. Ich lief noch ein paar Meter. Dann aber stand ich gänzlich bewegungslos da. Ich rührte mich nicht mehr. Wie schon gesagt: In der Mitte des historischen Zentrums der Stadt Schwäbisch Hall. Um mich herum hektische Betriebsamkeit, in mir zunehmende Ratlosigkeit. Ich weiß nicht genau, wie lange dieser Zustand des Verharrens angedauert haben mag. Aber offensichtlich lange genug, dass Äußeres und Inneres letztlich an Bedeutung völlig verloren haben dürften. Dann auf einmal schien es mir, als dränge von weit her eine Stimme auf mich ein. Ich vernahm Worte. Immer lauter, immer klarer. Jene Worte, denen ich kein Gehör zu schenken gedachte: „Dann arbeiten sie doch als Geometer." So erklang es immer wieder und immer stärker. Ich maß den Worten Bedeutung zu. Augenblicklich fasste ich erneut einen Entschluss, tiefer, kräftiger und entschlossener als zuvor: Ja, als Geometer könnte ich mein zersetzendes Studieren in lebenspraktischere Bahnen leiten, sprach ich zu mir selbst. Ich muss mich wohl selbst erheblich überwunden haben: Philosophieren und nicht Vermessen war doch angesagt. Ausgestattet mit einer gehörigen Portion an beherztem Mut schritt ich geradewegs zu einer Geometerbehörde. Sprach dort einen Personalverantwortlichen wegen meines Ansinnens an. Jedoch wurde ich sogleich abschlägig zurückgewiesen. Noch während meine Entschlossenheit erneut zu schwinden begann, erklang aus einem Hinterzimmer heraus unüberhörbar abermals eine Stimme, die mich zum Sammeln von Grenzsteinen in einem Wald willkommen hieß. In diesem Moment wurde ich blitzartig meines Traumes gewahr: Die fremde Stimme aus dem Hinterzimmer der Behörde schien gleich jener geheimnisvollen Stimme meines nächtlichen Traumes zu sein. Wirklichkeit und Traum verbanden sich in mir auf wundersame Weise. Ich nahm eine Tätigkeit als Geometer auf. Auf unbestimmte Zeit suchte ich in einem riesigen Waldgebiet fortan nach alten Grenzsteinen, die ich kartographisch dokumentierte. Meine traumhaften Bilder gewannen umso mehr an Gewicht, je stärker mir bewusst wurde, wie Gehilfen in meist gebückter Arbeitsweise mich in der Grenzsteinsuche und in der Sphäre des lichten Waldes unterstützten – eben in der Form, wie ich es im Traum fühlte.

Heute kann ich sagen: Es besteht kein Zweifel daran, wie sehr mir diese Geschehnisse wohl taten und meinem eintönigen Leben neuen Schwung, neue Perspektiven verliehen. Die erdbezogene Arbeit als Geometer verhalf mir in indirekter Weise, das Spannungsfeld zwischen meinem Glauben und den philosophischen Theoremen besser auszuhalten und von veränderter Perspektive entspannter betrachten zu können. Gewiss: Glaube ist keine Theorie. Glaube ist immer zutiefst persönlich. Und ebenso ist keine Philosophie nur theoretischer Art. Ich habe indes erfahren: Tätiges, körperliches Arbeiten stellt eine hilfreiche Vermittlung zwischen beiden dar. Und womöglich kann praktische Arbeit ebenso gut ein mittleres, ein verbindendes Glied zwischen den Theorien sein, wie eine Theorie zwischen den einzelnen Erfahrungen praktischen Tuns zu vermitteln imstande ist. Die Aufnahme der Geometertätigkeit kam für mich einem Wendepunkt gleich. Dieser wiederum sollte sich im Nachhinein als ein verbindender Mittelpunkt zwischen scheinbar unversöhnlichen Extremen herausstellen.

### These 2: Gegenwart ist eine paradoxe Mitte

Ich kenne nicht wenige Menschen, die noch nach Jahren sagen können, wer welche Kleidung auf diesem oder jenem Fest getragen habe. Mein Erinnerungsvermögen diesbezüglich versagt doch sehr. Schon eher kann ich mich an Gerüche wieder erinnern oder manche prägnanten Aussagen im Gedächtnis über viele Jahre hinweg behalten. Sie lösen aus längst vergangenen Tagen eine Summe von Erlebnissen oder Erinnerungen an bestimmte Personen aus. Sie versetzen mich regelrecht zurück in meine Kindheit oder Jugendzeit. Obwohl ich mich augenscheinlich in der Gegenwart befinde, finde ich mich deutlich wieder in Momenten vergangener Zeiten. Es vergeht wohl kein Tag, womöglich keine Stunde, dass ich nicht an etwas denke, das schon viele Jahre zurück, eben in der Vergangenheit liegt. Ich möchte behaupten: Die Vergangenheit ist mir immer präsent. Sie ist immer gegenwärtig. Nehmen wir an, das Wesen des Menschen ist Ausdruck all dessen, was ihn geprägt, was ihn sozialisiert hat. Unser Wesen hat sich durch die mannigfaltigen Interaktionen zu Ge-Wesenem, zu Ge-Schichtlichem in uns heran gebildet. Ich begreife mich also vor allen Dingen als ein Gebilde der Vergangenheit: mehr Geschichte als Gegenwart. Betrachten wir im Kontrast dazu den Willen des Menschen. Er will stets etwas. Dieses etwas ist ihm aber nicht eigen und dadurch begehrenswert. Der Wille ist wie das Wesen stets gegenwärtig. Der Wille begehrt, drängt, lauert auf Veränderung. Er erzeugt scheinbar Zukunft. Ja, er erschafft, er entwirft Zukunft.

Er kann so sehr in der Zukunft sein, im Dort und Dann, dass der ganze Mensch voll Sehnsucht erfüllt ist: Mehr Zukunft als Gegenwart bin ich dann. Sind wir!? Diese geistige Tätigkeit des Willens ist ebenso existent wie die Wirkungen unseres Wesens. In beiden Fällen kommt es zu Handlungen – einmal speist sich unser Tun stark aus unserem Wesen als dem Geschichtlichen in uns und zum anderen aus unserem Willen als etwas im Prinzip noch Wesenlosem. Wir sind häufig entweder im Damals als dem Wesenhaften oder im Dann als dem Wesenlosen. Aber beides Mal sind wir nicht wirklich gegenwärtig. Den Platz des Gegenwärtigen nehmen zu einem überragenden Teil unser Wesen und unser Wille ein. Gibt es noch eine andere Form der Gegenwart? Wie könnte über diesen Zustand hinaus eine davon unterscheidbare Gegenwart entstehen? Ich begreife diese andere Form der Gegenwart als eine Einigung aus Wesen und Wille eines Menschen. Wie ist das zu verstehen? Insofern es zu einer Einigung, noch besser gesagt Verschmelzung von Wesen und Wille kommt, kann die dritte Zeitdimension erst werden: die Gegenwart. Die Gegenwart als Gegenwart. Bei dieser Form der Gegenwart lösen sich sozusagen Vergangenheit und Zukunft gleichsam auf. Durch deren Auflösung ist Platz geworden für eine neue Form der Gegenwart. Es kommt zu einer Gemeinschaft, die ich als eine Versöhnung aus Wesen und Wollen eines Menschen begreife. Die Folge: absolute Kongruenz eines Individuums. Ein Zustand der Versöhnung. Jetzt erst ist Gegenwart die Mitte in den Zeiten.

## These 3: Wir werden von einer normierenden Mitte moralisch beherrscht

Die Entwicklungspsychologie und Moralphilosophie lehrt mich, dass die Mehrheit der auf der Erde lebenden Menschen von einer moralischen Mitte beherrscht wird. Entwicklungspsychologisch gehen dieser Art von Mitte moralische Zustände voraus, die nichts anderem als der Entwicklung von Kindern und Jugendlichen entsprechen. Die allermeisten erwachsenen Personen pendeln sich schließlich in ihrem moralischen Urteilsvermögen in konventionellen Argumentationsmustern ein. Wie der Name schon sagt: Sie urteilen und handeln konventionell. Das ist etwas sehr sonderbares. Die meisten Menschen lassen sich lieber fremdbestimmt leiten, als dass sie in Autonomie ihr Leben selbst in die Hand nehmen würden. Auffallend ist vor allen Dingen, dass gerade Gesetzen eine beträchtliche, nicht hinterfragte Geltungsmächtigkeit eingeräumt wird. Gesetze sind in diesem Sinne etwas Heiliges, Unantastbares. Man dient den Gesetzen, weil es eben erwiesenermaßen gut ist und um nachteilige Konflikte zu vermeiden. Das ist konventionelles Gedankengut. Übertreter von

Gesetzen müssen auf jeden Fall bestraft werden. Nicht zuletzt, um ihre abschreckende Wirkung zu erhalten. Auch auf der Angst vor Bestrafung und den einhergehenden nachteiligen Auswirkungen beruht diese konventionelle Lebenseinstellung. Durch die Bestrafung wird gleichzeitig dafür gesorgt, dass der Status quo wieder hergestellt wird. Diese Art Mitte repräsentiert eben zugleich ein außerordentliches Maß an Nützlichkeit: Die Gesetze sind dann gut, wenn sie einer bestimmten Gemeinschaft funktionell nützen. Sie verhindern Chaos, sie ermöglichen ein geordnetes Zusammenleben. Gutes Verhalten beruht darauf, seine Pflicht zu tun – gemäß der faktisch gegebenen Ordnung. Wer würde solchen Aussagen nicht zustimmen wollen? Diese Mitte sorgt für einen permanenten, freilich latenten Anpassungsdruck und verhindert andererseits Entwicklung hin zu reiferer Moral. Die Argumentationen konventioneller Menschen mögen differieren. Sie haben eines gemeinsam: Sie nehmen Bezug auf die allgemein geltenden beziehungsweise anerkannten Normen als das faktisch Gegebene. Es ist geboten, normal zu sein. Die moralische Entwicklung eines Menschen muss mit dem Status des Konventionellen nicht enden. Ich bin überzeugt: Der Mensch kann sich von dieser Art moralischer Herrschaft befreien. Dann orientiert er sich – insbesondere in strittigen Situationen beziehungsweise moralischen Dilemmata – konsequent und bedingungslos an den universellen Menschenrechten. Dies beinhaltet zugleich die Loslösung von sogenannten Autoritäten, Persönlichkeiten und Respektspersonen. Denn sie verhindern unsere Autonomie. Nicht, dass jene Menschen sich völlig von der normativen Ordnung verabschieden würden. Ihr Leben ist ebenso von den normativen Bedingtheiten der Gesellschaften, in denen sie leben, bestimmt und geprägt. Ihre durchwegs kritisch-abwägende Gesinnung erlaubt ihnen gleichwohl, in entscheidenden Momenten Partei zugunsten der auf den universellen Menschenrechten beruhenden Menschenwürde zu ergreifen und den gängigen Moralvorstellungen fundamental zu widersprechen. Dann rufen sie auf zur Gleichheit und Selbstbestimmung aller Menschen, die über nationalen Interessen stehen. Im Kontrast zu rein konventionellem Urteilen und Handeln handelt es sich meiner Überzeugung nach um eine reifere, gerechtere, freilich komplexere Moral. Und ich stelle die These auf: Je mehr Menschen dieser Form der Moral anhängen, desto gerechter kann eine Gesellschaft sein. Es stellt sich die Frage, wie wir zu dieser Form moralischer Kompetenz gelangen können? Bedeutend scheinen Vorbilder zu sein. Das jedenfalls kann uns die Entwicklungspsychologie lehren. Der Mangel an notwendigen Vorbildern und der immense, freilich meist latente Anpassungsdruck einer normativ-moralisch geprägten Mitte behindert die Bildung einer reiferen Moral folgenschwer.

*November 2015, Traugott Hascher*

**Im steten Wechsel.**

**Uli Augustin** wurde 1946 mit fünf Jahren mit seiner Familie aus Hauenstein ausgewiesen und lebt seitdem in Schwäbisch Hall und British Columbia, Kanada. Der Grafikdesigner und Künstler hat eine Tochter.

# Ich lebe in zwei Mitten

Ich kam erst vor kurzem aus Argentinien zurück. Dort besuchte ich meine Tochter Theresa, die sich nach etlichen Jahren Kanada in einem Gebiet nördlich von Cordoba, der zweitgrößten Stadt Argentiniens, ihr neues Leben aufgebaut hat. Sie studierte Grafikdesign in Vancouver, verstand es aber, sich mit Intelligenz und Willenskraft von Agentur und Werbung fernzuhalten. Stattdessen zog sie es vor, die Welt zu bereisen und über viele Berufe wie zum Beispiel als Reiseleiterin in den Rocky Mountains, als Tour Guide von Kayaktouren entlang der Westküste Britisch Kolumbiens und Baja Californias in Mexiko oder als Verkäuferin in Sportgeschäften, Bedienung im Touristenzentrum Banff und einiges andere mehr, sich gezielt auf ihre Mitte vorzubereiten. Sie lebt mit ihrem argentinischen Mann und Schwiegervater auf einem naturbelassenen Grundstück ohne Auto und Fernsehen ein vegetarisches Leben, behandelt Klienten mit Ayurveda-Yoga-Therapien und bildet sich in Seminaren und auf Reisen nach Indien in ihrem Fach weiter fort. Als mittlerweile 75-Jähriger genoß ich dort die starke Verbindung dieser Menschen zur Natur und ihre Erkenntnis, dass nicht Materielles, Besitz und Geld das Glück auf Erden ausmachen, sondern das „Wenige", aber kraftvoll überströmende Heilende ihrer Umgebung.

> **" Diese nie eingeplante Situation verlangte nach einer neuen Ausrichtung und einem stark geänderten Lebensprinzip, einer neuen Mitte. "**

Selbst seit vierzig Jahren in Kanada lebend und davor das eher strikte deutsche Berufsleben als Grafikdesigner in verschiedenen Betrieben und als Freiberuflicher im süddeutschen Raum praktizierend, überkam mich während dieses Aufenthaltes in Argentinien manchmal der Zweifel, ob ich mich mit dem Vielen, über längere Zeit um mich Gescharten, auf dem richtigen Weg befand. Zwar musste ich mich im Laufe einer Ehescheidung vor Jahren vom größten Teil meines damals zwölf Hektar großen Besitzes und eines beträchtlichen Geldbetrages trennen, doch viel schlimmer war, dass ich mich vehement aus meiner vorher so stabilen Mitte herausgerissen fühlte. Diese nie eingeplante Situation verlangte nach einer neuen Ausrichtung und einem stark geänderten Lebensprinzip, einer neuen Mitte. Über eine etwa zwölf Jahre währende Zeitspanne hinweg kämpfte ich mich langsam auf einen Platz vor, der mir wieder Zuversicht auf eine stabilere Zukunft gab.

Was musste alles geschehen, um diese frühere Mitte wiederzufinden? Da war der Grundstücksverkauf und das damit verbundene Aufgeben der großen Gemüse-gärten, der Ställe für das Vieh und der angrenzenden Weideflächen. Meine über viele Jahre gepflegte Selbstversorgung war dahin. Die Schafe und einiges Geflügel verschenkte ich, manches wurde noch selbst geschlachtet und dann kam auch das finanzielle Ende immer näher. Banken waren wenig geneigt, einem für schwer verkäufliche Grundstücke Kredite zu geben.

So kam die Einladung meines Bruders Fritz, auf einem größeren Besitz in den USA mitzuarbeiten, gerade noch zur rechten Zeit, um das Grundstück vor der Versteige-rung zu retten. Er war dort Ende der sechziger Jahre von einem Großgrundbesitzer angestellt worden und brachte mich in ein freies Mitarbeiterverhältnis, das mir über mehrere Monate im Jahr ein relativ gutes Einkommen brachte. Mit den Ein-nahmen aus dieser Tätigkeit – ich baute unter anderem einen Spielplatz, Holz-und Steinhütten in höheren Gebirgslagen – und dem Teilverkauf meines Grundstückes, war ich endlich in der Lage, meine Exfrau auszuzahlen.

Ich hatte wieder Luft unter meinen Flügeln und nutzte die arbeitsfreie Zeit und das Extrageld für Reisen nach Indien, Nepal, Südamerika und Europa.

Ein weiterer Tiefschlag traf mich im Dezember 2009, als meine Werkstatt in mei-ner Abwesenheit abbrannte. Ich überließ sie einem Nachbarn zur Nutzung, der im Sommer gleichen Jahres seine eigene Werkstatt durch Unachtsamkeit eingeäschert hatte. Mit dem historischen Blockhaus verlor ich meine komplette Werkzeugaus-rüstung, alle holzverarbeitenden Maschinen, Außenbordmotoren, Pumpen, Cam-ping- und Skiausrüstung, Meerkayak, Paddelboote, Sättel und vieles andere mehr. Eine Feuerversicherung konnte ich mir nicht leisten bei den vielen Holzbauten, und der Verursacher hatte kein Geld.

So blieb dies ein totaler Verlust, der mir mit einem Schlag meine Unabhängigkeit raubte, und erst nach Jahren harter Arbeit konnte ich mir so nach und nach viele der Werkzeuge wieder anschaffen. Die Werkstatt, ein Blockhaus aus dem frühen 20. Jahrhundert, wurde früher als Schul-, später als Gemeindehaus genutzt. Nach dem Brand wurde meine alte Werkstatt durch ein neues Blockhaus ersetzt. Dieses neue Haus soll nächstes Jahr im Herbst ein junges Paar mit zwei Kindern aufneh-men und dem Platz wieder ein lebendigeres Gesicht geben. Sie sind Deutsche, zur

Zeit noch in Whitehorse im Yukon lebend und mit dem Platz bereits vertraut, da sie ihn schon früher einige Zeit bewohnten.

Dann wird sich der jetzt so stille Winkel wieder mit Kinderlachen beleben und den Aktivitäten eines Familienlebens und mir neben notwendigen Arbeiten genügend Zeit geben, mich gebührend auf meinen Lebensabend vorzubereiten.

So kann ich sagen, ich habe eigentlich zwei Mitten: Die Mitte eines kanadischen und die eines deutschen Lebens, im steten Wechsel. Ich fand hier im Hohenlohischen bei lieben Freunden meinen zweiten Wohnsitz, mir, dem Kanadier, vom Staat genehmigt auf Lebenszeit. Möge mir das gute Leben in diesen zwei Welten-Mitten noch lange beschieden sein.

*Mai 2016, Uli Augustin*

> **Wir sind bloß Gäste auf dieser Erde.** 66

**Vasilij Faltinski** ist auf der Insel Krim aufgewachsen. Kurz vor der Wende kam er nach Deutschland und arbeitet jetzt als Taxifahrer im Großraum Schwäbisch Hall.

# Seelsorgerliche Vermittlung beim Taxifahren

Ich bin 1961 in Kasachstan geboren. Aber aufgewachsen bin ich in Jalta auf der Insel Krim – der schönsten Stadt der Insel. Ein Kurort ohne Industrie. Ich bin verheiratet und Vater von zwei Kindern. Kurz vor der Wende 1989 bin ich nach Deutschland gekommen. Ich hatte die Nase voll von dem System. Ich war damals in Jalta selbstständig und nicht arm. Angefangen hatte ich als Koch, dann wurde ich Kellner und schließlich Oberkellner. Zusätzlich bin ich Taxi gefahren. Das hat mir damals schon Spaß gemacht. Weil ich gerne mit Menschen zusammenarbeite.

In der Ukraine hatte mich immer sehr gestört, dass man lügen und schmieren musste, wenn man einigermaßen wohlhabend leben wollte. Ich hatte das zwar mitgemacht, es machte mir aber keine Freude. Ganz im Gegenteil. Ich wollte von meiner Arbeit leben und nicht tricksen und schmieren. Es war extrem. Ich wollte gewiss keinen Luxus. Normal leben mit einer Wohnung, vielleicht einem kleinen Haus, mit einem Auto. Auf ehrliche Weise leben, mit gutem Gewissen und einfach meinen Lebensunterhalt verdienen. Ich hatte Freunde, die sehr reich waren, aber unglücklich, weil sie ständig schmieren mussten. Wegen Kleinigkeiten und provozierten Streitigkeiten konnte man im Gefängnis landen. Ein unglaubliches System ist das auch heute noch.

Gorbatschow und die neue Politik haben zu meinem Entschluss beigetragen, das Land zu verlassen. Ich kam in Kontakt mit Bürgern aus Skandinavien. Die haben mir erzählt, dass man im Westen sein Geld ehrlich verdienen könne. Ich wollte einfach anders leben.

> **Hier habe ich meine Ruhe gefunden und stehe nicht vor mir selbst als Lügner da.**

Meinen Schritt in den Westen nach Deutschland bereue ich nicht. Hier habe ich meine Ruhe gefunden und stehe vor mir selbst nicht als Lügner da. Zwar verdiene ich hier weniger als in der Ukraine – aber eben ehrlich. Viele Menschen kommen deswegen nach Deutschland: Weil der deutsche Staat ein Vorbild und ein verlässlicher Rechtsstaat geworden ist, in dem man frei leben kann. Ich fühle mich hier wohl. Deutschland hat mich schon immer fasziniert und ich bin bis heute nicht enttäuscht worden.

Ich fühle mich dennoch als Ukrainer. Wir Ukrainer wollen bis heute Gerechtigkeit. Ich will die Ukraine voranbringen. Es stellt sich die Frage: Wie kann dort Demokratie entstehen? Mein älterer Sohn war auf dem Majdan-Platz – mit einer kugelsicheren Weste und hat gegen Janukowitsch und für die Demokratie demonstriert. Wir wollen nicht zu Putin, wir wollen zu Europa gehören. Ich bin begeistert von meinen Landsleuten. Sie wollen ein demokratisches, gerechtes System. Das unterstütze ich, so gut ich kann. Als Putin die Krim annektiert hat, waren wir alle sehr enttäuscht, sehr verletzt.

Hier in Deutschland nehme ich wahr, dass viele Menschen wegen der vielen Flüchtlinge sehr verunsichert sind. Sie haben Angst. Weil man keinen Überblick mehr hat. Es geht ihnen zu schnell. Als Taxifahrer begegne ich ja vielen Menschen, die so denken. Sie wollen Klarheit. Die Politik gibt ihnen keine Klarheit. Aus Angst und Ungewissheit haben sie die AfD gewählt.

Oft stoße ich die Gespräche mit meinen Fahrgästen an. Ich unterhalte mich gerne mit Menschen. Ich verhalte mich ihnen gegenüber hilfsbereit. Meistens sind die Leute auch offen. Gerade ältere Menschen sind einsam und freuen sich über ein Gespräch. Aber die Menschen sind überhaupt einsamer geworden. Sie wollen Kontakt. Meine Fahrgäste interessieren mich und mein Interesse steckt sie an. Von meiner Mentalität her passt das Taxigeschäft gut zu mir, ich bin weltoffen. Ich sage ihnen: „Ich bin Ukrainer, ich bin auch Deutscher – mit ukrainischer Mentalität." Ich bin in die deutsche Gesellschaft integriert. Mich hat schon immer alles interessiert, deshalb habe ich auch schnell die deutsche Sprache gelernt.

> **" Ich bin Ukrainer, ich bin auch Deutscher – mit ukrainischer Mentalität. "**

Ich bin hierhergekommen, um mich zu befreien. Nicht um des Geldes wegen. In meinem Job als Taxifahrer erlebe ich ein Stück dieser Freiheit. Wenn ich den Menschen begegne. Sie vertrauen mir vieles an. Es geht um Krankheiten. Sie erzählen, was weh tut. Ich rede mit manchen Fahrgästen sogar über den Tod ihres Partners, über Verstorbene. Ich habe das Gefühl, ein Ersatz zu sein.

Ich bin ein bisschen ein Psychologe geworden. Viele wollen gerade deshalb mit mir fahren. Ich sage ihnen: „Wir sind bloß Gäste auf dieser Erde." Manchmal rate ich bestimmten Leuten auch neue Freunde an. Es ist wichtig, dass sich die Menschen nicht begraben.

Für mich persönlich ist es sehr wichtig, immer ein Ziel zu haben. Mein Blick gilt der Ukraine. Meiner Ukraine. Die Ukraine stolpert. Da ist so viel Korruption im System. Es ist so verfault. Ich habe in den letzten Jahren Freunde gefunden, die mir halfen, den Blick für Gott zurückzugewinnen. Wir müssen schauen, was Gott sagt. Das fehlt uns. In der ukrainisch-orthodoxen Kirche kann ich Gott erleben.

*April 2016, Vasilij Faltinski*

> **Die Mitte ist stetig im Wandel.** "

**Verena Bufler** ist in Ulm geboren und aufgewachsen. Ihr Studium in Soziologie hat sie an der Universität Konstanz absolviert. Die 32-Jährige Redakteurin arbeitet seit Herbst 2009 für das Haller Tagblatt.

# Mitte ist nicht simpel

Was ist für mich Mitte? Die Frage klingt simpel, aber sie ist es nicht. Denn wenn ich etwas als Mitte definiere, rückt etwas anderes, womöglich faktisch Bedeutsames an den Rand. Wie die Arbeit zum Beispiel. Mein Beruf als Redakteurin ist für mich mehr als ein Job, um meinen Lebensunterhalt zu verdienen. Ich wollte nie etwas anderes sein als Journalistin. Ich liebe es, Fragen zu stellen. Geschichten über Menschen zu schreiben, ist meine Stärke. Ich fühle mich gerne in andere Menschen hinein und versuche, die Gründe für ihr Handeln nachzuempfinden. Beides, das Fragen stellen und die Empathie, endet nicht nach Feierabend. Neugier und Offenheit sind prägende Züge meines Charakters. Wenngleich mein Beruf für mich Berufung ist, würde ich ihn dennoch nicht als meine Mitte bezeichnen. Und doch führt die Frage, weshalb ich mir gerade diesen Beruf ausgesucht habe, zum Kern des Themas.

Während des Schreibens an diesem Text fällt mir ein Erlebnis mit meinem Freund ein, das knapp sechs Jahre zurückliegt.

August 2010. Unser Sommerurlaub steht bevor: eine Woche Strand und Kultur in Ägypten. Frühmorgens kommen wir am Flughafen Stuttgart an. Nach etwa zwanzig Minuten in der Warteschlange dürfen wir unsere Koffer auf das Rollband legen. Weiter an den Schalter, die Pässe auf den Tresen. Wir lächeln uns müde an, spüren die typische Reise-Vorfreude. Die Worte des Flughafenangestellten rütteln uns auf: „Ihr Ausweis ist seit Monaten abgelaufen", sagt er zu mir und schiebt das Dokument über den Tresen. Mit einer Geste bedeutet er uns, den Platz am Schalter für die anderen Reisenden zügig zu räumen. Endstation Flughafen Stuttgart. Mit hängenden Köpfen fahren wir nach Hause. Mein Freund tröstet mich. Bekannte, Freunde und Kollegen fragen später: Wie konntest du deinen Pass nicht überprüfen? Der Einzige, der das nicht fragt, ist mein Freund. Er macht mir nicht den geringsten Vorwurf. Als die Enttäuschung verflogen ist, wird mir bewusst, dass ich dankbar sein kann. Niemand kann vorhersagen, wie er oder sein Partner in einer solchen Situation reagieren würden. Ich weiß es jetzt. Und noch etwas weiß ich: Mit diesem Menschen möchte ich durchs Leben segeln. Wer braucht schon das Rote Meer?

Zurück in die Gegenwart. Während ich noch darüber nachdenke, wer oder was für mich Mitte ist, bekomme ich Besuch von einer engen Freundin. Sie schlüpft in die bei mir deponierten Kuschelsocken und beginnt, mein Geschirr abzutrocknen, weil ich mal wieder nicht dazu gekommen bin. Fünf Stunden und eine Flasche Rotwein später geht sie. Dabei haben wir das Gefühl, einander noch so vieles erzählen zu wollen. Wir spüren beide, dass wir uns bereichern und uns aufrichtig füreinander interessieren. Nicht jeder hat das Glück, solche Menschen zu finden.

Das Leben dreht sich doch im Grunde immer um zwischenmenschliche Beziehungen: zu den Eltern und Geschwistern, zu Freunden, zu Lebenspartnern, zu den eigenen Kindern, zu Kollegen und Bekannten. Welche die wichtigste ist? Ich denke, es ist die Beziehung zu mir selbst. Und sie ist auch die Schwierigste von allen. Damit meine ich, dass die Mitte erst dann zu finden ist, wenn ich mit mir selbst in guter Beziehung stehe.

Eine gute Beziehung zu mir selbst – wie gelingt das? Hier einige Aspekte, die mir wichtig erscheinen.

### Unperfekt ist okay

Nachtragend zu sein, finde ich unnötig und belastend. Auch übertriebene Selbstkritik mag ich nicht. Oft ist sie heuchlerisch und lobheischend. Außerdem: Wer extrem hart zu sich selbst ist, ist das meistens auch zu anderen – für mich kein erstrebenswerter Charakterzug. Ich erwarte zwar keine Perfektion von anderen, dafür aber Aufrichtigkeit und echtes Bemühen. Auch ich selbst strebe nicht nach Perfektion. Das heißt nicht, dass ich nicht mein Bestes gebe bei dem, was ich tue. Aber nachdem ich viel Zeit und Arbeit zum Beispiel in eine Reportage oder ein Porträt investiert habe, kann ich sagen: Damit bin ich zufrieden. Sofort meldet sich dann die Stimme meines früheren Chefs, der sagt: Wir müssen immer besser werden, vorwärts streben, niemals stehen bleiben. Vielleicht müssen echte Erfolgstypen so sein. Was er jedoch nie sagte: Worauf wir verzichten müssen, wenn wir permanent nach Leistung streben. Nicht jeder ist gemacht für „Höher! Schneller! Weiter!". Ich glaube, es macht uns nicht glücklich.

### Negativität meiden

Wer in sich ruht, muss nicht über andere herziehen. Okay, ich geb's zu: Dann ruhe ich auch nicht in mir. Natürlich lästere ich manchmal. Ist gut für die Seelenhygiene. Ich versuche aber, es nicht zu übertreiben. Stattdessen überlege ich lieber, weshalb sich jemand doof verhält und versuche, die Motive zu verstehen. Immer wieder rufen in der Redaktion (und sicher in vielen Büros im ganzen Land) wütende Menschen an. Lässt man sie bis zum Ende schimpfen und bringt ihnen etwas Verständnis entgegen, werden sie meistens freundlicher. Manche bedanken sich sogar fürs Zuhören. Oft geht es für diese Wütenden nur darum, dass sie endlich mal gehört und ernstgenommen werden. Danach stellen sich die vermeintlichen Probleme oft als Nichtigkeiten heraus. Das soll nicht träumerisch-naiv klingen, und es klappt auch nicht immer. Manchmal bleiben einem die Motive des anderen auch trotz aufgebrachtem Verständnis verborgen. Oder wir finden sie blöd.

Es gibt auch Leute, die einen runterziehen, weil sie pessimistisch sind, immer nur nörgeln, dauernd Gefahren sehen oder über andere herziehen; weil sie sich nur für sich interessieren, missgünstig sind oder mit sich selbst nicht zufrieden. Ich sammle keine Facebook-Freunde und versuche, mich überwiegend mit Menschen zu umgeben, die mich glücklich machen – und die Gesellschaft der anderen zu meiden.

## Bei mir sein

Eine Szene, die so oder so ähnlich wohl jeder schon erlebt hat: Ein Kollege und ich kommen nach der Mittagspause zufällig zur gleichen Zeit zurück zur Redaktion. Schweigend gehen wir hintereinander die Treppenstufen hinauf in den zweiten Stock. Da beginne ich, über irgendetwas Belangloses zu plappern: das Essen, das Wetter, die Mittagsmüdigkeit. Eigentlich habe ich gar keine Lust auf ein Gespräch. Der Kollege antwortet höflich, aber reserviert. Als wir oben angekommen sind, beschleicht mich ein unangenehmes Gefühl. Mein Streben nach Harmonie hat sich durchgesetzt und mich inhaltsleer daher schwatzen lassen. Selbst der Wortgewandteste unter uns wird sich schon mal einiger Floskeln bedient haben, um eine Situation angenehmer zu machen. Und doch ist das Treppenhaus-Geplapper für mich eine Metapher: für Dinge, die man tut oder sagt, obwohl man sie in diesem Moment gar nicht tun oder sagen möchte.

Sich nicht vom Urteil anderer abhängig zu machen – das ist gar nicht so einfach für einen harmoniebedürftigen Menschen. Anderen dagegen scheint es leicht zu fallen, ihr Ding durchzuziehen und sich durch nichts und niemanden verunsichern zu lassen. Immer sind sie sich sicher, das Richtige zu tun. Oder täuscht der Eindruck? Schließlich liegt es in der menschlichen Natur, gemocht zu werden. Vielleicht können einige ihre Zweifel auch einfach nur besser kaschieren.

## Weniger haben

Die Band Silbermond widmet diesem Thema einen eigenen Song. „Leichtes Gepäck" heißt er. Mir gefällt dieses Lied. Niemand braucht Ohrringe, die er vor sechs Jahren das letzte Mal getragen hat. Oder Bücher, die eingepackt im Regal stehen. Oder Deko-Krempel aus dem Supermarkt, ersetzbar und ohne Geschichte. Viel schöner ist es, sich mit wenigen, tollen Dingen zu umgeben. Ein handgemaltes Glücksschwein meiner Cousinen, die mir mit dem Bild für eine Operation alles Gute wünschten, ist mir tausendmal lieber als ein Kunstdruck aus dem Möbelhaus. Wer mit seiner Entrümpelung noch eine gute Tat verbinden möchte, bringt ausrangierte Kleidung in den Second-Hand-Laden, anstatt sie in die Kleidertonne zu stopfen.

## Aufmerksamkeit und echte Kommunikation

Achtsamkeit ist in aller Munde. Einer der Ratschläge lautet, sich mehr Zeit zu nehmen. Der Entschleunigungs-Hype kommt mir fast etwas hysterisch vor. Davon abgesehen erscheinen mir einige Aspekte durchaus sinnvoll. Den Moment bewusst wahrzunehmen zum Beispiel. Wie oft ertappt man sich dabei, am Morgen mit dem Kopf bereits bei einem Termin am Nachmittag zu sein oder an einen Disput von vorgestern zu denken? Durch diese Grübeleien über Vergangenes oder Zukünftiges ziehen die kleinen Perlen des Alltags oft unbemerkt an uns vorbei. Das ist kein esoterisches Denken. Aufmerksamkeit lässt sich trainieren. Man muss sich der Tatsache nur bewusst sein.

Eines meiner Lieblingsthemen ist die Kommunikation. Eine verflixt schwierige Sache, wenn man mit Kommunikation nicht das tägliche Rauschen meint, sondern echte Gespräche. Irgendwer hat mal gesagt: „Zuhören ist die Kunst, von der jeder sich wünscht, dass der andere sie beherrscht." Ein guter Zuhörer urteilt und unterbricht nicht. Von außen betrachtet, tut er also gar nicht so viel. Dennoch ist Zuhören keineswegs passiv. Alle Sinne sind aktiviert. Ein guter Zuhörer versucht, sich in die Gemütslage des anderen einzufühlen. Im Idealfall kann er ein Weilchen auf derselben Welle mitschwingen. Solche Gespräche können beide Seiten bereichern.

Und doch beherrschen die wenigsten Menschen die Kunst des Zuhörens. Sie stellen keine Fragen und erzählen lieber von sich. Warum ist das so? Vielleicht weil wir zu vieles unbewusst tun, nicht bei der Sache sind. Weil wir unser Smartphone permanent griffbereit haben, anstatt es mal für ein paar Stunden zu ignorieren. Und vielleicht auch, weil wir ständig fürchten, etwas zu verpassen?

## Sich Gutes tun

Für kleine Glücksmomente braucht es keine filmreife Sonnenuntergang-Cocktail-Stimmung. Genauso wie es für Romantik weder Sekt, Kerzen noch Blumen braucht. Was den einen glücklich macht, bedeutet für den anderen puren Stress (Bummeln zum Beispiel). Zu wissen, was einen glücklich macht, ist ein Anfang. Diese Dinge immer wieder zu tun, der nächste Schritt. In die Berge fahren zum Beispiel oder Mountainbiken ebenso wie eine Partie Schach spielen, Samstagvormittage auf dem Markt verbringen, eine Folge „King of Queens" gucken oder Spaghetti mit Parmesan und Basilikum essen.

Das Streben nach der eigenen Mitte ist vermutlich eine Lebensaufgabe, die nie ganz abgeschlossen sein kann. Die Mitte ist stetig im Wandel. Und sie hängt von äußeren Umständen ab. Wenn ich so arm bin, dass ich nicht weiß, wie ich meine Miete bezahlen soll, wird mir der Gedanke daran, was echte Kommunikation bedeutet, ziemlich egal sein. Und sollte ich einmal Kinder haben, ist womöglich wieder alles anders. Ziemlich spannend eigentlich.

Vor einiger Zeit sah ich in der ARD eine Reportage über zwei Frauen. Sie fällt mir ein, während ich über die Mitte nachdenke. Die zwei Frauen haben nicht mehr lange zu leben – beide sind an Krebs erkrankt. Das ist aber auch schon die einzige Gemeinsamkeit der beiden Totkranken. Die eine ist einsam, die andere nicht. Die Einsame hat nie die große Liebe gefunden, nie die ersehnte Familie gegründet und den Kontakt zu ihrer Mutter und der Schwester abgebrochen. Ihre letzten Wochen verbringt sie damit, Formalitäten wie die Begräbniszeremonie bis ins Detail festzulegen und auf den Tod zu warten. Die andere hat ausgiebig gelebt. Sie hat kein Abenteuer, keinen Exzess, keine Party ausgelassen. So manche Erfahrung sei vielleicht verzichtbar gewesen, gibt sie zu. Ihre letzten Wochen verbringt sie mit ihrer Zwillingsschwester, ihrer Tochter und der Enkelin. Sie nimmt Abschied von Freunden, Orten und Gewohnheiten. Schließlich lassen ihre Kräfte nach. Sie kommt zum Sterben in ein Hospiz. Die Reportage endet damit, dass die Frau mit dem erfüllten Leben gefragt wird, was rückblickend wirklich wichtig war. „Liebe", antwortet sie, „und stabile soziale Beziehungen."

*Januar 2016, Verena Bußler*

**Die musikalische Mitte.**

**Volker Gässler**, auch „Gassi" genannt, ist Keyboarder der Band Annâweech, die 1995 gegründet wurde. Er und seine vier Bandkollegen aus dem Kochertal singen in Hohenloher Mundart.

# Tja, wo liegt eigentlich die „Mitte" einer Band?

Regional betrachtet ist die Antwort bei mir und meinen Musikerkollegen von Annâweech recht einfach. Als gebürtige Hohenloher sind wir alle quasi im Zentrum der Region Heilbronn-Franken aufgewachsen und von Land und Leuten geprägt worden. Die Verbundenheit zur Heimat war zwar immer da, war in jungen Jahren aber etwas weniger ausgeprägt als heute. Da galt es, die Welt zu erforschen, und wir sind einiges auf dem Globus herum gekommen. Aber je mehr schönes und auch weniger schönes ich von der Welt gesehen habe, umso mehr habe ich die eigene Heimat lieben und schätzen gelernt. Das merkt man am besten, wenn man nach längerer Abwesenheit über die Hangkante runter ins Kochertal fährt und empfindet: Jetzt bist du wieder zu Hause.

Musikalisch ist das sehr ähnlich verlaufen. Geprägt vom Umfeld der 60er bis 80er Jahre, überwiegend aus der Schlager-, Pop-, Rock-, Blues-, Country- und was weiß ich noch Ecke, waren wir viele Jahre als Coverband unterwegs. So etwas wie eine „musikalische Mitte" habe ich in der Zeit nie wahrgenommen. Man hat sich nach Bauchgefühl sowie beeinflusst von Hitparaden fast zwanzig Jahre kunterbunt durch den musikalischen Blätterwald bewegt. Das war eine schöne Zeit und hatte sicher seine Berechtigung. So etwas wie ein Gefühl einer „musikalischen Mitte" ergab sich für mich dann erst mit der Geburt von Annâweech im Jahr 1995 und der Wende hin zu eigenen Liedern, natürlich gesungen in Hohenloher Mundart. Unsere eigenen Lieder sind vielfältig und geprägt von unserer vorangegangenen Coverband-Zeit. Es ist aber doch ein wesentlicher Unterschied, ob man fremde Songs covert oder sich eigene Songs erarbeitet. Beim oft langwierigen Experimentieren, Gestalten und Verfeinern zuerst roher Songentwürfe und Ideen, entwickelt man mit der Zeit dann auch eine gewisse Beziehung zu jedem der Songs. Die „Mitte" von Annâweech begreife ich daher in dem Versuch, das erlebte Lebensgefühl und die Lebensweise der vertrauten Hohenloher in Form von alltäglichen Geschichten, natürlich in Hohenloher Mundart, musikalisch wiederzugeben. Dass wir uns damit eine für regionale Verhältnisse riesige Fangemeinde erarbeiten konnten, zeigt wie richtig unser Kurswechsel war und wie erfolgreich dieses Konzept funktioniert. Die Lieder sprechen den Hohenlohern, und mittlerweile auch einigen Nichthohenlohern, aus dem Herzen und wir ernten bei unseren Konzerten viel Beifall und Zuspruch. Bei solchen Gelegenheiten hat man dann das Gefühl, in der „Mitte" angekommen zu sein.

*Dezember 2015, Volker Gässler*

99 **Mehr Chancengleichheit am Start.** 66

**Walter Döring** war stellvertretender Bundesvorsitzender der FDP und Wirtschaftsminister von Baden-Württemberg. 2004 erhielt er das Bundesverdienstkreuz. Er lebt mit seiner Frau in Schwäbisch Hall.

# Die „Mitte" ist vielfältig.

Wenn man sich mit dem Thema „Mitte" befassen soll, so muss man sich erst einmal darüber klar werden, was hier mit „Mitte" gemeint sein könnte beziehungsweise ist.

Der Reihe nach:

Geografisch liegt unsere Region in der Mitte Europas; zumindest „so etwa"; also abgehakt. Demografisch sind wir hinsichtlich des Durchschnittsalters unserer Bevölkerung nicht mehr „Mitte", sondern doch eher schon etwas darüber hinaus, auch wenn wir in einigen Teilen der Region erfreulicher Weise gegen den bundesweiten Trend eine Zunahme der Bevölkerung und somit „junge Blutzufuhr" zu verzeichnen haben.

Bezüglich der wirtschaftlichen Mitte, also mit Blick auf den Mittelstand, sind wir weit mehr als „Mitte"; da sind wir absolut top. Dies sowohl im bundesweiten, als auch im europäischen Vergleich. Auch was die Anzahl der Unternehmen von Weltgeltung angeht, steht die Region Heilbronn-Franken nicht in der Mitte, nicht im Mittelfeld, sondern ganz weit vorne: Nirgendwo sonst ist eine solche Dichte an Weltmarktführern zu verzeichnen wie eben hier in dieser wunderbaren Region. Wertvolle Folgen davon sind, dass unsere Region weit mehr als „Mitte" ist, was die Arbeitslosenzahlen für jung und alt angeht: Wir sind an der Spitze bei den Beschäftigungszahlen und Schlusslicht bei den Arbeitslosenzahlen; gut so. Wir sollten viel offensiver damit werben: Hier in der Mitte Europas, in unseren mittelgroßen Städten lässt es sich überdurchschnittlich gut arbeiten und leben! Eine großartige Situation für uns alle hier und für die zu uns Kommenden. Zu dieser trägt auch die Landwirtschaft bei, die mit ihren Betrieben weit mehr leistet als Mittelmaß; mit dem Schwäbisch Hällischen Landschwein hat sie sogar einst die EXPO in Hannover bereichert.

In den letzten Monaten kam eine Diskussion auf, die „den Verlust der Mitte" zum Gegenstand hatte. Früher hieß es über Jahrzehnte: Wahlen werden in der Mitte gewonnen. Nach den drei Landtagswahlen im März 2016 schien diese „politische Mitte" jedoch heimatlos, in jedem Fall aber doch wohl verloren gegangen zu sein: Die von Angela Merkel geführte CDU zog aus dieser politischen Mitte kontinuierlich nach „links", die gewaltigen AfD-Erfolge zogen aus der politischen Mitte nach

„rechts" Masse ab. Darüber hinaus gelang es der AfD auch, „im sozialdemokratischen mitte-links Niveau zu wildern", wie Daniel Friedrich Sturm in der WELT schrieb. Gerade im Südwesten kehrte diese „arbeitende Mitte", die Sigmar Gabriel im Blick hat und für die SPD gewinnen wollte, den Sozialdemokraten geradezu demonstrativ den Rücken.

Das ist eine höchst brisante Entwicklung: Die „Mitte", das waren und sind diejenigen Mitbürgerinnen und Mitbürger, die jeden Morgen aufstehen, um zur Arbeit zu gehen, damit sie ihre Familien ernähren, ihren Kindern eine ordentliche Ausbildung zukommen lassen können und mit ausgeprägtem ehrenamtlichen Engagement sowie rechts-konformem Verhalten entscheidend zur Stabilität unserer Gesellschaft beigetragen haben und dies erfreulicher Weise zumeist noch immer tun. Nun spüren sie, dass sie nicht mehr im Mittelpunkt der Bemühungen der Politik stehen. Banken werden mit Milliarden Euros der Steuerzahler gerettet, aber der mittelständische Betrieb erhält Besuch vom Insolvenzverwalter. Randgruppen scheinen bevorzugt zu werden. Die Sicherheit ist durch Terrorismus, eine stetig gestiegene Zahl an Einbrüchen und eine „Radikalisierung der Straße" bedroht. Die Arbeitsplätze gelten längst nicht mehr als lebenslang sicher. Die Altersversorgung wird zunehmend als „wohl kaum mehr ausreichend" bewertet. Wenn dann mit Aussagen wie denen von Marcel Fratzscher, dem Leiter des Deutschen Instituts für Wirtschaftsforschung, Öl ins Feuer gegossen wird, dass die Schere zwischen Reich und Arm weiter auseinander klafft, die Mitte zu den Verlierern der letzten Jahre gehört und mit der fortschreitenden Digitalisierung noch weiter absteigen wird, muss man sich nicht wundern, dass laut WirtschaftsWoche „Millionen Menschen das Gefühl haben, dass etwas faul ist in unserem Wirtschaftssystem" und 44 Prozent der Deutschen eine „Obergrenze für Gehälter fordern"; und dass bei drei gleichzeitig stattfindenden Wahlen die AfD jeweils zweistellige Ergebnisse – vor allem gespeist aus der „politischen Mitte" – einfahren kann.

„Die Mitte" bangt aber nicht nur um ihre Arbeitsplätze, ihren eventuell noch günstigen Wohnraum und um Verlust an staatlichen Transferleistungen wegen der enormen Flüchtlingszahlen, sondern sie fühlt sich abgehängt, nicht mitgenommen, gar nicht mehr gefragt. Die Euro- und die Bankenrettung wurden ebenso wenig nachvollziehbar erklärt wie die Griechenlandhilfen. Das „Wir schaffen das" der Kanzlerin, die gesamte „Flüchtlinge, Ihr seid willkommen"-Politik mit all ihren klaren Rechtsverstößen ist nie in einem Parlament diskutiert und beschlossen worden, geschweige denn, dass man die Bevölkerung gefragt hätte; nein, es kam einfach so par ordre de mufti über die bundesrepublikanische Gesellschaft. Und die Mitte zahlt das alles; zumindest fühlt diese so.

Ludwig Erhards „Wohlstand für alle" ist für viele vor allem in der Mitte der Gesellschaft in weite Ferne gerückt. Damit alle und eben nicht alleine die oberen zehn Prozent in der Gesellschaft wieder die Chance auf den Erhardschen „Wohlstand für alle" haben, muss viel mehr in die Bildung investiert werden. Deutschland schneidet im internationalen Vergleich schlecht ab, wenn es um Aufstiegschancen über Bildung für Kinder aus den „Nicht-Akademiker-Mittelschicht"-Haushalten geht. Wer die Mitte der Gesellschaft stärken will, muss mehr in die Grundausbildung, in die „Chancengleichheit am Start" und in die Chancen für auch tertiäre „Ausbildung für alle" investieren als in eine Rente mit 63 und in eine Lebensleistungsrente, die Milliarden kostet; nach Max Haerder zahlt dies die arbeitende Bevölkerung und bezahlen es die Jungen. Auch ein Grund dafür, dass – so Fratzscher – „ungleiche Bildungschancen für steigende Ungleichheit" sorgen, weil das Geld falsch ausgegeben wird.

Die gesellschaftliche Mitte hat feine Sensoren. Sie hat ein Gefühl für Auswüchse, wenn die Gehälter der DAX-Vorstände in den letzten zehn Jahren um 55 Prozent, die ihrer Arbeitnehmer aber nur um 27 Prozent gestiegen sind; wenn die reichsten zehn Prozent der Deutschen heute 45 Prozent mehr Vermögen besitzen als 2005. Viele Krokodilstränen über den Verlust der politischen und gesellschaftlichen Mitte sind scheinheilig. Warum gibt es nicht mehr Arbeitnehmerbeteiligungen an Unternehmen, um – wie von Erhard angestrebt – nicht nur „Wohlstand für alle", sondern auch „ein Volk von Eigentümern" zu schaffen? Der Verweis auf 160 Milliarden Euro, die jedes Jahr in Deutschland an Unternehmen und Bürger verteilt werden, hilft so wenig wie der, dass jährlich 200 Milliarden an Familien umverteilt werden. Die Mitte unserer Gesellschaft will kein Almosenempfänger sein, sondern aus eigener Kraft und Leistung gut leben können. Clemens Fuest, seit 1. April 2016 Chef des Münchner ifo-Instituts als Nachfolger von Hans-Werner Sinn, mahnt zurecht an, dass wir mehr „Chancengleichheit am Start, aber auch mehr Wettbewerb und weniger staatliche Einflussnahme" brauchen, damit die Mitte, die noch immer unsere Gesellschaft trägt, in Zukunft wieder stark und der Stabilisierungsanker unserer Gesellschaft wird.

Als einer, der vom Alter her nicht mehr so ganz „in der Mitte des Lebens" steht, fühle ich mich „mitten in der Gesellschaft" am Wohlsten und werde weiter gerne daran mitwirken, dass die „Mitte" wieder so stark wird, dass Wahlen „in der Mitte" gewonnen werden.

*April 2016, Walter Döring*

**„ Das Herzhaus in meiner Mitte. „**

**Wichtrud Haag-Beckert** wuchs in Stuttgart-Hofen als Tochter eines Lateinlehrers auf. Sie arbeitete und lebte als Kunsterzieherin am Künzelsauer Schlossgymnasium und zog dort auch ihre drei Kinder auf.

# Meine Mitte

Mitte ist für mich etwas Lebendiges, etwas nicht unmittelbar Greifbares und doch Seiendes, wie Schönheit, Liebe, Harmonie, um das ich mich, wie der Wachstumspunkt eines Schneckenhauses, in sich ändernden aber immer stimmigen Proportionen als Mittelachse bewege. In Schwäbisch Gmünd 1952 geboren wuchs ich, durch eine neue Stelle meines Vaters als Lateinlehrer, in einem Vorort von Stuttgart auf. Dessen Mittelpunkt war die barocke Kirche und in ihr eine spätgotische Madonna, die aus der brennenden Stiftskirche dereinst gerettet wurde und in Hofen nun seit vielen hundert Jahren eine neue liebevolle Bleibe gefunden hat, wo sie für den, der es zuließ, Wunder wirken konnte, wie wir als Kinder hörten. Vom Schoß der Mutter hinweg, auf den sie mich immer nahm, wenn sie Geschichten erzählte oder vorlas, wurde ein kleiner Garten hinter dem schlichten grauen Nachkriegshaus der Familie Hascher zu meinem nächsten Lebensmittelpunkt und im Garten waren es die Rosen, die ich so sehr liebte, weshalb ich bald den Anspruch erhob, dass nur ich sie gießen und pflegen durfte. Dieses Rosenrot und dieser betörende Duft haben ihre Faszination auf mich nie eingebüßt und sehr viel später entstand einmal ein Gedicht „Ich bin eine Rose". So war es mitten in der nüchternen Siedlung dieses kleine Stück Natur und darin diese Schönheit der Blumen, um die ich zu kreisen begann.

Ich bin mit meinen drei Geschwistern ohne Fernsehgerät aufgewachsen, und das Herzstück unserer kleinen schlichten Wohnung war für mich das Wohnzimmer, wo ein Buffet mit allerfeinsten Gläsern und Tassen von der Großmutter stand, Regale voll mit Büchern, ein großes Ölbild an der Wand und Pflanzen auf dem langen Fenstersims, vor dem auch der Schreibtisch meines Vaters seinen Platz hatte. Auf einem der Regale stand die Figur einer mittelalterlichen Madonna, ganz ähnlich der aus der St. Barbara Kirche, die liebevoll das Jesuskind in ihren Armen hielt. Obwohl sie so still da oben stand, war sie der eigentliche Mittelpunkt, zu dem wir auch hinblickten, wenn die Familie sich zum Gebet versammelte. Neben Sofa und Tisch war da noch das Klavier, auf dem ich bald zu spielen lernte, weil es mir dadurch den Zutritt in das schöne Reich meines Vaters verschaffte, der mir erlaubte, zu jeder Zeit dort meine Musikstücke einzuüben, während meine Geschwister mit ihren Streichinstrumenten unter der Leitung der Mutter, die selber sehr gut Geige spielte, immer im Kinder- und Esszimmer unterrichtet wurden. In diesem Wohnzimmer fanden auch die seltenen aber einprägsamen Gespräche mit dem Vater statt, wo er mich später immer wieder an die antiken Tugenden der Beharrlichkeit und der

Besonnenheit erinnerte und mich ermahnte, mein Gewissen nicht zu verwässern. So lebte ich still beobachtend und reflektierend in diesem kleinen Schneckenhaus mit Garten, bei meinem Klavierspiel und später bei meinen Schreibübungen, die ich als Linkshänderin täglich machen musste, bis es mir gelang, auch mit der rechten Hand eine schöne Schrift zu erlangen. Dies machte mich dann so nebenbei zu einer leidenschaftlichen Briefschreiberin, wenn ich nicht gerade dabei war, aus allem, was ich fand, aus Lehm, Speckstein, Stoff oder Papier ein kleine Figur zu machen. Mit meiner sehr klugen und sprachbegabten Schwester, die ausschließlich in ihrer Bücherwelt lebte, zu der ich lange keinen Zugang gefunden hatte, teilte ich bis zum Abitur fast wortlos das Zimmer. Obwohl wir uns mochten, lebten wir in vollkommen verschiedenen Welten. Der Mittelpunkt meines Spielens war ein Kasperletheater, mit dem uns unsere Mutter bisweilen unterhielt, solange, bis sie eines Tages die Regie an mich und meinen Bruder abgab und wir nun viele Jahre beschäftigt waren, Stücke zu erfinden und der versammelten Familie vorzuführen. Die Spielfiguren, die fehlten, mussten erst gebastelt und die Kulissen gemalt werden. Die Hässlichkeit der billigen Spielfiguren aus Plastik waren mir zeitlebens ein Anreiz, nach Schönerem zu suchen.

Dann fand sich doch noch ein Schriftsteller, um den ich mit meinen unvollkommenen Lesekünsten kreisen konnte. Ein begeisterndes Gespräch meiner Mutter mit einer Freundin über den Zauberberg von Thomas Mann und ihr Hinweis mir gegenüber, dass man da aber erwachsen sein müsse, um dieses Buch zu verstehen, machten mich neugierig auf das Lesen. Mein Drängen hatte Erfolg und so eröffnete mir Thomas Mann dann die Welt der Literatur, als ich mich, eingewickelt in eine Decke im Liegestuhl, auf die verschneite Terrasse legte und fasziniert die nicht enden wollenden Sätze verfolgte. Ein halbes Jahr habe ich gebraucht, um dieses, mein erstes Buch zu lesen, Satz für Satz und vieles habe ich bis heute noch in Erinnerung. Das Gymnasium und die Kunstakademie besuchte ich in Stuttgart und dort war mein heimliches Zentrum der Rosensteinpark mit seinen herrlichen Rosenbeeten und den wunderbaren uralten Bäumen, die meine Jugendjahre begleitet haben und immer verbunden bleiben mit meiner ersten Liebe. Dieser Park verbindet das Theater, das ich häufig mit meinem Freund besuchte, mit der Wilhelma, wo ich mir in den Semesterferien mein Geld verdiente.

Nach dem Abschluss meines Studiums der Bildenden Kunst, Kunstgeschichte, Biologie und Pädagogik kam ich als Kunsterzieherin ans Schlossgymnasium nach Künzelsau, einem Aufbaugymnasium mit Internat, wo ich dann über viele Jahre als Leiterin der Theater AG ausgiebig die Möglichkeit hatte, meinem Darstellungsdrang Ausdruck zu verschaffen und habe dabei meine in der Kindheit gesammelten Erfahrungen nie vergessen. Schon bald war dieses Wirkungsfeld schulisch und privat zu einem neuen Lebensmittelpunkt für mich geworden. Ich wohnte mitten im Internatsgelände, lernte dort schon bald den Musiklehrer der Schule kennen und lieben, wir heirateten. Mit dem Wachsen unserer Familie wuchs auch die Größe unserer Wohnung im alten Kanzleibau im Erdgeschoss, wo wir den Gartenplatz nutzen konnten und wo wieder heimatlich eine duftende Rose blühte, nun ergänzt mit Buchs, Lavendel und Rhododendron. Unsere Wohnung war mit Blick auf das alte Schloss mit seinem warmen pompeijanischen Rot, das zusammen mit dem Grün des Lindenbaumes im Schlosshof und dem Blau des Himmels einen Dreiklang ergab, der Heimat für mich wurde.

Ich hatte immer in Miete gewohnt, zuhause, bei den Eltern in Stuttgart Hofen in der knappen Vierzimmerwohnung, als Studentin in einem Kellerzimmer, als Referendarin in einer kleinen Dachwohnung und schließlich in der großen alten Schulwohnung im Kanzleibau, obwohl ich schon als Kind immer den Traum von einem eigenen schönen Haus mit Garten in mir trug. So war ich schon früh geübt, meine eigene Mitte in meinem inneren Herzhaus zu suchen und zu finden und meine Wohnräume waren dann eigentlich nur die Wiederspiegelungen der Innenseite meiner Seele. So wuchsen unsere drei Kinder heran, inmitten von Kunst und Musik und das parkartige Internatsgelände war ihr Spielrevier. Die Wände unserer Wohnung waren die Ausstellungsflächen für meine großen Textilbilder, die nur selten in der Öffentlichkeit gezeigt wurden. Um uns herum lebten und wohnten lauter Menschen, die mit der Schule und dem Internat zu tun hatten, Schüler und Lehrer, Sozialpädagogen, Küchenpersonal und Hausmeister. Teilweise lebten 14 Kinder im Schloss und Kanzleibau, die wie Verwandte mit unseren Kindern zusammen aufgewachsen sind, ein kleines Dorf mitten in der Stadt und unsere zentrale Wohnung wurde zum Mittelpunkt, wo sich alle wieder und wieder einfanden am großen Tisch mitten in unserer Wohnung oder auf der Terrasse, auf einen Tee zum Austausch. So lebte ich inmitten meiner Kunst und meiner Familie, mitten in der Schule, mitten im Internat unter Schülern, Kollegen und Mitarbeitern, mitten in einem herrlichen Schlosspark und mitten in einer schönen Kleinstadt. Und in wenigen Schritten war ich im Wald, der sich den Hang hinauf hinzog und mitten in diesem Wald war mein Baum, dem ich alles erzählen konnte, wenn es einmal zuviel war im bunten Alltag.

Es gab also nicht nur dieses kreisende Wachsen, Erweitern und Blühen aus der Mitte heraus, es gab auch diese Abschiede, die sich anfühlten, wie wenn die Rose ihre Blätter fallen lassen muss. Doch dieses Loslassen ließ das Herzhaus in meiner Mitte wachsen, meinem eigentlichen Zuhause, in dem ich immer Zuflucht fand und das mir niemand wegnehmen konnte, so wie die Rose, die Hagebutten trägt, gefüllt mit Samen, nachdem ihre Blütenblätter abgefallen sind.

Mein Vater starb ganz unvermittelt in meinem ersten Studienjahr, meine Mutter ebenso plötzlich nur ein Woche vor einer Ausstellungseröffnung als ich, selbst schon dreifache Mutter, meiner Mutter zeigen wollte, was ich denn so mache an Bildern, die so ganz aus meiner Mitte heraus geworden sind. Auch die Kirche ist mir mit ihrem heilkräftigen Zauber abhanden gekommen. Mein Mann und Vater meiner Kinder ist eines Tages aus der gemeinsamen Wohnung ausgezogen und die Kinder haben zum Studium nach und nach das Nest verlassen. Aber in dem Maße, wie sich alles von mir löste, die Eltern, der Mann, die Kinder, die große Schulwohnung, der Schuldienst, die Theater AG, fand ich wieder einen heimatlichen Ort ganz in meiner Nähe bei einem Freund, der liebevoll ein mittelalterliches Haus renovierte und in dessen Hof wir eine hochrankende Rose pflanzten und unter deren blühendem Dach wir viele Stunden zusammen verbrachten. Doch auch dieser treue Weggefährte musste ganz plötzlich diese Erdenbühne verlassen und so wuchs mein Herzhaus weiter, wo sie nun alle wohnen, die Verstorbenen und die noch unter uns Lebenden.

Und wieder habe ich eine kleine Wohnung gefunden, mittig am Schlossgarten, mit Blick auf das rote Schloss, mitten in der Kreisstadt, mitten in dem wunderschönen Hohenlohe, mitten in Deutschland, mitten in Europa, mitten in der Welt, mitten im Universum. Und jetzt sind es die Nachbarn und Verwandten, ehemaligen Kolleginnen, Freundinnen und Freunde, die das alte Netzwerk der Familie und Schule ergänzen, ersetzen und erweitern, und wieder blühen Rosen auf meiner kleinen Loggia und draußen im Schlossgarten. Ich bin in meinem Leben viel gereist: Japan, Bali, Indien, Kirgistan, Türkei, Griechenland, Italien, Marokko, Frankreich, Grönland, um nur die Orte zu nennen, die mich geprägt haben. Orte, an die ich meine Mitte in mir mitgenommen habe und deren Schönheit auch in meinem Herzhaus einen Niederschlag gefunden hat. Aus dieser Mitte heraus, aus diesem unsterblichen Herzhaus, entstehen meine Gedichte, meine Bilder, meine Pläne, die dann draußen, im Sichtbaren verwirklicht werden wollen. Meine jüngste Vision ist eine Markthalle mitten im Herzen unserer Kreisstadt Künzelsau, um der Stadt eine neue lebendige, pulsierende Mitte zu geben, weil ich spüre, dass eine Kleinstadt eigentlich nichts anderes ist als eine Erweiterung einer Familie. Und so, wie in meiner Wohnung Küche und Wohnzimmer eine zentrale Bedeutung haben, als Orte der Begegnung, des Austausches und des sich Nährens, braucht eine Stadt einen zentralen Ort, der seit Menschengedenken der Marktplatz oder eine Markthalle ist, die man fußläufig von allen Seiten der Stadt gut erreichen kann. Wo man sich zufällig begegnet oder verabredet, ein Herzstück der Integration. Liebe geht durch den Magen, und Schönheit erfreut das Herz. Egal, welche Stadt wir auf der Welt besuchen, immer gehen wir auf den Markt und freuen uns an der bunten Vielfalt, die dort zur Einheit wird, wie bunte Farben in einem Teppich. Mit den Jahren aber kreist mein Herzhaus mehr und mehr auch um andere unsterbliche Wohnorte und mit ihnen um unsere Ursprungsquelle, unsere Urheimat, unseren Urmittelpunkt.

*Mai 2016, Wichtrud Haag-Beckert*

**99 Um Ich zu sein, brauche ich Dich. 66**

**Winfried Dalferth**, geboren 1953, studierte Theologie in Tübingen und Wien. Im November 2007 wurde der zweifache Vater zum Dekan des Evangelischen Kirchenbezirks Crailsheim gewählt.

# Mittig leben

## Verbinden sorgt für Halt

Dieser Stein hat es mir angetan. Beim Verlassen meiner Wohnung sehe ich direkt auf den Westeingang der Johanneskirche in Crailsheim. Über dem Eingang spannt sich ein Gewölbebogen aus Stein, der mich wieder und wieder ins Nachdenken bringt. Genauer gesagt ist es der Schlussstein am höchsten Punkt des Bogens, der die angeschrägten Keilsteine im Gewölbebogen zusammenhält. Was wäre, wenn man diesen abschließenden Stein des Gewölbes entfernen würde? Das Gewölbe würde zusammenbrechen. Der ganze Halt des Gewölbes – und ein Gewölbe kann viel tragen – wäre dahin. Natürlich tragen auch die umgebenden Steine dazu bei, dass der Gewölbebogen bleibt, wo er ist und seine Stabilität behält. Aber der Schlussstein oben in der Mitte hält schon alles im Rund.

Die Krümmungen im Leben haben ihre Tragkraft. Würde man da auch nur einen „seelischen Stein" ignorieren, verdrängen oder vergessen, wäre es aus mit der Tragkraft. Auch die dunklen Seiten des Lebens gehören dazu und leisten ihren Beitrag zum Tragen des Seins. Wenn wir nachträglich erfahrene Krümmungen im Lebensgewölbe ausbauen wollen, könnte dies die Stabilität unserer Existenz gefährden. Die schweren Steine oder die Lebenslasten einer bestimmten Wegstrecke belassen wir lieber dort, wo sie im Lebenslauf aufgetreten sind. Lebenskunst ist dann, sich des Gewesenen und unabänderlich Gewordenen zu erinnern, ohne stets in Wutwallung zu geraten oder in Rachegedanken zu verfallen. Auch Schweres und Schräges trägt zur Stabilität des Lebensgewölbes bei.

Noch etwas lehrt mich der Schlussstein: Er trägt, indem er die Steine zu seiner Rechten und Linken verbindet. Er sitzt wie ein Keil zwischen den beiden benachbarten Steinen und gibt so dem gesamten Gefüge stabilen Halt. Der Schlussstein braucht geradezu die Steine auf beiden Seiten, um seine Aufgabe erfüllen zu können. Wären die anderen Steine nicht, hätte der Schlussstein selbst keinen Halt und würde fallen. Durch die enge Verbindung aller Steine im Gewölbe entsteht insgesamt die Tragfähigkeit, welche die Tragfähigkeit eines geraden Türsturzes deutlich übersteigt. Zusammen halten ist hier unmittelbar erlebbar. Wer nach beiden Seiten verbunden bleibt, erlebt Zusammenhalt.

Auf das menschliche Miteinander übertragen, wird erkennbar, dass jeder als Teil des Ganzen seine eigene, spezielle Rolle hat. Steigt einer aus, gehen viele zu Boden. Kein Mensch kann für sich allein seinen Lebenszweck erfüllen. Jeder braucht die Anderen, heute mehr und morgen weniger, aber er braucht sie. Dies sollten wir nicht unterschätzen. Um Ich zu sein, brauche ich Dich. Wir tun also gut daran, unsere Eigenheiten zu bewahren und dennoch in Beziehung zum Mitmenschen unterwegs zu bleiben. Irgendwie sind wir verbunden und tragen wir uns gegenseitig. Es ist, wie wenn der Baumeister des Lebens uns zusammen gefügt hätte.

## Die Mitte der Nacht ist der Anfang des Tages

Vor Jahren hatte ich ein eindrückliches Erlebnis: Im Arbeitszimmer unter dem Dach hatte ich lange gearbeitet und wurde müde. Ich wollte den Raum verlassen und in die Wohnung hinunter gehen. Dazu öffnete ich die Tür und schaltete das Licht im Treppenhaus ein. Doch die Lampe war defekt und es blieb dunkel. Im Türrahmen stehend sah ich ins Nichts und hinter mir im Zimmer war es hell. „Du musst die Augen an das Dunkel gewöhnen", sagte ich mir, blieb stehen, schaltete das Licht im Arbeitszimmer aus und schloss die Tür hinter mir. Da stand ich also in der Dunkelheit und sah lange ins Nichts. Erst nachdem ich eine Zeitlang wartete, konnte ich einen geringen Lichtschein aus der Wohnung zwei Stockwerke tiefer wahrnehmen.

Diese Situation wurde mir zum Gleichnis. Das zarte Licht in der Ferne vor mir konnte ich erst erkennen, nachdem das helle Licht im Arbeitszimmer hinter mir nicht mehr da war.

Die aufleuchtende Morgenröte der Ewigkeit wird erst dann deutlich erkennbar, wenn die Türen dieses Lebens geschlossen sind. Das Eine muss erst beendet sein, bevor das Neue wahrgenommen werden kann. Zugleich hier und dort erkennen geht irgendwie nicht. Die Eindrücke dieser Welt müssen erst vergangen sein, dann erst können die Signale des neuen Seins empfangen werden. Die menschlichen Sinne, mit denen wir uns in dieser Welt orientieren, müssen erst abgeschaltet sein. Dann entfaltet sich das Sensorium für die neue Welt. Das Alte beibehalten und das Neue ertragen, wäre Überlastung. So wird die Mitte der Nacht zum Anbruch des Tages. Erst wenn es ganz dunkel geworden ist, wie mitten in der Nacht, dann wird der neue Lichtschein der aufbrechenden neuen Zeit auf der anderen Seite erkennbar. Deshalb können wir nicht sagen, wie es nach dem irdischen Leben weitergeht. Im diesseitigen Leben sind wir mit allen Sinnen noch zu sehr weltverhaftet, um erkennen zu können, was kommt. Sind unsere Sinne zur Ruhe gekommen, dann leuchtet erkennbar Neues auf.

## Zur Mitte finden

Alle wollen zur Mitte. Überall wollen die Autofahrer zur Mitte. Diese ist in jeder Stadt gut ausgeschildert, dort pulsiert das Leben und brummt die Unterhaltung. Die Mitte fasziniert. Das ist auch auf jedem Dorf so. Wenn Jugendliche noch nicht motorisiert sind, dann gehen sie wenigstens vor Ort in die Dorfmitte, um zu sehen, was dort so los ist. Eigentlich heißt das: Andere treffen oder gemeinsam etwas unternehmen geht eben in der Dorfmitte leichter. Ob Stadtmitte oder Dorfmitte: Meistens sind diese Plätze schön gestaltet. Dort wird dem Ruhen Raum gegeben. Bänke laden zum Verweilen ein. Die hinführenden Einkaufsstraßen sind belebt und laden zum Geldausgeben ein. Kunst und Kultur sind ebenfalls der Mitte zugeordnet. Dort ist beides sichtbar und erlebbar. Die gestaltete Mitte war zu allen Zeiten den Menschen, den Mächtigen und Machern sehr teuer und viel wert.

Wie gestalten Menschen ihre Mitte? Was sind ihre Lebensmittelpunkte, in die sie am meisten Zeit und Geld investieren? Wer es genau wissen will, sollte in jedem Fall nicht gleich beurteilen oder interpretieren, sondern zuerst einmal beobachten und wahrnehmen. Da ist die bequeme Couch an zentralem Platz im Wohnzimmer mit dem überdimensionalen Fernseher. Da ist die chaotisch aussehende Werkstatt, die sich bei näherem Hinsehen als wohlsortierter Aufenthaltsraum des Besitzers entpuppt. Da ist die liebevoll gestaltete Gartenecke mit wetterfesten Sitzmöglichkeiten für den Gartenliebhaber.

Soweit der sichtbare Teil. Dazu treten die unsichtbaren Teile der Situation: Da ist der gehbehinderte Mensch, der die Wohnung nicht mehr verlassen kann. Da ist der kreative Tüftler, dessen eigenes Ordnungssystem, das für andere nicht durchschaubar ist, dazu führt, dass er seine zahlreichen Aufträge doch noch der Reihe nach abarbeiten kann. Da ist der Eigenheimbesitzer, der aufgrund seiner Diagnose weiß, dass er sein Gartenglück nicht mehr allzu lange genießen wird.

Mitte will gestaltet sein. Eine ansprechend gestaltete Stadt- oder Dorfmitte beeinflusst die Menschen. Sie trägt entscheidend dazu bei, ob man dort gerne wohnt, verweilt oder einkauft. Die Gestaltung eines menschlichen Lebensraumes, einer Wohnung oder eines Arbeitsplatzes bietet Aspekte, einen Menschen zu verstehen. Auch hier wird man durch Überdenken der sichtbaren und unsichtbaren Gestaltungsmerkmale zu einem Nachdenken über eine Person kommen, welche die sichtbaren und die unsichtbaren Aspekte der gestalteten Lebensmitte berücksichtigt.

Zur Mitte finden hat übrigens auch eine sprachliche Dimension. Wer den Kern einer Sache formulieren will oder das Zentrale eines Gedankens wiedergeben will, tut gut daran, vom hebräischen Denken zu lernen. Der hebräische Mensch formuliert Sachverhalte oft in doppelten Begriffen. Das bekannteste Beispiel ist wohl „Tohuwabohu". Dieser Begriff beschreibt den Zustand der Erde zu Beginn der Schöpfung: Die Erde war wüst und leer. Durch die Doppelung der Begriffe kann sich der Leser besser vorstellen, was gemeint ist. Wenn Menschen heute über die Veränderung einer Situation nachdenken, dann stellen sie meist neben die beste aller Möglichkeiten auch die schlechteste aller denkbaren Möglichkeiten. Schließlich suchen sie irgendwo dazwischen, meist in der vermuteten Mitte, die richtige Beurteilung. Wir heute verstehen Menschen besser, wenn wir im Gespräch darauf achten, ob es neben der gemachten Aussage auch eine vergleichbare, ähnliche Aussage gibt, die den Sachverhalt, um den es geht, beschreiben kann. Ein ergänzendes Sprachbild können wir erreichen, indem wir nachfragen oder eine eigene Formulierung des Gehörten ins Gespräch einbringen. Zwei Formulierungen oder zwei Beschreibungen ermöglichen ein besseres Erfassen des Gehörten. Gerade in einer Zeit, in der den Menschen immer mehr die Worte fehlen, weil sie selber zu wenig reden und viel zu viele Worte in den Medien hören, trägt es zum Verständnis anderer Menschen bei, wenn wir neben eine Aussage auch eine andere Formulierung stellen, um dann die Mitte beider Aussagen zu finden. Dabei müssen wir nicht vom einen Extrem ins andere fallen. Wir müssen auch nicht mittelmäßig bleiben. Aber wir üben ein Handwerkszeug ein, das uns die andere Person besser verstehen hilft. Sich doppelt ausdrücken hilft auch, sich selber besser zu verstehen. Wenn Menschen sich beispielsweise aufgrund eines Ereignisses depressiv und niedergeschlagen fühlen, dann könnten sie ihren gefühlten Zustand in Worten aufschreiben. Am Tag danach erinnert man sich an das erlebte Ereignis. Dieses wird verglichen mit den aufgeschriebenen Formulierungen vom Vortag. Aus dem Vergleich der Erinnerung mit den aufgeschriebenen Formulierungen ergeben sich oftmals neue Aspekte, die bei einer Problemlösung hilfreich sind.

## Ausgewogen leben

Alte Waagen sind faszinierend. Auf der einen Seite liegen die Gewichtsmaße, auf der anderen Seite liegt die Ware. In der Mitte wird gemessen. So wird festgestellt, was mehr oder weniger wiegt oder kostet.

In der christlichen Ikonografie hält der Erzengel Michael die Seelenwaage in der Hand. Im jüngsten Gericht wird die Seele des Verstorbenen aufgewogen gegen seine guten Taten. Je nachdem, was schwerer wiegt, folgt Himmel oder Hölle. Richter ist Christus, der nach der Anzahl der guten Werke richtet.

Infolge der reformatorischen Erkenntnis, dass der Mensch aus Gnade und nicht durch gute Werke gerecht wird, verblasste auch die Vorstellung vom jüngsten Gericht. Die Rede von Gott als Richter am Ende der Zeit ist heute nahezu verschwunden. Dies hat Doppeltes zur Folge. Zum einen muss der Mensch nach dem Zurückdrängen von Gott als Richter die Sache wieder selbst in die Hand nehmen. Nun straft der Mensch wieder, rettet oder rächt, je nachdem. Zum andern haben Gedanken der Gnade Eingang in unsere Rechtsprechung gefunden. Oft wird vor einem Richterspruch die Möglichkeit einer gütlichen Einigung in der Güteverhandlung geschaffen.

Angst ist stets ein schlechter Ratgeber. Und Angst vor Gott kann schlecht zum Glauben mit seinen positiven Auswirkungen für das Leben führen. Von daher ist es sinnvoll, dass Gott als Richter kaum mehr betont wird. Dass allerdings infolgedessen der Mensch sich immer öfter zum Richter über den anderen Menschen aufspielt, kann gefährlich werden. Recht und Macht werden leicht gebogen. Gott in seiner Richter-Kompetenz ernst nehmen, könnte vielen Rachegeistern den rechten Weg weisen und Rachephantasien eindämmen.

Gott wird es schon richten. Das ist die Gewissheit der Glaubenden. Mit anderen Worten: Gott wird mit jedem über seinen Lebenswandel ein persönliches Gespräch führen. Und diese Evaluation wird auch zu einem Ergebnis führen.

Doch weil wir nicht wissen, was kommt, nähren wir unsere Hoffnung im Aufsehen zu Christus. Wir schärfen unser Gewissen an der christlichen Ethik und wägen unser Tun und Lassen an der Gottesliebe und der Barmherzigkeit gegenüber unserem Nächsten ab. So ausgewogen mittig leben schafft Zukunft.

„Jesus Christus ist die Weite unseres Lebens.
Jesus Christus ist die Mitte unserer Gemeinschaft.
Jesus Christus ist bei uns bis an der Welt Ende.
Das danken wir Ostern.“
(Dietrich Bonhoeffer)

*Juni 2016, Winfried Dalferth*

**"Kirche muss sich einmischen."**

**Wolfgang Engel** wurde 1956 in Hessental geboren. Der Vater von zwei erwachsenen Kindern ist Geschäftsführer im Diakonieverband Schwäbisch Hall und seit 25 Jahren bei der Kirche und der Diakonie tätig.

# Gebt dem Kaiser, was des Kaisers ist, und Gott, was Gottes ist

Die Auseinandersetzung mit dem Thema „Was bedeutet für mich Mitte?" hat mich vor eine komplizierte Aufgabe gestellt. Trotz heftiger innerer Anstrengungen ist es mir schließlich doch nicht gelungen, den Begriff Mitte von einer politischen Einordnung zu trennen, ich musste den Schwerpunkt eindeutig auf die Politik zu legen. Es blieb mir mit nahezu sechzig Lenzen, einer langjährigen Erfahrung in sozialarbeiterischen Arbeitsfeldern, seit 1990 in Kirche und Diakonie, und einem immer noch lebendigen Gerechtigkeitsgefühl möglicherweise auch keine andere Wahl.

Mich selbst mit Hilfe der vorgegebenen Begrifflichkeit Mitte einzuordnen, muss allerdings unvollkommen bleiben. Es bleibt dem Leser überlassen, sich darum zu bemühen. Eine Einordnung in eine theologisch-kirchliche Dimension will ich jedoch versuchen. Ich verweise dabei auf eine Fastenpredigt von Herrn Prälat Dr. Martin Dutzmann, der Bevollmächtigte des Rates der EKD. „So gebt dem Kaiser, was des Kaisers ist, und Gott, was Gottes ist!" (Markus 12, 13-17) Diese gibt zwar keinen unmittelbaren Hinweis auf die Mitte in unserer Gesellschaft, doch beschreibt die Auslegung dieser Bibelstelle sehr deutlich, dass Christinnen und Christen sich nicht aus der Politik heraushalten können. Wollen wir in der Nachfolge bleiben, so müssen wir uns auf die Seite der Schwachen in unserer Gesellschaft begeben. Diese Gruppe haben wir in die Mitte zu stellen, doch hierzu später mehr.

## Rechts oder links oder in der Mitte – eine horizontale Betrachtung der Politik aus eigener Anschauung

Kämpfte ich als Jugendlicher noch um jeden Zentimeter Haarlänge, versuchte ich durch ein frühes politisches Engagement meinem Nachdenken über viele ungelöste politische Konflikte durch Äußerlichkeiten Ausdruck zu verleihen. Alleine die politische Mitte erschien mir als die am wenigsten interessante Alternative der Politik, war sie doch lediglich systemkonform und der Marktlogik folgend. Zudem bot diese wenige und vor allem keine kreativen neuen Ideen. Kein politisches Ereignis blieb von mir seinerzeit unkommentiert. Kapitalismuskritik oder die kritische Auseinandersetzung mit den herrschenden Machtverhältnissen und zeitgleich die Verweigerung schulischer Leistung bildeten einen Mix, zusammen mit den fortschrittlichsten Ideen und Solidarisierungseffekten mit den Befreiungsbewegungen der Dritten Welt. Zum Leidwesen meiner Deutschlehrerin, die meine ungestümen Auslassungen in Aufsätzen zu ertragen hatte. Verbunden mit dem guten jugendlichen Gefühl, nicht zur Mitte beziehungsweise zum Bürgertum zu gehören, bildete die Mitte zuallermeist den Stillstand und die Akzeptanz ungerechter und intoleranter Produktions- und Lebensverhältnisse ab. Und dazu wollte ich mit 16 oder 18 Jahren nicht gehören. Abgrenzung war Programm! Willy wählen! Demokratie wagen, verbunden mit der Zusage einer toleranteren, demokratischeren Gesellschaft waren geeignet, positive linke Ideen zu entwickeln und zu pflegen. Ich will nicht verhehlen, dass mich heute beim Lesen meiner damaligen in Zeilen gegossenen Erkenntnisse und Überlegungen bisweilen das kalte Grausen ergreift.Doch die politische Arbeit gegen das aufkeimende, als konservativ und eher nach rechts tendierende, misstrauisch beäugte Gedankengut in der Bevölkerung, bot mir ein Ventil für so manch vorwärtsdrängende politische Haltung. Immerhin ermittelte die aktuelle Sinusstudie in dieser Zeit ein geschlossenes rechtslastiges Weltbild bei 13 Prozent der bundesrepublikanischen Bevölkerung. 37 Prozent der Bevölkerung seien darüber hinaus empfänglich für rechtsextreme Denkinhalte. Und wieder waren es die Vertreterinnen und Vertreter der politischen Mitte inklusive der konservativen Kreise, die eine indifferente Haltung zu diesem gesellschaftlichen Tatbestand entwickelten. Der Osten war es, der die gewaltige Reibungsfläche für die westlichen kapitalistischen Systeme bot und zeitgleich das Gegenbild mit unmenschlichem Antlitz bedeutete. Schlüssigerweise lehne ich bis heute die stalinistische Logik der kommunistischen Seite nachdrücklich ab und fand und finde mich doch trotzdem im Vorurteil konservativer bürgerlicher Kreise wieder. Dies gipfelte unter anderem im vielzitierten Ausspruch: Geht doch rüber ... !

## Die Auflösung der Bedeutung von rechts und links

Die eindrücklichste Kommentierung liefert Philipp Blom, dessen Beobachtung ich sehr gut folgen kann. Charakteristisch für die gegenwärtige Entwicklung sei, so Blom, die Aufspaltung zwischen nostalgisch-autoritären Träumen und liberalen Träumen. Rechts und links verlieren an Bedeutung. Standards, die bisher oft von Sozialisten erkämpft wurden, werden heute von Nationalisten verteidigt. Zwei Träume prallen rasant aufeinander: Der eine hält die Menschenrechte und Freiheiten hoch, der andere spricht von traditionellen Werten. Er sieht sich verachtet.

Wir haben, so Blom, über der Tatsache, dass wir Konsumenten sind, vergessen, dass wir Bürger sind. Und wir vergessen, dass wir Gesellschaften sind über der Tatsache, dass wir Märkte sind. Die verängstigte und aggressive Unwilligkeit zu teilen, begründet sich mit dem Verweis auf von uns erbrachte Vorleistungen. Aber wir haben, so leistungsorientiert wir selbst sind, das meiste geerbt und der Dritten Welt die schlechte Startposition überlassen, die wir selbst im 19. Jahrhundert noch hatten.

Ich neige dazu, wenngleich das sicher eine kritische linke Perspektive ist, Bloms Sicht zu untermauern. Die Produktionsverhältnisse in einer Gesellschaft sind nach wie vor ausschlaggebend für die ökonomischen Lebensverhältnisse. Nein, die Märkte richten es sicher nicht aus eigener Dynamik und Gestaltungskraft, wie es uns neoliberale Wirtschaftswissenschaftler glauben machen wollen. Es ist nicht zufällig, dass gerade auf dem angenommenen Höhepunkt der Flüchtlingskrise diese einer verängstigten und aggressiven Unwilligkeit zu teilen begegnet. Und gerade zu diesem Zeitpunkt reift die Erkenntnis der Wirtschaft, dass eine weitere Abschottung der Grenzen Europas zu unbezahlbaren wirtschaftlichen Einbußen führen muss. Selbst der von der Versorgung der zahllosen Flüchtlinge durch respektable Umsatzsteigerungen profitierende Mittelstand scheint in der Zuwanderung nun eine Chance zu erkennen. Die Marktorientierung in unserer Gesellschaft und der damit einhergehende Pragmatismus trägt daher zur Einebnung von Meinungsgegensätzen über Parteigrenzen hinweg bei.

**Die theologisch-kirchliche Dimension**

Grundsätzlich sollte die Kirche einer aktuellen Umfrage zufolge nach Ansicht der Mehrheit der Deutschen politisch Stellung beziehen. Allerdings gibt es Themen, wo ein kirchliches Wort von besonders vielen Menschen erwartet wird, wie aus einer repräsentativen Umfrage des evangelischen Monatsmagazin „chrismon" (September 2015) hervorgeht. Für die Umfrage hat das Meinungsforschungsinstitut Emnid 1 001 Personen befragt. So wünschen sich 77 Prozent der Menschen, dass kirchliche Repräsentanten zur Kluft zwischen Arm und Reich die Stimme erheben. 62 Prozent erwarten kirchliche Stellungnahmen zur Homo-Ehe, 60 Prozent zur Asylpolitik und 47 Prozent zum Klimawandel. 41 Prozent der Befragten meinen, die Kirche sollte sich in die Debatte um Kriegseinsätze der Bundeswehr einmischen. Dass der Schuldenerlass für Griechenland ein Thema für die Kirche ist, meinen nur 22 Prozent. Und zehn Prozent sagen unmissverständlich: Kirche sollte sich aus politischen Fragen heraushalten. „So gebt dem Kaiser, was des Kaisers ist, und Gott, was Gottes ist!" (Markus 12, 13-17), oder ein Plädoyer für die Einmischung der Kirche in die Politik – eine politische Positionierung in der Nachfolge.

Das Evangelium bildet für Christinnen und Christen die Mitte des Glaubens. Durch die Tat der Nächstenliebe und durch die Seelsorge wenden sich Menschen anderen Menschen zu und sind eingeladen, den Hintergrund der biblischen Botschaft zu erkennen. Diese Botschaft auf das eigene Leben zu beziehen und zu verstehen sowie die Lebendigkeit von Gottes Kraft zu erleben. Im gesellschaftlichen Kontext und im privaten Umfeld haben Christinnen und Christen den Auftrag und die Chance, in der Nachfolge Jesu verantwortlich zu wirken. Gleichermaßen melden sie sich zu Wort, wenn zentrale Themen der frohen Botschaft – die Gerechtigkeit, die Würde und die Freiheit – durch politische Entscheidungen berührt werden.

Ich bin dankbar dafür, dass sich Kirche der Kernaufgaben sozialer Gerechtigkeit und Freiheit sowie der Bewahrung der Schöpfung annimmt und die Gesellschaft mitgestaltet. Kirche kann somit den Menschen eine Stimme geben und aktiv für die eintreten, deren Stimmen nicht gehört werden. Die Kirche ist nicht die Politik, aber sie hat eine politische Aufgabe. Eine Kirche, die sich aus der Politik und den aktuellen Fragen der Gesellschaft heraushält, läuft Gefahr, ihre Glaubwürdigkeit auf Dauer zu demontieren.

Prälat Dr. Martin Dutzmann, der Bevollmächtigte des Rates der EKD, bringt es in seiner Fastenpredigt im Berliner Dom über Markus 12, 13-17 am 9. März 2014 theologisch auf den Punkt. Sinngemäß verdeutlicht Dutzmann seine Auslegung:

„Gebt dem Kaiser, was des Kaisers ist, und Gott, was Gottes ist!" So ist die Antwort von Jesus an die Pharisäer. Theologisch betrachtet ist es wichtig, diese Aussage insoweit zu relativieren, dass Gott und der Kaiser nicht gleichberechtigt nebeneinander, sondern in einer Hierarchie übereinander stehen. Gott hat alle Menschen erschaffen, somit auch den Kaiser und alle übrigen irdischen Mächtigen. Gott ist Herr aller Menschen, also auch des Kaisers und aller sonstigen Mächtigen aller Staaten. Gott nimmt damit auch die PolitikerInnen und PräsidentInnen in die Verantwortung und stellt sich über diese. Die Antwort auf die Frage, was wir Gott zu geben haben, ergibt sich alleine durch Gott selbst.

Was müssen wir im Angesicht Gottes, des Freundes der Schwachen, dem Kaiser geben? Wir schulden den Regierenden, dass wir für sie beten und Gott für ihren Dienst danken und – dass wir sie beharrlich erinnern. Erinnern daran, dass die Schwachen der besonderen Aufmerksamkeit der Politik bedürfen.

Dutzmann nennt beispielhaft die Kinder in prekären Lebensverhältnissen. Die Jugendlichen, die nicht erkennen können, dass sie gebraucht werden. Die Flüchtlinge, die entwurzelt und auf Hilfe angewiesen sind. Die Sterbenden, die aufmerksam und sensibel begleitet werden müssen. Deshalb engagieren sich die Kirchen als Träger von Kindertagesstätten und Schulen, als Akteure in der Betreuung von Flüchtlingen, als Betreiber von Krankenhäusern und Hospizen. Schließlich ist Gott nach biblischem Zeugnis ein Liebhaber von Recht und Gerechtigkeit. In den fünf Büchern Mose zum Beispiel finden sich viele Vorschriften, die Menschen zu ihrem Recht verhelfen sollen. Der Prophet Jesaja ruft im Auftrag Gottes dem Volk Israel zu: „Lass los, die du mit Unrecht gebunden hast. (...)"

## Meine Schlußworte (sind eine zentrale politische Aussage)

Liebe Leserin, lieber Leser,

der Fragestellung „Was bedeutet für mich Mitte?" bin ich auf vielfältigste Weise gefolgt. Sicher bin ich Antworten schuldig geblieben. Eine Zeit-Diagnose im Blick auf die vergangenen fünf Jahrzehnte ist es allemal geworden. Und damit auch ein Rückblick auf einen Teil meiner Biographie in der Zeit politischer und gesellschaftlicher Extreme. Meiner Sorge angesichts eines sich manifest entwickelnden Rechtspopulismus gehört ein wesentlicher Teil meines Textes. Die Flüchtlingskrise stellt hier nur die Folie für eine offen zu Tage tretende Abneigung oder gar einen Hass gegen alles Fremde, gegenüber der Politik und den Medien sowie gegen unser Gemeinwesen dar. Allein die sich verrohende Sprache der verschiedensten Akteure in unserer Gesellschaft gegenüber Flüchtlingen ruft zu einem großen Teil ausschließlich Bilder hervor, die die Themen Gefahr, Angst und Sicherheitsverlust bedienen. Ich fürchte, die „kollektive Wut" eines größeren Teiles der Bevölkerung aus der Mitte der Gesellschaft, deren Boden schon vor der Flüchtlingskrise aktuell durch Pegida und AfD bereitet wurde, wird uns noch lange beschäftigten und unsere gesamte politische Aufmerksamkeit und unsere eindeutige Positionierung erfordern.

Friedrich von Logau behält recht wenn er sagt:
„In Gefahr und großer Not
Bringt der Mittelweg den Tod."

*April - Mai 2016, Wolfgang Engel*

# Nachwort

Im Namen des Verlags „pVS" möchte ich mich ganz herzlich bei Traugott Hascher bedanken, ohne den dieses Buch nie zustande gekommen wäre. Als er letztes Jahr mit dieser Idee auf uns zukam, hätten wir nicht damit gerechnet, wie einnehmend, aber auch bereichernd dieses Projekt für uns sein wird.

Prägend für das Buch sind die ausdrucksstarken Fotografien von Roland Bauer. Seinen Porträtbildern ist es zu verdanken, dass wir mit Stolz sagen können, wir haben mit diesem Buch das „Gesicht" unserer Region einfangen können.

Ganz besonders möchten wir uns aber bei den Autorinnen und Autoren dieses Buches bedanken. Mit viel Engagement und Offenheit sind 56 ganz persönliche Textbeiträge entstanden. Die Autorinnen und Autoren teilen mit uns ihre Ansichten, ihr Wissen, ihre Gedanken und Lebensgeschichten. Dadurch ist uns ein bunter Querschnitt durch unsere schöne Region Heilbronn-Franken gelungen.

Natürlich möchten wir auch Ihnen, liebe Leserinnen und Leser, dafür danken, dass Sie sich für dieses Buch entschieden haben. Wahrscheinlich werden Ihnen einige der Beiträge mehr zusagen als andere. Die Ansichten mancher Autorinnen und Autoren werden sicher mit ihrer Weltanschauung übereinstimmen, während Sie andere Gedankengänge womöglich überhaupt nicht nachvollziehen können – oder wollen. Das ist auch gut so. Dieses Buch soll nicht nur eine statische Sammlung von Textbeiträgen sein. Vielmehr wollen wir die Leserinnen und Leser dazu anregen, sich selbst Gedanken über den Begriff „Mitte" zu machen: Was bedeutet Ihnen Ihre persönliche Mitte? Wo liegt heutzutage die politische Mitte Deutschlands, Europas und wie stehen Sie dazu? Gibt es eine gesellschaftliche Mitte und wie erstrebenswert ist es, Teil dieser Mitte zu sein? Oder zusammengefasst: Was ist Mitte?

All diese Fragen werden in diesem Buch beantwortet. Manche sogar mehrfach und mit unterschiedlichen Ergebnissen! Ob diese Antworten Ihren Ansichten entsprechen, bleibt am Ende Ihnen überlassen. Wir freuen uns jedenfalls, dass Sie mit uns diesen etwas anderen Streifzug durch Heilbronn-Franken gewagt haben und wünschen allen, die auf der Suche danach sind, viel Erfolg beim Finden der eigenen Mitte.

*Karina Geiger, Projektmanagerin „pVS"*

# Über den Verlag

pVS – pro Verlag und Service GmbH & Co. KG aus Schwäbisch Hall ist ein Tochterunternehmen der Mediengruppe Heilbronner Stimme. Zu den Kernbereichen des Verlags zählen Zeitschriftenpublikationen und Agentur-Dienstleistungen. Ergänzend veröffentlicht „pVS" ausgewählte Buchprojekte wie das offizielle Buch zur Landesgartenschau 2016, den Ratgeber „WAHLEN gewinnen" oder das Lesebuch „Die Mitte – Eine Region zeigt Gesicht".

## PROMAGAZIN

Mit dem hohen Anspruch an Qualität, Aktualität und Lesernähe konnte sich das PROMAGAZIN seit 16 Jahren als unabhängiges Monatsmagazin für die Region Heilbronn-Franken etablieren. Das PROMAGAZIN schafft mit seinen lebensnahen und authentischen Beiträgen und Interviews bei den Lesern ein Wir-Gefühl und trägt somit wesentlich zur Interkommunikation in einer der wachstumsstärksten Regionen Baden-Württembergs bei.

## der gemeinderat

der gemeinderat ist im 59. Jahrgang die renommierte unabhängige Fachzeitschrift für Entscheidungsträger in Kommunalverwaltungen und kommunalen Unternehmen. Sie wendet sich auch gezielt an politische Mandatsträger auf Stadt-, Gemeinde- und Kreisebene. Ob in Expertenbeiträgen, Gemeindeporträts oder Hintergrundberichten: der gemeinderat bereitet seine hochwertigen Inhalte zielgruppengenau auf und fördert durch Best-Practice-Beispiele den Erfahrungsaustausch innerhalb des kommunalen Sektors.

Weitere Informationen finden Sie unter: www.pro-vs.de